儿童成长彩虹图

- ★ 孩子学走路时，从不会走路到学会走路，会经历平躺期、爬坐期、蹒跚期、跑跳期和舞蹈期5个阶段。
- ★ 虽然会出现无数次的失误、跌倒、磕碰和失败，但是通过反复练习，最终孩子都能潇洒自如地应对。
- ★ 同样，孩子每种能力的提升也会经历这5个阶段，出现很多失误、碰壁和失败，这是正常现象。

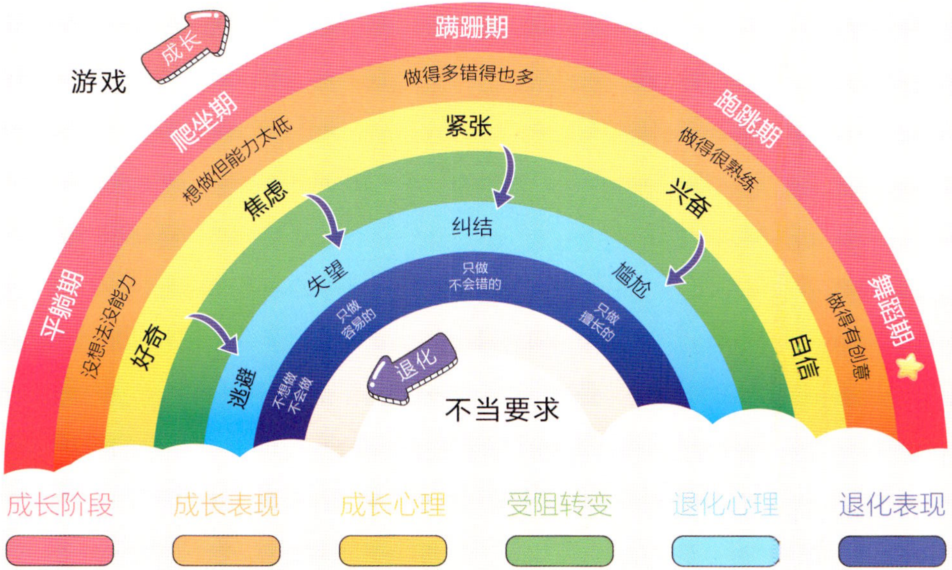

- ★ 任何一种能力只要通过练习进入舞蹈期，孩子就会长期拥有且应用自如，如穿衣、写字、骑车和表演等。
- ★ 孩子出现了问题，不是他不好，而是他的能力不够，协助他用游戏的心态和方式多练习、提升，就能自然化解。
- ★ 忽视孩子的成长规律，家长对孩子不切实际的要求、不允许其犯错、一味地批评指责，不仅无效，而且严重阻碍孩子的成长。

游戏道具举例——情绪阴转晴游戏卡牌，使用方法详见第4章中的相关介绍。

游戏养育力

张善风——著

電子工業出版社
Publishing House of Electronics Industry
北京·BEIJING

图书在版编目（CIP）数据

游戏养育力 / 张善风著 . —北京：电子工业出版社，2022.6

ISBN 978-7-121-43398-6

Ⅰ. ①游…　Ⅱ. ①张…　Ⅲ. ①智力游戏—少儿读物　Ⅳ. ① G898.2

中国版本图书馆 CIP 数据核字（2022）第 075295 号

责任编辑：于　兰
特约编辑：田学清
印　　刷：天津千鹤文化传播有限公司
装　　订：天津千鹤文化传播有限公司
出版发行：电子工业出版社
　　　　　北京市海淀区万寿路 173 信箱　邮编：100036
开　　本：720×1000　1/16　印张：21.25　字数：310 千字　彩插：1
版　　次：2022 年 6 月第 1 版
印　　次：2022 年 6 月第 1 次印刷
定　　价：88.00 元

凡所购买电子工业出版社图书有缺损问题，请向购买书店调换。若书店售缺，请与本社发行部联系，联系及邮购电话：（010）88254888，88258888。

质量投诉请发邮件至 zlts@phei.com.cn，盗版侵权举报请发邮件至 dbqq@phei.com.cn。

本书咨询联系方式：QQ1069038421，yul@phei.com.cn。

[自序]

PREFACE

为什么写这本书

先给大家讲一段我的故事。

我出生在四川北部的大巴山区。小时候，父母每隔两三年就会带我和二姐去姥姥家。姥姥家离我们家很远，在另外一个县城里。

每次到姥姥家后，很多亲戚都会去姥姥家串门聊天。每当亲戚们来串门的时候，父母就会认真地叮嘱我们这个是谁、那个是谁、应该怎么称呼他们等。

这些亲戚们很有趣，每次都会特别热情地抓着我和二姐问："还记得我们是谁吗？"然后就眼巴巴地望着我和二姐，期待着我们能准确地说出对他们的称呼。

因为当时我们年龄小，来的亲戚又太多，我和二姐总是分不清他们到底谁是谁，所以傻乎乎地叫不出来，搞得对方很尴尬。这时候父母就会冲过来，当众训斥我和二姐不长记性、没礼貌等，羞得我们恨不得找个地缝钻进去。

可是，这样的训斥并没有什么作用。大概是因为更紧张的缘故吧，每次姥姥家来亲戚时，我们还是记不住对他们的称呼，所以父母对我们的训斥也就更"凶猛"了。慢慢地，父母的训斥给我和二姐造成了一些心理阴影。

本以为这样的经历会随着自己长大就被淡忘了。可是，后来我发现了一个非常奇怪的现象。就是每次我在社交聚会的时候，只要聚会的人一多，我就会本能地紧张起来——因为害怕记不住别人的姓名。然而一紧张，我就真的记不住了。

这种记不住别人的姓名不是一般情况，而是一种非正常的情况。例如，有个同行曾跟几位朋友一起到我家做过客，但在下次再见到她时，我居然毫无印象，对方直呼不可思议，惊讶得差点儿掉了下巴。

在拜访客户的时候也是一样，只要人一多，除了单独联系过多次的人，我都很难记住其他人的姓名。所以经常有客户嘲笑我说："大家一起喝过好几次酒，你都还记不住人家的名字，真是太不够意思了！"

后来，我干脆放弃了努力，遇到人多的场合，我都会提前跟对方说自己的这个毛病。理由很简单，只要消除了对方的误会，我就可以在这个问题上彻底"躺平"。直到现在，我还是如此应对。

讲完了我自己的故事后，我再给大家讲一段我儿子的故事。

2011年9月，我和妻子开开心心地把儿子送进了小学。没想到的是，入学没多久儿子就被老师"投诉"了。原因是他上课的时候总是走神儿、玩橡皮擦，还跟别的同学说话。

我儿子是2005年8月底出生的，入学时刚满6周岁，是班里年龄最小的一个，他的理解能力和自控能力都相对弱一些，我们怎么说教他都没有效果。

儿子的这个问题一下子把我的记忆拉回到了二十几年前：我当时由于同样的原因被退了学，那时候没有幼儿园，所以我又当了一年"混世魔王"，在快8岁时才上小学。一想到这个，我眉间的"川"字纹立刻又加深了一些。

就在我们无计可施想要放弃的时候，我突然灵机一动，决定跟儿子玩过家家的游戏，看看能否启发他一下。

于是，我和妻子搬着椅子并排坐好，扮演听课的小学生，让儿子扮演老师，给我们上课。在他讲课的时候，我和妻子就模仿他听课的样子：假装走神儿、玩橡皮擦，还互相说话。

这可把“小老师”给气坏了，他瞪着眼睛，气冲冲地对我们喊：“你们干吗呢？老师在讲课，你们怎么不好好听课呢？”

我假装被吓坏了，就举手悄悄地说：“老师，我是跟你学的，你就是这样听课的。”我一边说一边指了指他。

“就是就是！”妻子也附和着说。

“小老师”一下子呆住了，小眼睛里显现出一片茫然。

我赶紧趁热打铁地问他：“假如你真的是老师，看到你的学生这样听课，你是不是很难受呀？”

他愤愤地说：“是呀！气死我了！”

“那以后老师讲课的时候你应该怎么做呀？”妻子问。

“专心听课呗！”

“那你走神儿了怎么办？”我问。

“我看着老师的眼睛就不会走神儿了。”

“那你想玩橡皮擦了呢？”

“我把它放在铅笔盒里！”

“那如果有同学找你说话，又怎么办呀？”

“我不看他，假装听不见就可以了。”

我和妻子喜出望外。我又有了新的灵感，赶紧提议：“太好了！那现在妈妈来当老师，我和你当学生，我们多练习几次，好吗？”

“好的！”儿子爽快地答应了。

于是，我们三个人就这样反复模拟和练习了很多次。

从那以后，我和妻子再也没有接到过老师类似的“投诉”了，儿子的学业也一直很顺利。他现在就读于清华大学附属中学，品学兼优，还是班里的团支部书记。

我们对比上面两段故事就会发现：在孩子出现问题时，我的父母当时采取的是严肃批评的管教方式，我和妻子采取的是游戏式的管教方式。这两种管教方式的结果是截然不同的。

我有时候会想，如果我的父母采取游戏式的管教方式，我和二姐可能就不会有那些心理阴影；我可能也不会被退学，早一年上学，我的人生可能就完全不同了。

如果我和妻子对儿子采取了严肃批评的管教方式，那会对儿子产生什么样的不利影响呢？他长大后会不会也出现一些像我“记不住人”的问题呢？他会不会也选择在自己不擅长的方面彻底“躺平”呢？

同样，在你的孩子出现问题的时候，你常用的管教方式是怎样的呢？这些管教方式又可能会给你的孩子带来哪些不利的影响呢？

如果这些问题引发了你的思考，你想了解并掌握游戏式的管教方式，给孩子创造良好的成长环境，那么这也正好是我写作这本书的目的，真心希望它能帮助到你。

张善风

2021年11月

[目 录]

CONTENTS

第1章

关于游戏养育力

第2章

你已经忍无可忍了，孩子仍抱着手机不放怎么办

——如何防治孩子的网瘾

第3章

同样的错误犯十遍，孩子总是“油盐不进”怎么办

——如何帮助孩子养成知错能改的好习惯

第4章

孩子脾气不好爱赌气，怎么问都不说话怎么办

——如何从小培养孩子的高情商

第5章

孩子一做作业就磨磨蹭蹭怎么办

——如何帮助孩子养成主动学习的好习惯

第8章

配偶不学习，还老是讥讽你小题大做怎么办

——如何化解分歧，统一夫妻育儿观念

第9章

你一批评孩子，老人就“护犊子”怎么办

——如何化解隔代养育的矛盾

[CHAPTER 1]

第1章

关于游戏养育力

游戏就是学习或者练习，就是对未来生活的准备。

——格鲁斯

在现实生活中，游戏的重要性和应用的广泛性远远超出了我们的认知。越是重要的事情，越是通过假装游戏来演练的，例如航天模拟训练、外科手术练习、消防演练、奥运会开幕式彩排和军事演习等。

第1节

什么是游戏养育力

什么是游戏养育力？如果用故事来解释，我在自序里面讲的“我和妻子用游戏的方式引导儿子专心听课的过程”，就是游戏养育力。

如果用文字解释，游戏养育力是根据儿童成长的科学规律，用亲子游戏来培养孩子、管教孩子和启发孩子的能力，这种能力主要体现在5个方面，分别是游戏认知力、游戏选择力、游戏融合力、游戏管教力和游戏创造力，如图1.1所示。

图1.1　游戏养育力的五力模型

1. 游戏认知力

游戏认知力是指家长能否了解儿童的成长过程和游戏的本质，能否了解游戏对儿童成长所起的作用的能力。

荣获美国国家亲子出版奖的全球畅销书——《游戏力》开篇第一页就引用了罗杰斯的名言："游戏是生命的主要元素"。

为什么游戏是生命的主要元素呢?

因为儿童每一种能力的发展都需要经历5个阶段，在这5个阶段中，游戏起着至关重要的促进作用。

以幼儿学走路（儿童的运动能力发展）为例。

- 第1个阶段：幼儿大部分时间只能平躺着，发展的方向是扭头、抬头和翻身，这个阶段是**平躺期**。
- 第2个阶段：幼儿的主要动作是爬和坐，发展的方向是站立，这个阶段是**爬坐期**。
- 第3个阶段：孩子可以扶着椅子站起来，接着可以拉着大人的手走几步，后来就是自己蹒跚学步。但是会有无数次的跌倒，甚至还会摔伤。这个时期是**蹒跚期**。
- 第4个阶段：孩子走路已经很平稳了，身体的协调性也逐渐增加，慢慢地还可以跑跳了。这个时期是**跑跳期**。
- 第5个阶段：孩子的身体运动机能发展成熟，可以根据自己的想法，非常自如地做出各种高难度动作，例如，可以打破运动比赛的记录、跳出新颖优美的舞蹈，从而创造新的价值，获得收益和荣誉。这个时期就是**舞蹈期**。

你仔细琢磨一下就会发现，儿童的运动能力只有发展到第5个阶段才可能产生价值和回报，前面的4个阶段都不会产生价值和回报，也就是我们常说的“没啥用”。

那么，可以把不产生价值和回报的前4个阶段去掉吗？

显然不能。如果连爬都不会，怎么能走呢？因为前面的每一个阶段都是后一个阶段的重要基础。所以，不仅不能去掉，还得想办法让前4个阶段玩得更好、更美、更嗨，这样才可能在第5个阶段跑得更快，跳得更高，舞得更美。

那么，怎样才能让孩子玩得更好、更美、更嗨呢？

那就是游戏。因为游戏既有趣又好玩，而且可以多次重复玩。

雅典奥运会冠军刘翔小时候在街头从来都不像正常人一样走路。他总是喜欢玩各种各样的跑跳游戏：一会儿跳上花坛，一会儿跨过树坑，一会儿又狂奔起来。就是在这种长期的游戏练习中，他的跑跳能力得到了开发和发展，因此被老师发现并成为专业的运动员。

所以，意大利幼儿教育家玛利娅·蒙台梭利就把儿童的游戏叫作“工作”。中国近代家庭教育的鼻祖陈鹤琴老师在其著作《家庭教育与父母教育》中说：“游戏就是工作，工作就是游戏。”

其实，不仅儿童的运动能力发展是这样的，儿童的语言能力、学习能力、心理能力、艺术能力、社交能力等，每一种能力都是这样的。它们都是通过各种游戏，一步步地发展起来的。

如本书文前的儿童成长彩虹图所示，儿童每一种能力的发展，都会经历类似于平躺期、爬坐期、蹒跚期、跑跳期和舞蹈期这样的5个阶段。而且，每个阶段都有相应的成长表现和成长心理。

如果上一个阶段发展得好，儿童的成长表现就好，儿童也会变得兴奋和自信，就形成了积极的成长心理。相反，如果儿童的某种能力在某个阶段受到了过度阻碍，就会产生消极的退化心理，出现退化表现，并导致各种问题的发生。

在这5个发展阶段中，蹒跚期最关键，是能力发展走向的分水岭。

因为相对于平躺期和爬坐期，蹒跚期儿童的能力已经提升了，他们的实践次数是最多的，所以犯错误的次数也是最多的。

如果儿童的某种能力的蹒跚期在游戏或游戏教育中度过，他的表现不会被严肃评价，那么他会很放松，并得到更多的犯错机会和改进、提高的机会，他成功晋级跑跳期和舞蹈期的概率就会增加很多。

相反，如果儿童缺少游戏或游戏教育，他的某种能力的蹒跚期就必定在现实生活中度过，他的表现会被严肃评价，每一次犯错可能都会被挑剔、批评和责骂，他就会变得紧张和焦虑。如果这种情况出现的次数过多，会导致儿童的压力过大，他就会选择放弃或停滞不前。

我在自序中提到的“我叫不出对亲戚的称呼”和“我在人多的时候记不住人的姓名”，以及后来“我在人多的时候放弃了记住人的姓名”，就是源于这样的原因和过程。

再举个例子，在你包饺子的时候，孩子也想包着玩。如果你索性给他几张面皮和一点肉馅，让他在旁边随便包着玩，孩子可能会包得一个比一个好。

相反，如果你非要按大人的要求去衡量孩子：既不能把面皮弄脏了，也不能把衣服弄脏了；肉馅不能放多，也不能放少；饺子要捏紧，不能一煮就开了……那么估计孩子的每一步动作都会被你批评一顿，孩子很快就会被说傻了、说哭了、说跑了。

事实上，这也是现在很多孩子不愿意做家务的根本原因。孩子要么从来没干过，要么被家长要求和挑剔得太多，索性就“躺平”不干了。

孩子的能力发展也是如此。在孩子的能力比较低但意愿度比较高的时候，如果家长太严肃，不给他提供游戏模拟的机会，孩子就会因害怕被批评而不敢犯错，不敢做或多做一些事情，他的能力发展会停止或退化。这就是儿童成长彩虹图所揭示的发展规律。

儿童成长彩虹图是一个非常实用的工具，它能使我们对孩子的各种成长问题快速地进行行为和心理层面的定位分析；同时，也可以对我们的管教能力和心理状态做一个快速的定位觉察。

儿童教育专家孙瑞雪写了一本非常畅销的书叫《捕捉儿童敏感期》。其实家长也需要根据儿童成长彩虹图，捕捉儿童每一种能力发展的蹒跚期（敏感期），并及时提供一些可供其反复练习的游戏教育，帮助孩子安全地度过这些成长分水岭，避免出现心理阴影和能力退化。

所以，游戏养育力的核心和本质是：孩子在成长过程中出现问题是正常现象，不是他不好，而是他的某些能力还不够。父母要利用儿童成长彩虹图的分析定位，给孩子提供轻松、有趣的游戏或练习，协助他度过爬坐期和蹒跚期，只要能力提升了，问题自然也就化解了。

从古至今，很多思想家、哲学家、教育家和心理学家，如柏拉图、席勒、蒙台梭利、皮亚杰、杜威、维果茨基和班杜拉等都发现游戏跟儿童的发展、情感、动机、认知、社会化、文化和学习密切相关，对儿童的健康成长和智力开发具有不可替代的积极作用。

其中皮亚杰的“同化与顺应”、杜威的“教育即生活”、维果茨基的“最近发展区”和班杜拉的“社会学习理论”等都揭示了与儿童成长彩虹图类似的发展原理。

如果把这些相关的研究简单地归纳一下，游戏和游戏教育对儿童成长的积极作用可以总结成8条。

- 游戏有利于孩子消耗过剩的精力，减少躁动和不安。
- 游戏有利于孩子在情境中练习，掌握各种必需的生活技能，获得自主感、掌控感和安全感。例如，辩论游戏、打斗游戏、跑跳追逐游戏和躲猫猫游戏等，这些游戏可以帮助他们在必要时自我辩护、自我防卫和躲避风险。
- 游戏有利于孩子探索和发现新的事物，获得新鲜感，从而保持一种自然的内驱力，对未来充满希望。例如，探索游戏、冒险游戏和挑战极限游戏等。

- 游戏具有宣泄情绪的效果，可以让儿童摆脱创伤经历所产生的消极情绪，实现自我疗愈。例如，自言自语游戏、涂鸦游戏、过家家游戏、想象游戏和各种超人游戏等。
- 游戏可以让孩子学习规则、理解规则、运用规则和制定规则。例如，各种棋牌和运动竞技游戏等。这一类游戏特别重要，众所周知，最顶尖的企业都是卖“规则”的企业，最顶尖的人才都是能制定规则的人。
- 游戏有利于孩子了解和揣摩他人的动机，促进孩子对各种非语言沟通能力的学习、了解和运用，有利于孩子跟他人分工合作。有的孩子从小就善于察言观色、成人之美，从而人脉通达。
- 游戏可以调节孩子大脑的唤醒水平，引发和促进孩子体内多巴胺的释放。当孩子大脑中充斥着这种物质时，孩子就会进入一种被称为“心流”的状态而沉浸和专注于游戏中。这些都特别有利于培养孩子的特长和创造力。孩子从小就思维敏捷、想法新奇，长大后也很容易成为行业巨匠、学术泰斗。
- 游戏可以培养孩子很多重要的能力，例如想象能力、表达能力、表现能力、抗压能力、分析能力、反思能力、辨别能力、选择能力和决策能力等。游戏最大的好处就是允许参与者犯错误，孩子可以通过多次重复玩游戏逐渐掌握各种技能。游戏是一种不需要付出巨大成本和惨痛代价的实践练习。如果父母陪孩子玩的互动性游戏越多，那么孩子的社交能力和适应能力就越强。

上面列举的是游戏本身对孩子产生的积极作用，如果是亲子游戏，那么至少还要加上3个积极作用。

› 增加父母和孩子之间的相互了解。

› 增加父母和孩子之间的亲密程度。

› 跟孩子的成长一样，父母也可以获得游戏带来的各种好处。

举个真实的例子来说明游戏认知力的显著作用。

我曾经辅导过一个家庭，爸爸是一个化学博士，他的儿子10岁，在读小学。爸爸不了解游戏的本质，也不了解游戏对儿童成长的影响和作用，对游戏特别排斥。他每次看见儿子玩游戏都特别生气，觉得儿子没出息，不像自己那样从小就懂得刻苦学习，从而就数落并强迫孩子放下游戏，开始学习。结果导致儿子一看见爸爸就害怕，总是躲着他，还患上了强迫症，爸爸也因此有了心病，苦闷不堪。

后来，我对这位爸爸采用了认知行为疗法，给他讲解了儿童成长彩虹图原理，使他明白游戏的特点和游戏对儿童身心发展的影响。这位爸爸恍然大悟，立刻改变了对游戏的看法。从此他开始每天跟儿子一起玩各种亲子游戏，儿子的状况有了巨大的好转，不仅强迫症的症状消失了，体育成绩和学习成绩也提高了很多。爸爸了却了心病，父子关系也变得亲密了。

2.游戏选择力

游戏选择力是指家长能否根据孩子的实际情况，为孩子选择并提供最适合其玩耍和发展的游戏的能力。

不同年龄、不同性别、不同成长阶段的孩子，适宜和喜欢的游戏都不一样。

例如，适合0~2岁婴幼儿的游戏主要是动作游戏、物体游戏和假装游戏。

适合3～6岁学龄前儿童的游戏主要是角色扮演游戏（如过家家等）、追赶游戏、结构游戏（如积木等）、打斗游戏、表演游戏、超人游戏和娱乐游戏等。男孩更喜欢结构游戏、打斗游戏和超人游戏等，女孩则更喜欢角色扮演游戏和表演游戏等。

适合7岁以上学龄儿童的游戏主要是打斗游戏、球类游戏、棋牌类游戏、运动游戏、户外游戏、电子游戏、聊天游戏、表演游戏、娱乐游戏和其他各种竞技游戏等。男孩更喜欢打斗游戏、户外游戏、电子游戏和竞技游戏，女孩则更喜欢聊天游戏和表演游戏等。

此外，对于孩子每一种能力的培养，家长还需要根据儿童成长彩虹图，判断孩子目前正处于哪一个阶段，然后选择最适合孩子本阶段、不同难度的游戏跟孩子玩。

所有成功的亲子游戏都有一个相同的秘诀，那就是始终让孩子有50%的获胜机会。如果孩子获胜太容易，他就会觉得没意思，能力也得不到提升；如果孩子获胜太困难，他就会因为困难而放弃，能力也得不到提升。

以象棋为例，孩子在刚学下象棋时，棋艺处于平躺期，这时候孩子的游戏目标就是认识棋子。可以采取的玩法是先把棋子全部打乱，然后家长和孩子在黑红棋子中任选一种，谁能快速地将自己选择的颜色中的2个相同的棋子找到并两两摞起来，谁就赢。

认识棋子后就进入爬坐期。爬坐期的游戏目标是学习棋子的开局摆放，并练习各种棋子的基本走法。然后进入蹒跚期，这时候的游戏目标就是练习下棋了。可以将规则设定为孩子能无限悔棋（下错棋而被家长“吃掉”后，可以把棋子拿回来重新走一步），而家长不能悔棋。

等孩子的棋艺熟练一些了，就进入跑跳期。跑跳期的规则可以设定为家长根据孩子的能力在开局时选择让孩子1～5个棋子（假设家长的某些棋子已经被孩子吃掉了并把这些棋子从棋盘上拿掉），双方都不能悔棋，或者全局只能悔1～3步棋。

最后随着孩子棋艺的不断提升，家长可能赢不了孩子了。这时就进入了舞蹈期。舞蹈期的规则会向家长“倾斜”，孩子可以根据家长的能力选择让棋子或允许家长悔棋。到这个时候，孩子的棋艺水平已经很高了，有的孩子甚至可以在学校的棋艺竞赛中获奖了。这时孩子棋艺的社会价值就逐渐呈现出来了。

我曾经在樊登读书的北京旗舰店做过一次主题为“游戏养育力”的分享，在整理内容的准备阶段，我发现自己曾经跟儿子玩过20类100多种不同的亲子游戏，这些游戏对儿子的成长起到了很好的促进作用。

要想提高游戏选择力，可以看看劳伦斯·科恩写的《游戏力》、中国儿童中心和中国科学院心理研究所联合编撰的《原来孩子这样成长/0～6岁儿童心理发展与家庭教育指导手册（父母版）》。

3.游戏融合力

游戏融合力是指家长能否拥有完全开放的心态，把自己当成孩子，并全身心地跟孩子一起玩游戏的能力。

由于对游戏的认知不足，或者因为工作太繁忙，很多家长在跟孩子玩游戏的时候都很难做到百分之百的投入，这其实是很不划算的，原因有二。

- 陪伴的质量不高，孩子因为对家长的游戏表现不满意，反而不愿意跟家长玩了，这就造成家长费力不讨好。
- 家长错失了利用游戏来放松心情、释放情绪和疗愈自己的好机会。

我的游戏融合力比较强，所以我儿子从小就特别喜欢跟我玩各种游戏。于是，我在家经常不用干家务活，妻子给我的差事就是陪孩子玩游戏。

不过，我想告诉大家：只要掌握了游戏的要领，不管是爸爸还是妈妈，甚至是爷爷、奶奶、姥姥、姥爷，想拥有游戏融合力，都不是难事。

拥有游戏融合力的要领就是选择孩子喜欢玩或适合孩子玩的游戏，通过调整游戏规则，使自己和孩子赢得游戏的胜率都为50%，就像我在上面举的象棋例子一样。这样，你就会在游戏中放下身段，自顾不暇，完全融入其中。

另外，当家长拥有了游戏融合力，能投入百分之百的精力陪孩子玩游戏时，就产生了高质量的陪伴和抚慰效果。在这种高质量的陪伴和抚慰中，即使玩游戏时间不长，哪怕只有几分钟，孩子也是非常满意的。

记得有一段时间我特别忙，没有时间陪孩子，孩子很难过。我妻子就开车带他到我单位的楼下，我在车里跟孩子玩切西瓜的电子游戏。我们俩玩这个游戏的水平差不多，你一局我一局，各有输赢。玩了不到10分钟，儿子就心满意足，开心地“放”我上楼加班去了。

再举一个真实的案例。我在家排行第四，是家里唯一的大学生。我哥哥姐姐的孩子都在北京工作，他们特别希望我能多给这些晚辈一些指导和建议。可是这些孩子从小就被他们的父母以我为榜样唠叨烦了，他们对我有很强的防御心理，始终保持着一种敬畏，每次到我家说话都不多。他们要么抱着各自的手机不放，要么默契地躲到一边组团玩电子游戏。

于是我就约他们一起玩扑克牌游戏，谁输了谁就被弹脑门儿。分组的时候，我会特意根据每个人的技能强弱做均衡调整，我带着最弱的队友玩，这样使大家都有同样的获胜机会。游戏立刻变得特别刺激和有趣，孩子们玩嗨了。游戏结束之后，大家都说从来没有这么开心过，也因此放下了很多心理防御。现在他们经常来我家玩扑克牌和狼人杀的游戏，还主动来跟我请教和探讨自己的事情，我们的关系亲密了很多。

美国儿童专家、儿童心理治疗师金伯莉·布雷恩写过一本书，书名就叫《你就是孩子最好的玩具》。

4.游戏管教力

游戏管教力是指家长能否领会游戏的本质特征，把非游戏化的枯燥的说教、苦口婆心的劝诫，变成游戏化的、轻松的、有趣的亲子游戏的能力。

所谓的游戏化也不完全等同于游戏，而是将游戏的机制运用到非游戏活动中，进而改变孩子固有的行为模式，激发孩子的参与度。

事实上，教育学是最早进行游戏化研究和实践的领域，幼儿园的很多教学和管教都是游戏化的。中小学也应用了不少的游戏化教学，相对于传统教学，游戏化教学能显著地提升学生的成绩。

我在自序里分享的“儿子上课走神儿”的故事，就是我人生中第一次用游戏来管教孩子的即兴发挥。

这次意外的成功让我对亲子游戏有了不同的领悟。后来，我用过家家游戏解决了很多令我头疼的问题。例如，管不了儿子，实在没办法了，我就让他扮演爸爸，看他有什么妙招，然后我拿来照做。

无数次成功的经验都证明了：这种游戏化的教育方式真的很有效果，远远胜过一般的说教、批评和惩罚。

关于如何开发和使用游戏教育，美国未来协会游戏研究主任简·麦格尼格尔在其畅销书《游戏改变世界：游戏化如何让现实变得更美好》中阐述了游戏的四大核心特征，分别是目标、规则、反馈系统和自愿参与，这就给教育工作的游戏化提供了实用的方法和工具。

举个例子，2019年9月，我儿子上初三了。他主动跟我们一起设计了一个关于手机使用管理的管教游戏。

- 目标：做好手机管控，让家人有更多的时间可以学习和进行家庭游戏。
- 规则：每天21点（周末是22点）以后所有人都不能使用手机。如有特殊情况，提前申请后才能使用。
- 反馈系统：如果谁违反了规则，就需要根据使用手机的时长，按每分钟5元的罚金向其他成员支付罚款。
- 自愿参与：儿子刚开始以为我会担心影响工作而不同意，还想好了怎么来说服我。结果当然不是他想的那样，我一听就高兴坏了，一拍即合。

这个家庭管教游戏我们至今都在使用，刚开始大家违反规则比较频繁，罚金出出进进，后来我们逐渐形成了习惯，手机使用管理的效果非常不错。

游戏管教力之所以能屡屡产生很好的效果，是因为很多家庭教育问题都是由孩子某种能力的发展正处在蹒跚期产生的，当采用亲子游戏来解决这些问题时，就会增加对孩子的包容性，从而给孩子更多实践、犯错、改正和总结、提高的机会。

事实上，不仅在教育行业，而且在很多如微软、谷歌、万豪、腾讯、网龙等国内外知名企业均开始了游戏化管理的尝试，并取得了很好的效果。

我也在德国拜耳、启明幼教和中储物流等企业的培训中应用了游戏化管理（养育）方式，效果都非常好。很多学员惊呼："哇！太神奇了！很多积压已久、成见很深的问题和难点都被轻松地化解了！"

原理很简单，因为成年人的能力发展跟儿童一样，也有类似的5个发展阶段。在日常生活中，成年人会因为担心做不好，很多事情不敢做，特别是涉及沟通方面的事情。而游戏可以使人放松，在做事情时，不用害怕犯错误和露怯，即使能力比较低，也敢去做。

5.游戏创造力

游戏创造力是指家长能否帮助孩子领会游戏的本质特征，使孩子不断打破旧游戏规则，创造新游戏规则的能力。

事实上，从儿童成长彩虹图可以看出来，只要家长不打压、不限制，适当地给孩子一些支持，每个孩子从小都会具备游戏创造力。

细心的家长可以发现，年龄较小的孩子最喜欢玩的一种游戏就是模仿大人的动作。刚开始模仿得不太像，后来慢慢地练习多了，就模仿得一模一样了，模仿得非常熟练之后，他们就开始自由发挥，超越旧动作，发明新动作。

再如，孩子在跟大人玩赛跑游戏时，如果发现大人的优势太明显，就会提出修改游戏规则的建议，要求大人等他跑到一半之后再开始比赛。这也是孩子游戏创造力的体现。

可以肯定地说，如果孩子没有被打压和抑制，他们就会一直具备极强的创新能力，这种能力会帮助他们快速地了解社会、适应社会、融入社会并推动社会的发展。

我儿子也是这样。由于我经常跟他玩各种游戏，玩的次数多了，他就逐渐明白了游戏的目标、规则、反馈系统等主要特征，于是开始创新和改造各种游戏。从语言游戏到追逐游戏，他改造的游戏越来越多。

除了上面提到的关于手机使用管理的管教游戏，还有一个让我印象深刻的游戏就是我儿子发明的四子棋。发明的起因是他觉得五子棋只能同时供2个人玩，这样第3个人就会觉得很没意思。于是他做了各种设计和尝试，最终设计出可以同时供3个人玩的四子棋。

四子棋的规则要比五子棋复杂一些，需要用3种颜色的棋子，率先形成4联子的玩家获胜。为了获胜，每个玩家都要随时关注另外两个玩家的动态，并根据不同的态势选择竞争或结盟，进行防御或进攻。

樊登读书的创始人樊登老师说他就经常跟儿子玩一种游戏：他们两人先各自随意说出一个东西，然后想办法把这两个东西联系起来，创造出一个全新的东西。这种游戏就特别能培养孩子的创造力。

世界天才儿童研究协会亚太地区理事会主席、中国科学院心理研究所超常儿童研究中心主任施建农教授，在给我们授课时，曾发自肺腑地说："培养天才的最好方式就是给他们提供具有创造性的环境。"

如果家长拥有了游戏养育力，对孩子来说，就等于拥有了一种创造性的环境。

第2节

游戏养育力可使儿童免除三大威胁

现代社会的儿童成长正面临着如下三大威胁。

威胁一，儿童的养育被提前功利化和社会价值化了。这就使儿童玩的很多游戏真的被当成"没有任何用处的玩"，而被限制或取消了。

对照儿童成长彩虹图可以发现，一旦儿童的养育被提前功利化和社会价值化，儿童成长的5个阶段就被压缩了。儿童的很多能力发展被家长用社会价值来严肃地衡量、评价，例如孩子的识字能力、数学成绩、体育竞赛成绩和钢琴考级等。

这样做的结果是，孩子的游戏期被挤占了，童趣没有了，导致孩子的心理负担加重，心态老化变快，产生的心理问题增多。

同时，即使孩子在某些方面因为提早训练得到了快速成长，可是他在其他方面的能力，却会因为玩的游戏太少，缺乏锻炼和练习的机会而变弱，例如孩子的生活自理能力低、社交能力低和情商较低等。

2021年，国家推出了中小学生双减政策，其目的就是要消除这种威胁。当然，改变这种状况，更需要家长重视并提升游戏养育力。

威胁二，社会竞争加剧导致家庭功能降低或缺失。这使儿童做的游戏减少，特别是亲子游戏急剧减少。

中国青少年研究中心科管部副主任洪明先生指出，家庭应该具有8种功能，分别是经济功能、生育功能、性生活功能、教育与文化传承功能、抚养与赡养功能、感情交流功能、休息娱乐功能和政治宗教功能。

现代社会由于生活压力加剧，家庭的很多功能都显著降低或缺失了。例如，较高的孩子养育成本导致了生育功能降低，人们的工作压力和出差导致性生活功能降低，年轻父母缺少长辈的指导和帮助导致教育与文化传承功能部分缺失，工作繁忙和加班导致感情交流功能降低，教育功利化导致休息娱乐功能降低，“向钱看”导致政治宗教功能缺失。

要保障家庭功能的正常发挥，亲子游戏是一种最好的形式。家长可以提升游戏养育力，利用亲子游戏为孩子提供家庭的休息娱乐功能、感情交流功能、教育与文化传承功能和政治宗教功能，从而为孩子的成长保驾护航。

威胁三，网络游戏乘虚而入，主导了孩子的兴趣和爱好。这就使亲子互动急剧减少，导致亲子沟通困难，引发各种冲突和矛盾。

现代社会受到网络的冲击很大，网络产品和应用无处不在。现在的孩子由于安全问题导致活动空间受限，不能出去“放养”，各种网络游戏乘虚而入，迅速抢占了孩子的大脑，导致家长对孩子的掌控力和影响力直线下降，也使得孩子的成长处于一种比较危险的境地。

想要重新获得应有的影响力和掌控力，使孩子回到相对安全的状态，家长就要多陪伴孩子，多跟孩子玩亲子游戏，减少网络游戏的侵蚀。可以说，在这种情况下，游戏养育力就是现代父母必备的一种能力。

家庭教育指导老师刘称莲在2015年被评选为“年度最具影响力家庭教育作家”。她的女儿2011年被北京大学和香港大学同时录取，后来被公派到享有美国“南方哈佛”美誉的范德堡大学继续深造。

在刘称莲的畅销书《陪孩子走过小学六年》中，首篇的标题是“生活越玩越出色”，其中第一节的标题就是“我家的游戏时间和家庭日”。她写道，自己和爱人经常跟女儿玩各种互动游戏，包括荡秋千、五子棋、跳棋和扑克牌等，这些游戏帮助女儿培养、提升了各种能力。

第3节

获得游戏养育力并不难

家长只要做好三点，就可以快速获得游戏养育力。

首先，要以轻松的而非急于求成的心态，来阅读这本书。

对于这一点，建议仔细地看看儿童成长彩虹图，你会发现这张图还有一个妙用，就是可以用来诠释每位家长育儿能力的提升过程。

家长养育孩子的各种能力，也会经历平躺期、爬坐期、蹒跚期、跑跳期和舞蹈期。例如，照顾孩子的吃喝拉撒，家长就经历了从手忙脚乱到轻车熟路的过程。孩子的病痛护理和安全防护也是如此。

不过，随着家长能力的不断提升，新的问题又会不断地涌现出来，把家长重新带回平躺期、爬坐期和蹒跚期。

所以，家长也需要对自己包容一些，允许自己犯错误，允许自己不要那么功利，就像对待平躺期、爬坐期和蹒跚期的孩子一样。这样一来，家长的心情就会放松很多。

只有在心情放松之后，才能放下对游戏的偏见，才不会觉得游戏只是小儿科，才能体会到游戏化教育的价值和乐趣，才能认真阅读和实践本书中的每一个游戏，才能帮助孩子和家长自己。

其次，要多实践和练习本书中的内容。

从儿童成长彩虹图上可以得知，在进入社会之前，孩子玩游戏就是他们的“工作”。对于家长来说，支持孩子玩游戏和陪孩子玩游戏，也是家长最应该做的一项家庭教育工作。

不过，跟学校的教育不一样，家庭教育是对孩子进行基本习惯的培养和如何做人的教育，是一切教育的基础。著名的家庭教育专家尹建莉的一本书《好妈妈胜过好老师》强调的就是这个理念。

游戏养育力非常有利于孩子的习惯培养和做人教育，而且具有直接、高效的特点。这种能力不用依赖外部的教育政策、社会环境和专家指导，家长自己就可以发展和创造。

所以，家长可以把对孩子的热切期望和爱，用亲子游戏的形式表达和释放出来，这样既可以充分发挥自己的主观能动性来培育孩子，又可以不断地提升自己的养育能力，最终成为自家孩子的养育专家。

畅销书《孩子，把你的手给我》的作者海姆博士在书的引言中说：“当父母需要具体方法解决具体问题时，那些陈词滥调，像‘给孩子更多的爱’‘给他更多的关注’或者‘给他更多的时间’都是毫无帮助的。”

我特别赞同海姆博士的说法，写给家长的书除了要具有科学性和系统性，更要有实用性，一定要给出切实可行的“干货”。

这本《游戏养育力》就是直接针对父母养育孩子最头疼的8个真实场景，分别给出了案例呈现（什么问题）、原因分析（为什么）、解决思路（怎么办）和实施方法（怎么做）。

如果身为家长的你比较忙，或者不太喜欢看那么多的分析和推理，只想知道解决问题的具体做法，你可以只看案例呈现和实施方法部分。看完后就能直接用起来。

俗话说，实践出真知，等你用起来后有了感悟，或者用得不太好时，再回去看原因分析和解决思路，效果可能会更好。

最后，要活学活用本书的内容。

书中介绍的游戏主要以儿童管教游戏为主，这些游戏就像是放在工具箱里的工具，既可以用来处理某些简单的、偶尔发生的问题，又可以组合起来处理一些复杂的、长期存在的问题。

在你熟练了之后，不要被书中的案例局限，可以大胆地用这些游戏来处理各种新的问题，也可以进行各种分拆和组合，还可以自己发明一些新的管教游戏来解决自家孩子的问题。如果你的新应用或新发明取得了非常好的效果，可以跟我们沟通分享。

为了提升游戏的品质和体验感，书中涉及的所有游戏卡片、手册、扑克牌和贴纸等，我们提供精装版的教具套装。有兴趣的家长可以在微信中搜索公众号“青少年科学教育研究中心”了解和获取。

第4节

你的游戏养育力测评

为了便于你的学习和提升，我设计了一个游戏养育力自评表，如表1.1所示。你可以用这张表对自己各阶段的游戏养育力做标记，打分的方式是在对应的空格里填写时间。

例如，今天是2021年7月，你觉得自己现在的游戏认知力是在爬坐期，就在游戏认知力和爬坐期交叉的空格里写上“2021.7”。

如果下个月你觉得自己的游戏选择力提升了，到了蹒跚期，就在游戏选择力和蹒跚期交叉的空格里写上“2021.8”。

如果你的配偶也要打分，可以用不同颜色的笔区分。

表1.1 游戏养育力自评表

	平躺期	爬坐期	蹒跚期	跑跳期	舞蹈期
游戏认知力					
游戏选择力					
游戏融合力					
游戏管教力					
游戏创造力					

[CHAPTER 2]

第2章

你已经忍无可忍了，孩子仍抱着手机不放怎么办

——如何防治孩子的网瘾

真正让孩子沉溺于手机网络的，不是网络和手机本身，而是手机里面的内容——电子游戏。

俗话说，“解铃还须系铃人”，同样“除瘾还需致瘾物”。

亲子游戏是防治“手机控”的最佳方式。

第1节

被手机逼上“悬崖”的瀚文一家

“你滚开！你再过来！我就割断了！”

瀚文站在床边，冲着爸爸恶狠狠地吼叫着。他右手拿着一把小刀比画着，左手的手腕上已经有了两道血印，其中一道血印正在往外渗血。

瀚文的爸爸被眼前的这一幕彻底吓坏了，一个一米八几的壮汉，扑通一下子跌跪在地上，一边号啕大哭，一边哀求瀚文。

…………

瀚文11岁，刚上小学五年级。他从小就特别喜欢玩电脑和手机。瀚文的妈妈为了控制他的网瘾，曾经用过很多办法，但是都被瀚文一一破解了。

例如，为了防止瀚文一个人在家时偷偷玩电脑，瀚文的妈妈出门前都会把电脑的电源线藏起来。可是不管把电源线藏在哪里，瀚文都能想方设法地找出来。

后来，瀚文的妈妈出门时就干脆把电源线装进包里带走了，没想到的是瀚文又想办法弄了一根新的电源线，偷偷地继续玩。

有一次，瀚文生病了，他的妈妈请了一天假在家陪他。瀚文就拿着妈妈的手机玩。碰巧那天瀚文妈妈公司的领导有急事找瀚文的妈妈，打了十几个电话，都被瀚文直接挂断了，并且他没有告诉妈妈。这件事导致瀚文的妈妈所在的公司直接损失了一个大客户，妈妈也因此不得不换了一份新工作。

再后来，瀚文的爸爸否定了这种对瀚文严格管教的方式，不顾瀚文的妈妈反对，给瀚文买了一个新手机，还开通了无限流量套餐，想用对瀚文完全信任的方式来感化瀚文。结果却事与愿违，有了爸爸的撑腰，只要一有时间，瀚文就会抱着手机玩游戏，如果手机没电了，就一边充电一边玩。

这让瀚文的妈妈感到很愤怒和沮丧，她常常跟瀚文的爸爸争吵，但是又总是吵不过瀚文的爸爸，只能一个人跑到房间里去哭。

期末成绩单出来后，瀚文的妈妈快崩溃了，吵着要跟瀚文的爸爸离婚。这下瀚文的爸爸傻眼了，赶紧承诺要立刻改变自己对瀚文的管教方式。

瀚文的爸爸妈妈很快就达成了第一个一致的决定：收回给瀚文买的手机！可没想到一离开手机，瀚文就生病了，上吐下泻，学都上不了了。瀚文的爸爸妈妈没有办法，只好又赶紧把手机还给了瀚文。

从那以后，手机争夺战就成了瀚文家里每天定时上演的大戏。在这场大戏中瀚文的脾气越来越大，而他爸爸妈妈的行为也越来越偏激。

在最近一年的时间里，瀚文的妈妈气得摔过3次瀚文的手机，瀚文的爸爸气得砸过电脑、手机，还打过瀚文3次。

但是，这些都无济于事，最终发展成了文章开头的一幕。

如果你家正好也有9～18岁的孩子，瀚文一家的故事可能就会让你感触颇深。甚至其中的一些场景，可能也在你的家庭中出现过。

2016年，在“家长帮”和好未来公益基金会联合发布的中国青少年（7～18岁）家庭教育焦点问题排行榜中，有53%的父母选择了“自控力差，常常管不住自己玩游戏、手机聊天等”。

毋庸置疑，孩子对手机、网络的过度依赖已经成为一个普遍存在的社会问题。

如果父母管控不力，孩子对手机和网络的依赖就会加重并形成网瘾。网瘾的危害巨大，不仅会影响学习，还会导致孩子的大脑功能出现异常，形成心理问题，更严重的还会出现犯罪行为。

2018年6月19日，世界卫生组织正式将网络游戏成瘾纳入精神卫生医疗体系，将其列为精神疾病。

所以，对于家长来说，即使你的孩子年龄还小，也需要预防孩子成为“手机控”，毕竟未雨绸缪、防患于未然，才是成本最小的管教方式。

通过下面的儿童“手机控”程度测试量表（家长版），你可以快速测评一下，看看自家孩子的测评得分。

如果你的孩子测评得分在5分以下，那么问题不算大。如果你的孩子测评得分在5分（含）以上，你就需要警觉和注意了。如果你的孩子测评得分在10分（含）以上，你就需要高度重视了，可能还需要带孩子去接受专家的辅导。

前面案例中瀚文的测评得分几乎是满分，到了这种程度，就非常严重了。

儿童“手机控”程度测试量表（家长版）

请家长根据孩子的实际表现进行评估。每题选A计2分，选B计1分，选C不计分。

1. 一回家或者一有空就玩电脑或手机。

A是　　B有时候是　　C不是

2. 不玩电脑或手机时，会有不安或愤怒的情绪。

A是　　B有时候是　　C不是

3. 玩电脑或手机的时间越来越长，上床睡觉的时间越来越晚。

A是　　B有时候是　　C不是

4. 让他关掉电脑或放下手机，孩子嘴上答应却迟迟不能执行。

A是　　B有时候是　　C不是

5. 为了能多玩会儿电脑或手机，常常因此而撒谎。

A是　　B有时候是　　C不是

6. 经常因为玩电脑或手机跟家人争吵或大发脾气。

A是　　B有时候是　　C不是

7. 越来越不想和家人（同学）出去从事其他的休闲活动。

A是　　B有时候是　　C不是

8. 跟班上的同学联络越来越少，感情也越来越不好。

A是　　B有时候是　　C不是

9. 上课时或平时的精神越来越差，身体状况越来越不好。

A是　　B有时候是　　C不是

10. 成绩越来越差，做作业越来越潦草，学习越来越拖拉。

A是　　B有时候是　　C不是

第2节

孩子成为“手机控”的4种原因

很多科学研究和大量的家庭教育辅导实践发现，儿童成为“手机控”的原因不是单一的，而是多种原因导致的结果，主要有以下4种。

› 网络产品对儿童的吸引力。

› 儿童周围的不良环境影响。

› 儿童的不良个性发展。

› 现实生活对儿童的推力。

成为“手机控”的原因比较多，为了便于理解，我给大家画了一张图，如图2.1所示。如果你能把这张图记住了，解决孩子“手机控”的问题也就不难了。

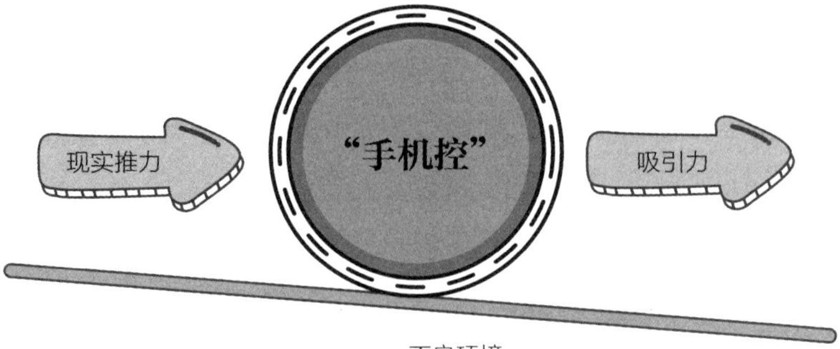

图2.1　孩子成为“手机控”的4种原因

举个比较形象的例子，你可以把手机“网瘾”想象成一个雪球。

现在想象一下，如果雪球特别圆（容易滚动，代表不良性格），雪坡特别陡（利于滚动，代表不良环境），又加上前有吸引力，后有现实推力，那么，这个雪球是不是就会越滚越大了？

你再仔细看看这张图，是不是一下子就明白了？

接下来，我进一步解释这4种原因具体指的是什么，以便于合理地制订解决方案。

1. 电子游戏和玩伴的吸引力

在解释吸引力之前，我首先给大家分享一个大脑科学研究的结果：导致儿童成为“手机控”的根本原因，并不是手机本身，而是手机里面的内容，主要是手机里面的电子游戏。

举个例子，假如你的孩子天天用电脑和手机来阅读文章、背单词、做试卷，那么，你肯定不会生气，反而还会特别高兴吧。

同样，如果你的孩子的同学天天约他一起学习和锻炼身体，那么，你肯定也不会生气吧。

所以，重要的事情说三遍：电子游戏！电子游戏！电子游戏！

为什么是这样的呢？

这个要从我们的大脑说起。

人的大脑里有一种神经机制叫作多巴胺奖赏回路。这个多巴胺奖赏回路使得人们只要一听见自己喜欢听的话，一看见自己喜欢的事物，就会感到特别兴奋，然后就会全神贯注地沉浸其中，并不断寻求更多喜欢的刺激。因为这个过程会不断地循环强化，所以叫作奖赏回路。

大脑的这种多巴胺奖赏回路能让我们在做喜欢的事情时，获得足够的快乐和成就感，它本身是一种有利的机制。

可是，如果人动用这种机制太多、太频繁，就会在无形中提升了刺激的阈值，这时候，一般的事物就很难令他兴奋和快乐了。他也就对日常生活失去了兴趣，只想追求那种高频、高强度的刺激，网瘾和毒瘾就是这样形成的。

电子游戏的设计，就是抓住了人类大脑的这个弱点。只要孩子一打开游戏，电子游戏程序就会给孩子一个登录积分，孩子的多巴胺奖赏回路就开始兴奋了，接着只要孩子按照游戏的设计完成某个动作，就会立刻得到一个加分或一种奖励，如此不断循环，孩子就一步一步地陷进去了。

为了便于理解，我来做一个形象的比喻，你可以把游戏的机制想象成水和水沟。孩子的兴趣和能量就像水，孩子大脑里的神经就像水沟。

因为电子游戏给的奖励又及时又多，很容易让孩子兴奋，所以孩子对电子游戏的兴趣和精力就大，如同洪水一般。洪水冲啊冲，就把水沟冲得又宽又深了。

这时候，只要有水来，就会流到那个洪水冲出来的深沟里去。也就是说，孩子玩得电子游戏多了，跟电子游戏相关的那些神经联结就会变得又粗又壮，孩子的兴趣和精力就都会到那里去了，孩子就不会对别的事情感兴趣了（没有水流过去）。

这就是国家要花大力气整治网络电子游戏的根本原因。

另外，除了游戏本身的吸引力，玩伴的“勾引”也是一种不容忽视的吸引力，如图2.2所示。正如俗话所说“物以类聚，人以群分”，你也需要留意。

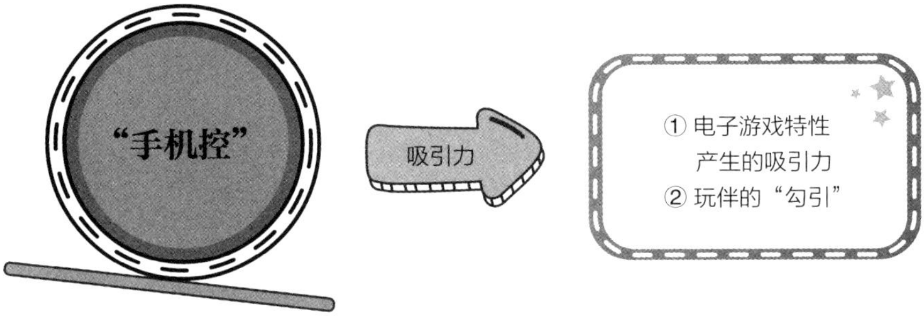

图2.2 “手机控”形成的原因之一

2.缺少大人的陪伴和监管

人类的大脑很有意思，就像一只忙碌的小蜜蜂，它不喜欢清闲，总喜欢不停地找些事情来做。孩子的大脑还在发育之中，就更停不下来了。

所以，如果在家里孩子缺少陪伴，没有事情可做，那么他就很容易喜欢上玩电脑和手机。

当孩子在玩电脑或手机时，如果大人对他观看的内容、使用电子产品的时间和频率缺乏管控，孩子就容易迷上这些电子产品而不能自拔。

缺少陪伴、缺少娱乐、缺少对使用电子产品的监管，这些都属于不良的环境，很容易让孩子成为“手机控”，如图2.3所示。

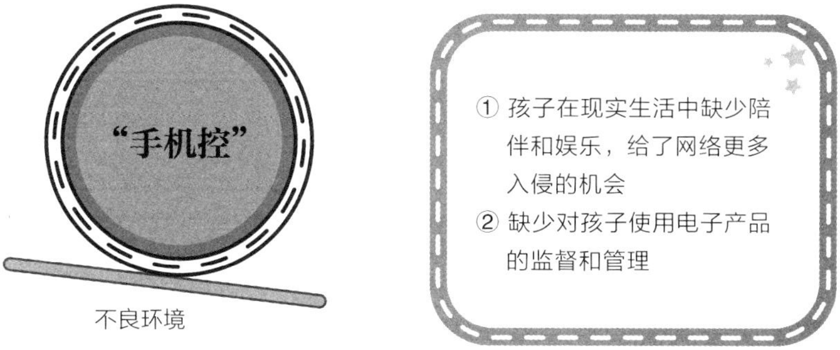

图2.3 “手机控”形成的原因之二

3. 孩子的一些不良个性

有些孩子的“手机控”很难治，一治就生病，而且复发率很高，我原来一直不太明白其中的原因。直到2018年我在长沙参加“中国心理学家大会”，听了几位台湾教授的学术分享，才找到了其中的原因。

原来网瘾的形成跟人的个性也有关系。也就是说，有些人的个性本身就容易染上网瘾。

这几位教授在青少年网瘾防治方面做得很好，他们的研究表明：

› 网瘾与**社交焦虑**的相关度为39%，排名第一。
› 网瘾与**忧郁**的相关度为34%，排名第二。
› 网瘾与**无聊感**的相关度为29%，排名第三。

如果把这一组数据用儿童成长彩虹图来分析，就很好理解。

› 社交焦虑型的孩子的社交能力一般都处在平躺期或爬坐期，他们的现实社交能力太弱，只能躲到虚拟网络里去找存在感。
› 忧郁型的孩子的很多能力都处于蹒跚期，他们很容易把自己的缺点放大，把环境中的不利因素放大，导致其能力退化，也容易躲到网络里去。

› 经常感到无聊的孩子的很多能力也处于蹒跚期，很容易在现实中受挫，从而从现实生活转向虚拟的网络中。

所以，孩子的不良个性也是“手机控”形成的一个重要因素，如图2.4所示。

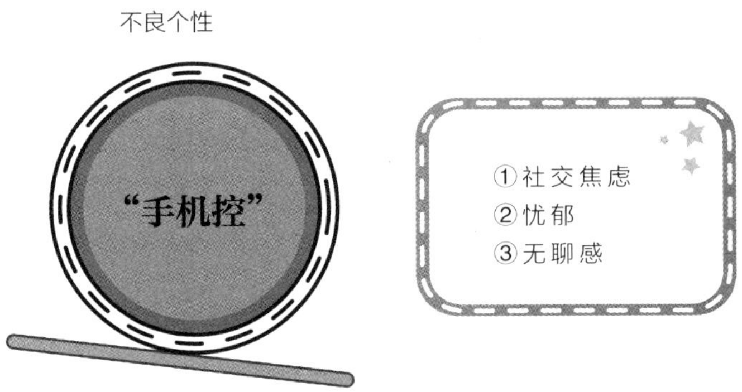

图2.4 “手机控”形成的原因之三

关于孩子的不良个性，有的是天生的，有的是后天形成的。如果孩子天生性格就比较孤僻和忧郁，那么他就属于“手机控”高风险儿童，家长就需要格外注意了。

4. 家长过多的责骂或默许

现实生活中的一些情形会形成一种无形的推力，把孩子推到网络里去，如图2.5所示。

例如，如果在现实的家庭生活中，家长对孩子的要求比较多、比较高，就会对孩子产生一些挑剔、不满意和厌恶的情绪和行为，这些情绪和行为会让孩子感觉不舒服并产生本能的躲避和远离，这就把孩子“推”到了虚拟的网络世界中。

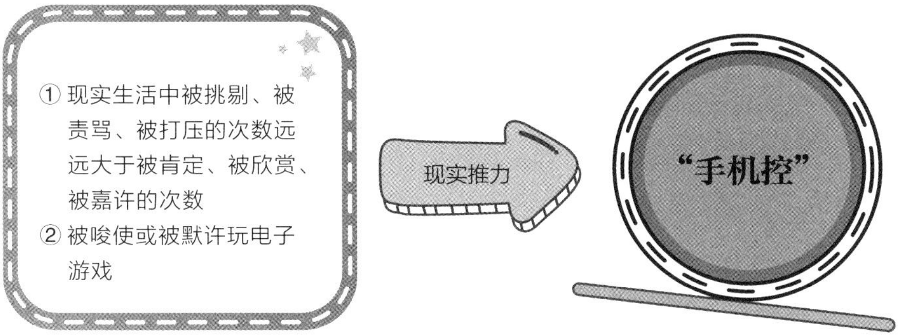

图2.5 “手机控”形成的原因之四

除此之外，还有一些推力是比较明显的。

例如，有的家长在忙不过来或者在精力不够的时候，为了省事儿，也会唆使或默许孩子多看会儿电视、多玩会儿电脑或手机等。

这种情况，老人带孩子时发生的概率比较高。我清楚地记得，我的侄儿小时候就是这样迷上电子游戏的。

在了解了“手机控”形成的各种原因之后，我们就可以按照这个框架，把自家孩子成为“手机控”的原因罗列出来了。

例如，案例中的瀚文成为“手机控”的原因如表2.1所示。

表 2.1 瀚文成为“手机控”的原因

吸引力	不良环境	不良个性	现实推力
① 主要是《穿越火线》等3个电子游戏的吸引 ② 景天、德昌、运峰3位同学的“勾引”	① 瀚文的爸爸妈妈都很忙，经常加班，很少陪瀚文玩 ② 有一段时间，瀚文的手机处于无人监督和管理的状态	① 瀚文的性格有些忧郁，不阳光，嫉妒心强，总觉得老师和同学们对自己不好 ② 瀚文有社交焦虑，除了游戏玩伴，几乎不跟别人打交道	① 由于瀚文从小就特别黏人，带他的大人都会觉得很累，所以有时候为了消停一会儿，大人就会主动让他看电视、玩电脑或手机 ② 瀚文的爸爸妈妈对他的性格和学习都不满意，经常批评和要求他

在家庭辅导中，我们经常会有一种很深的感悟：很多事情不是家长不想做好，也不是他们不能做好，而是真的不知道怎样才能做好，确切

地说，就是他们的认知能力不足，找不到其中的窍门。

瀚文的爸爸妈妈就是这样。当他们清楚地找到了导致瀚文成为“手机控”的原因之后，心里反而有底了，至少知道大概应该从哪些方面下手来帮助他了。

那么，你家孩子成为“手机控”的主要原因是什么呢？

如果你做过儿童“手机控”程度测试量表（家长版）的测试，而且你家孩子的测评得分高于5分，那么建议你仔细地回忆一下，并认真地把孩子成为“手机控”的原因在表2.2里全部写出来。

表2.2 我家孩子成为“手机控”的原因

吸引力	不良环境	不良个性	现实推力

第3节

防治“手机控”的要点和战术

凡是跟孩子进行过手机“缠斗”的家长都知道，要让孩子摆脱“手机控”，绝对没有那么简单。

这既不是一个靠某个绝招就能解决的问题，又不是一个短期就能解决的问题，而是一个需要长期“斗智斗勇”才能解决的问题。要不然，也不会成为一个让国家和专家们都头疼的社会问题了。

所以，家长一定要充分认识到这项管教工作的复杂性、困难性、艰巨性和长期性。

1.做足思想准备，树立必胜的信心

防治“手机控”到底难在哪里呢？实事求是地说，主要难在两个方面。

一方面，网络侵蚀太迅猛，家长普遍缺乏管好的信心。

现代社会，在网络和游戏的冲击下，很多家长都沦为“手机控”了。说白了，家长也管不住自己，心里根本没有管住孩子的信心。所以很多家长虽然看起来吼得很凶，其实只是“雷声大雨点儿小”，发泄一下担忧和焦虑而已。

另一方面，家长缺乏科学的、系统的、长期的管教措施。

面对孩子的手机网瘾，家长不能进行持之以恒、有章有法的管教，通常都是“间歇性”“发作式”的管教。家长觉得受不了了，就冲孩子发脾气、收手机、摔手机，如果孩子也来硬的，家长熬不过孩子就心软了。

久而久之，孩子就摸清了家长的套路，这些简单、粗暴的管教方式也就失效了。前面案例中瀚文的爸爸妈妈的管教方式就是这样。

不过现在不同了，因为我们已经知道了“手机控”形成的系统性原因，就可以有针对性地采取一系列战术，来突破这两个难点。

如图2.6所示，针对网络吸引力大，我们可以想办法削弱其影响力；针对不良的家庭环境，我们可以改善家庭环境；针对孩子的不良个性，我们可以改变孩子的不良个性；针对现实生活中的推力，我们可以撤销现实生活向虚拟世界的推力，把它变成向现实生活的吸引力。

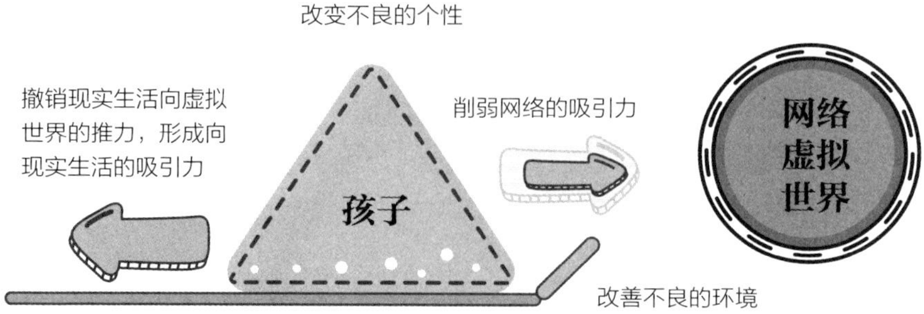

图2.6　防治“手机控”的4种战术

如果我们把没有采取防控战术前的状况和采取了防控战术后的状况，用图形直观地展示出来，就是如图2.7所示的场景。

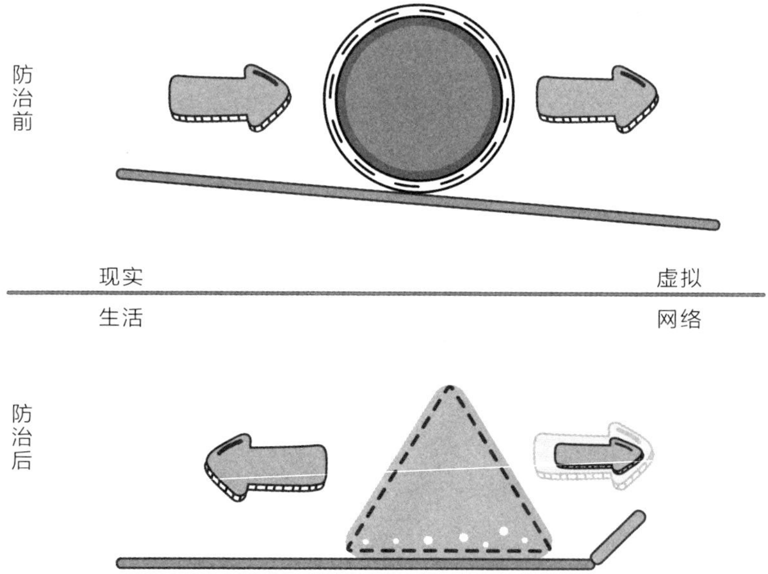

图2.7　“手机控”防治效果对比图

很显然，上面那个圆圆的雪球在前有吸引力、后有推力的斜面上，肯定越滚越快，也就是说，如果没有防治“手机控”的措施，孩子很快就会染上网瘾，成为“手机控”。

而下面那个三角形，本身就不能滚动，地面上右边有挡板，左边的拉力又大，所以它很难向右边滑动。也就是说，如果有防治“手机控”的措施，孩子就不容易染上网瘾，不容易成为“手机控”。

我画这样的示意图，是希望家长要相信科学，相信办法总比问题多，并树立必胜的信心。

2.尊重科学规律，改变管教方式

不过，光有信心是不够的，我们还需要面对现实，做更详细的分析。

如果我们用儿童成长彩虹图的原理（如果你印象还不深，可以快速翻看一下本书文前的彩图和第1章中的内容），结合前面瀚文一家的案例，就可以发现孩子们有3种高成长能力。所谓的高成长能力是指能快速提升的能力。

- 孩子使用手机的能力发展迅速，很快就能到舞蹈期，应用自如。
- 孩子玩电子游戏的能力发展迅速，很快就能到舞蹈期，应用自如。
- 孩子想办法玩手机游戏的能力发展迅速，很快就能到舞蹈期，父母常常是防不胜防，就像案例中的瀚文一样。

与此同时，我们也可以发现孩子和家长有3种低成长能力，所谓的低成长能力是指不能快速提升的能力。

- 孩子对电子游戏的抵抗能力极低，几乎都处于平躺期或爬坐期，能达到蹒跚期的都很少。
- 孩子使用手机的自控能力也极低，几乎都处于爬坐期或蹒跚期，能到跑跳期的极少，有的甚至完全处于平躺期。例如，前面案例中的瀚文，只能依赖于家长的管控。
- 家长对孩子迷恋手机的管理能力较低，处于爬坐期或蹒跚期的居多，有的甚至已经退化到平躺期了。例如，前面案例中瀚文的家长，对瀚文的管教几乎到了无能为力的境地。

通过3种高成长能力和3种低成长能力的对比，我们不难发现，两者的对比太悬殊了！这也就是家长常常感到无能为力的原因所在。

那么应该怎么办呢？

说实话，面对这样的情况，我也曾经感到茫然。

不过，幸运且有趣的是，我想起了抗日战争时期的著作——《论持久战》，里面的抗战智慧给了我很多力量和启发。

在当时面对强大的日本侵略军，我军放弃了正面对抗的冒险做法，采用了灵活的游击战术。如果你看过《地雷战》《地道战》《铁道游击队》等影片，就会从影片中体会到“敌进我退，敌驻我扰，敌疲我打，敌退我追”的战斗乐趣和革命力量。

这是一种非常科学的做法。因为当时抗日军民的装备和作战能力还处于蹒跚期以下，如果采用正规作战的战法，肯定必输无疑。所以只有选择像打游戏一样的游击战，才能锻炼队伍，积累经验，逐步提升作战能力。

所以，防止孩子成为“手机控”，同样需要用游戏的心态和游戏的方式，来逐步锻炼孩子对电子游戏的抵抗能力、孩子使用手机的自控能力和家长对孩子成为“手机控”的管理能力。

所谓的游戏的心态就是允许孩子和自己在“手机控”管理中犯错，游戏的方式就是失败后可以重新开始和多次重复，直到成功为止，并且即使成功后也要面临新的问题和新的挑战。

一句话总结就是：家长要面对现实，放弃“一招制敌”“速战速决”等不切实际的想法，停止简单、粗暴的管教方式，采用游戏式的管教方式，在不断尝试和调整中，逐渐把孩子从网络游戏拉回到现实生活中。

从现在开始，你就要准备好并进入游戏状态。

例如，你可以把网络游戏想象成一头威力巨大的“怪兽”，它正在用它的魔力改变你家孩子的大脑，把孩子变成它的“奴仆”，听从它的指令，甚至把孩子变得“六亲不认”，跟你争吵和对抗。更可怕的是，现在你的孩子已经有了很多被“怪兽”控制的征兆了。

情况十万火急，我们必须火速组队，展开一场抗击“怪兽”、营救孩子的光荣战斗。

3.把握战术要点，找准“作战”方法

《孙子兵法》中写到“知彼知己，百战不殆”。所以，要打赢这场抗击“怪兽”、营救孩子的战斗，我们首先就要打好情报战和结盟战两场战役。

此外，在前面的图2.6 中，我们得出了防治“手机控”的4种针对性战术，现在我们要把这些战术进行细化，变成一个个可以落地执行的方法。

削弱网络的吸引力

削弱网络的吸引力的具体方法有3种，如图2.8所示。

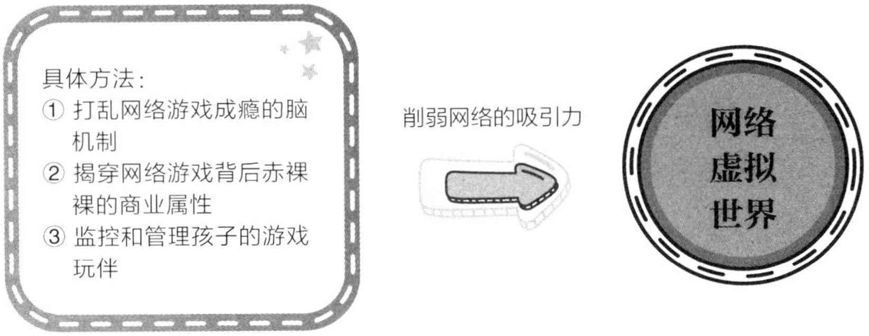

图2.8 “手机控”防治战术1

第1种方法，打乱导致网络游戏成瘾的脑机制。

我们在前面分析孩子形成网瘾的原因时说过，网瘾的形成主要跟大脑的多巴胺奖赏回路有关。所以，我们可以想办法干扰孩子玩网络游戏的过程，如果让他在玩网络游戏的过程中体会到的快乐相对较少或者体会不到快乐，那么他就不会形成一个特别强大的网络游戏多巴胺奖赏回路，就不会着迷和上瘾。

这种方法我们把它命名为干扰战。

第2种方法，揭穿网络游戏背后赤裸裸的商业属性。

儿童对网络游戏的认知能力非常低，几乎处于平躺期。他们一般看不到网络游戏的危害，也看不到网络游戏的商业属性。他们觉得网络游戏没有让自己交钱，所以不是商业产品，并以此跟父母争论不休。

所以，我们要多给孩子讲解网络游戏对大脑的影响，揭露网络游戏赤裸裸的商业属性，帮助孩子提升对网络游戏的认知能力和抵抗能力，不要被商人操控，变成别人的“提款机”。

这种方法我们把它命名为舆论战。

第3种方法，监控和管理孩子的游戏玩伴。

我们要了解孩子玩伴的真实情况，如果孩子的玩伴中有网瘾比较大的，就要管理和限制孩子与其接触的时间和关系的发展。

这个方法主要是防止孩子和玩伴的互相“串通”和相互“勾引”，我们把它命名为反团伙战。

改善不良的环境

改善不良的环境的具体方法有两个，如图2.9所示。

家长多陪孩子玩各种亲子游戏，减少孩子接触网络的时间和频次。这种方法主要是家长跟网络争夺时间，我们给它取个形象的名字，叫阵地保卫战。

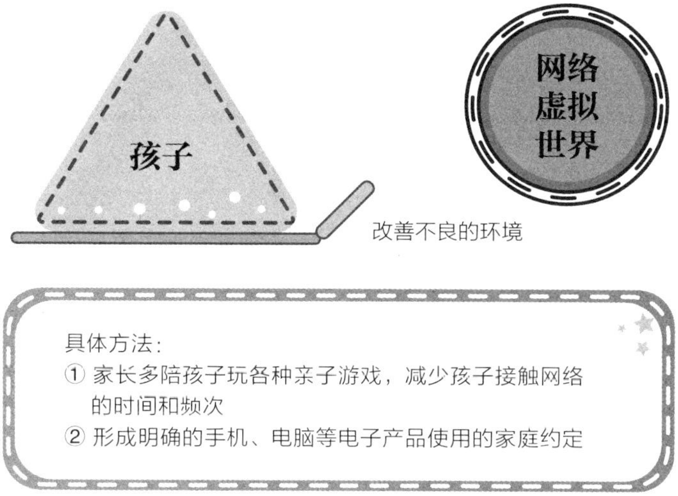

图2.9 “手机控”防治战术2

形成明确的手机、电脑等电子产品使用的家庭约定。这种方法需要制定管理制度，所以就叫制度战。

改变不良的个性

根据儿童成长彩虹图，我们知道孩子每一种能力的提升，都会经历平躺期、爬坐期、蹒跚期、跑跳期和舞蹈期。

如果孩子的一些能力在发展的过程中，受到了过多的挫折和打压，孩子的心理就会从积极的发展心理变成消极的退化心理。这种情况一旦发生得比较多，孩子就会形成比较消极的不良个性，如焦虑、忧郁和无聊等。

游戏是一种假设的情境，可以为孩子提供很多尝试和犯错的机会。如果家长用游戏养育力来培养孩子，就可以让孩子在游戏中进行多次练习，能力一点一点地提升，孩子的不良个性也会随着这些能力的逐渐提升，悄悄地发生改变。

所以，游戏教育是心理咨询中常用的一种治疗方式，对于儿童来说，其效果尤为明显。

为了方便家长使用，我给大家准备了3种方法，如图2.10所示。

具体方法：

① 用亲子游戏培养孩子的社交能力，缓解孩子的社交焦虑

② 用亲子游戏做家庭疗愈，化解孩子的忧郁

③ 多陪伴孩子，跟孩子一起玩有趣的互动游戏，激发孩子的创造力，让孩子找到乐趣

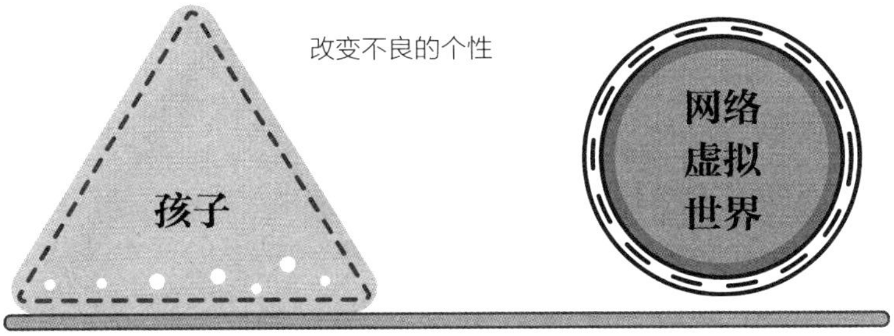

图2.10 “手机控”防治战术3

第1种方法，用亲子游戏培养孩子的社交能力，缓解孩子的社交焦虑。这种方法主要是培养孩子的社交能力，我们就叫它社交战。

第2种方法，用亲子游戏做家庭疗愈，化解孩子的忧郁。这种方法主要是疗愈孩子的忧郁，我们就叫它疗愈战。

第3种方法，多陪伴孩子，跟孩子一起玩有趣的互动游戏，激发孩子的创造力，让孩子找到乐趣。这种方法主要是让孩子找到价值感，我们就叫它价值战。

把现实生活中的推力变成吸引力

坦率地说，要想把现实生活中对孩子的推力变成吸引力，是很难的，也是非常考验家长的智慧的。这种战术主要有两种方法，如图2.11所示。

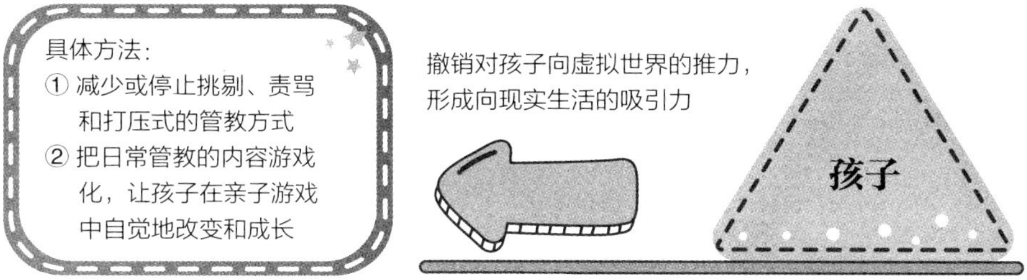

图2.11 “手机控”防治战术4

第1种方法说起来很容易——减少或停止挑剔、责骂和打压式的管教方式，其实是非常难做到的。

因为在现实生活中，家长一看到孩子拿着手机不放，内心根本压不住火。所以，我为你提供了一种叫作自我管理战的针对家长的自我管理与调整方法，帮助你逐步停止使用那些简单、粗暴的管教方式。

第2种方法，把日常管教的内容游戏化，让孩子在亲子游戏中自觉地改变和成长。在后面的内容中我会手把手地教你将一些自己必须说的孩子却很不爱听的话，设计到孩子喜欢玩的亲子游戏里，让孩子在游戏中潜移默化地受到熏陶和启发。

这一点非常重要，也是我们游戏养育力的核心技能，我们叫它游戏战。

4. 根据实际情况，选择最佳“战役”

可能大家现在会有一个问题：这么多的“战役”，听起来似乎都有用，可是到底应该使用哪个？或者优先使用哪个呢？

为了回答这个问题，我们把这些“战役”全部整合起来，并根据孩子的不同情况，结合过去的经验，给出相应的顺序和建议，如表2.3所示。

表 2.3　防治“手机控”的作战计划表

战役名称	主要作用
① 情报战	了解和掌握相关信息
② 结盟战	团结家人和孩子游戏玩伴的家人一起来防治
③ 干扰战	削弱网络的吸引力：阻止成瘾的多巴胺奖赏回路的形成
④ 舆论战	削弱网络的吸引力：揭穿电子游戏的商业属性和危害
⑤ 反团伙战	削弱网络的吸引力：阻止网瘾玩伴的“串通”和“勾引”
⑥ 阵地保卫战	改善不良的环境：避免无人陪伴
⑦ 制度战	改善不良的环境：避免缺乏监管
⑧ 社交战	改变不良的个性：消除社交焦虑
⑨ 疗愈战	改变不良的个性：疗愈忧郁和自卑
⑩ 价值战	改变不良的个性：消除无聊和无价值感
⑪ 自我管理战	把现实生活中的推力变成吸引力：去掉推力
⑫ 游戏战	把现实生活中的推力变成吸引力：产生吸引力

方案组合推荐：
刚开始接触网络的孩子，采用②⑥⑦④③⑫⑤；“手机控”程度测试得分5分以下的孩子，采用①②⑥⑦⑫④③⑤⑩⑧；“手机控”程度测试得分5（含）~10分的孩子，采用①②⑤⑪⑥⑦⑫④③⑨⑧⑩；“手机控”程度测试得分10（含）~15分的孩子，采用⑪①②⑥⑨⑧⑩⑦⑤⑫④③；“手机控”程度测试得分15分（含）以上的孩子，采用⑪②⑨⑧⑩⑦⑤⑫④③⑥；根据孩子的实际情况进行组合。

对“手机控”程度不同的孩子，需要有不同的重点，如表2.3所示。

- 对于刚开始接触网络的孩子，相对比较简单，主要是统一家人的教育理念，做好家庭陪伴和监督管理即可。
- 对于“手机控”程度测试得分在5分以下的孩子，重点是要了解孩子使用手机的目的，家长要做好家庭陪伴和监督管理，多讲解网瘾的危害，做好预防。
- 对于“手机控”程度测试得分为5（含）~10分的孩子，重点是控制不良玩伴的“勾引”，家长还要做好自我情绪的管理，少跟孩子发脾气，多陪孩子玩，要反复宣讲网瘾的形成机制和危害。

› 对于“手机控”程度测试得分为10（含）~15分的孩子，因为他跟父母的斗争已经比较激烈了，所以管教重点是父母要控制好自己的情绪，避免用简单、粗暴的方式，要特别注意孩子的心理需求。
› 对于“手机控”程度测试得分为15分（含）以上的孩子，他与父母之间的沟通已经变得很困难了，孩子的性格也会变得封闭和暴躁，这时管教的重点是父母要随时调整好自己的心态，想办法用各种资源来帮助孩子，最好是寻求专业的家庭教育指导老师或心理咨询老师的帮助。

前面的作战计划表可以帮助家长和孩子，把孩子“手机控”的防治能力，从较低的平躺期、爬坐期和蹒跚期，逐步提升到较高的跑跳期和舞蹈期。家长可以根据自家孩子的实际情况，选择比较适合的组合来执行。

第4节

防止孩子成为“手机控”的12场“战役”

1. 情报战

知彼知己，百战不殆。防治“手机控”情报战的基础，就是先把孩子上网玩网络游戏的各种信息收集起来，进行分析，便于做决定和行动计划。

情报战的主要任务有3个。

前线体验任务：如果没有玩过网络游戏或玩得很少的家长，至少要非常投入地玩一两种网络游戏，并有意识地体验网络游戏的特点和影响，特别是体会自己的情绪、心态和身体变化的过程。

这项任务的主要目的是提升家长的游戏认知力，其主要体现在两个方面。

- 发现游戏的科学规律，便于制订科学的计划。
- 了解孩子玩网络游戏时的真实感受和状态，便于跟孩子有共同语言，与孩子拉近距离，获得信任。

战况收集任务：了解孩子常玩的网络游戏都有哪些，游戏的主要特点是什么，游戏是单机版的还是联机版的，孩子有哪些游戏玩伴，孩子在玩游戏中的角色是什么，孩子是组织者还是参与者，等等。

这项任务的目的有两个。

- 了解孩子目前在游戏中的陷入程度。
- 了解有哪些可以实施干扰的介入点，为情报战打基础。

物资统计任务：了解孩子最喜欢的非网络游戏有哪些，孩子最大的爱好是什么，孩子最擅长什么，孩子最喜欢吃什么，孩子最讨厌什么，等等。

这项任务的主要目的有两个。

- 提前看看可以跟孩子玩哪些亲子游戏。
- 看看有哪些事物可以用来作为孩子行为强化的资源。

还记得前面案例中的瀚文的妈妈吗？她后来就采用了这套游戏养育力的方法。她的情报战战果汇总如表2.4A所示。

表 2.4A　情报战战果汇总表（瀚文家）

<table>
<tr><th colspan="4">前线体验任务</th></tr>
<tr><td>游戏名称：欢乐斗地主</td><td>游戏类型：微信小程序游戏，真人联机版</td><td>游戏次数和时长：3次，3小时左右</td><td>参与人员：自己和网上的陌生人</td></tr>
<tr><td>游戏难度、输赢、升级等过程和结果描述</td><td colspan="3">选择了经典模式中的新手场，刚开始玩得挺顺利的，差不多连升了10级，都当上大财主了。后来就到中级场里去玩，结果很快就输光了，就花钱买了欢乐豆继续玩，最后玩到了县令</td></tr>
<tr><td>自己的情绪、心态和身体变化过程描述</td><td colspan="3">刚开始怕自己玩不好，心里挺紧张的，手心冒汗，后来发现升级很容易，就觉得特别开心和有成就感。在中级场输了以后很不甘心，一看只要3元钱，就直接买了欢乐豆。3小时不知不觉就过去了，没有想到过了这么久。等反应过来后，还是觉得这个游戏挺坑的，自己成了别人赚钱的工具，但是玩的时候是意识不到的</td></tr>
<tr><td>自己体会到了哪些孩子玩游戏时的感受和状态</td><td colspan="3">主要有两点：一是赢了游戏，升级的时候很有成就感；二是只要一玩起来就根本停不下来，不可能只玩两三局或几分钟</td></tr>
<tr><th colspan="4">战况收集任务</th></tr>
<tr><td colspan="2">孩子常玩的网络游戏都有哪些？游戏的主要特点是什么？是单机版的还是联机版的</td><td colspan="2">穿越火线、吃鸡、我的世界和欢乐斗地主等微信游戏，这些游戏的特点是很流行，玩的人特别多。主要是联机版的</td></tr>
<tr><td colspan="2">孩子都有哪些游戏玩伴？他们的家庭情况怎么样</td><td colspan="2">游戏玩伴主要有3个同学，景天是单亲妈妈家庭；德昌的父母经常出差；运峰是一个性格有些孤僻的孩子，他的父母从小就一直宠着他</td></tr>
<tr><td colspan="2">孩子在玩游戏中的角色是什么？是组织者还是参与者</td><td colspan="2">瀚文和景天是游戏的主要发起者和组织者</td></tr>
<tr><th colspan="4">物资统计任务</th></tr>
<tr><td colspan="2">孩子最喜欢的现实游戏有哪些</td><td colspan="2">以前游戏玩得比较少，只玩过扑克牌、飞行棋和跳棋等简单的游戏</td></tr>
<tr><td colspan="2">孩子最喜欢的人是谁</td><td colspan="2">最喜欢的是陪他玩游戏的3个同学</td></tr>
<tr><td colspan="2">孩子最大的爱好是什么</td><td colspan="2">各种手枪、步枪、机枪和冲锋枪玩具及模型</td></tr>
<tr><td colspan="2">孩子最擅长的是什么</td><td colspan="2">枪支的辨认和解说</td></tr>
<tr><td colspan="2">孩子最喜欢吃什么</td><td colspan="2">烧烤、麻辣烫、辣鸡爪</td></tr>
<tr><td colspan="2">孩子最讨厌什么</td><td colspan="2">爸爸妈妈抽风似的忽冷忽热</td></tr>
</table>

如果你的孩子也经常玩网络游戏，你也要收集一下相关情报，在下面的表2.4B里记录下来，这些信息在后面很有用。

表 2.4B　我家的情报战战果汇总表

前线体验任务			
游戏名称：	游戏类型：	游戏次数和时长：	参与人员：
游戏难度、输赢、升级等过程和结果描述			
自己的情绪、心态和身体变化过程描述			
自己体会到了孩子玩游戏时的感受和状态			
战况收集任务			
孩子常玩的网络游戏都有哪些？游戏的主要特点是什么？是单机版的还是联机版的			
孩子都有哪些游戏玩伴？他们的家庭情况怎么样			
孩子在玩游戏中的角色是什么？是组织者还是参与者			
物资统计任务			
孩子最喜欢的现实游戏有哪些			
孩子最喜欢的人是谁			
孩子最大的爱好是什么			
孩子最擅长的是什么			
孩子最喜欢吃什么			
孩子最讨厌什么			

2. 结盟战

给你讲一个很有趣的事情，美国的二十二条军规中有一条是，唯一比敌方炮火还精确的是友军的炮火。这也是我们现在开玩笑常说的“猪队友”。

你还记得前面案例中瀚文的爸爸吗？他就当过“猪队友”，如果不是他那段时间非要给瀚文买手机并开通无限流量，瀚文可能就不会成为“手机控”。

所以，在正式作战之前，孩子的父母一定要先统一思想，建立同盟，否则可能就会前功尽弃。而且你不仅要跟家人做好内部结盟，还要跟孩子的游戏玩伴的家庭做好外部结盟。

内部结盟战

关于内部结盟的具体过程和方法，你可以参照后面第9章的家庭管理游戏。前面案例中瀚文的爸爸妈妈就做了如表2.5A所示的内部结盟合约。

表2.5A　内部结盟合约（瀚文家）

结盟成员	瀚文的爸爸妈妈
结盟原则	网瘾大敌当前，求同存异，团结一致，攻克难关
结盟约定	① 双方都认识到了手机网瘾对瀚文的影响是巨大的，所以必须联手进行监督和管教 ② 关于瀚文使用电子产品，双方都不能单方做出任何决定，只有在跟对方商量取得一致性意见之后才能跟瀚文说 ③ 为了避免老人和亲戚的干扰，双方都必须提前跟己方的老人和亲戚打好招呼 ④ 在瀚文面前，双方必须保持统一，维护彼此的权威和管理的持续性 ⑤ 如果双方有不同意见，需要找共同认可的专家裁定，裁定后的统一意见大家必须采取，不能反悔
有效期限	直到瀚文18岁生日那天
结盟人签字	瀚文的爸爸妈妈

如果你的孩子也经常玩网络游戏，那么也有必要商量并签订一份内部结盟合约，如表2.5B所示。

表 2.5B 我家的内部结盟合约

结盟成员	
结盟原则	
结盟约定	
有效期限	
结盟人签字	

外部结盟战

为了联合几家人一起来帮助孩子防治“手机控”，瀚文的爸爸妈妈根据情报战的信息，给景天的妈妈、德昌和运峰的爸爸妈妈分别发了合作建议的微信。其中一条如下。

景天妈妈：

你好！我是瀚文的妈妈，我家孩子特别喜欢你家景天，他们是好朋友，我们很尊重并珍惜他们的友谊。不过，最近这几个月，他俩和德昌、运峰老是在网上玩游戏，不仅不好好做作业，睡觉也越来越晚，连叫吃饭都费劲。我们深感无奈。

所以，我们想跟你商量一下，我们4家的家长可否建立一个微信群？这样我们既能一起商量怎样解决孩子们的上网问题，又可以随时沟通，防止他们串通起来蒙骗我们，你看可以吗？

微信发出去以后，景天妈妈很快就回复了。

瀚文妈妈：

太好了！我每天也在跟孩子进行“战斗”，我都快要崩溃了。关于你的想法我没有意见，并且举双手赞成，需要我做什么，你随时跟我说。

很快，他们的联合防治微信群就建立起来了。

一般来说，孩子们为了玩游戏，总会想方设法地联系和引诱其他玩伴，在被父母发现后，又会立刻把责任推到玩伴身上。

这样的外部结盟，不仅有利于快速地揭穿孩子们的谎言，还有利于统一和管理孩子们的作息时间，同时，有利于家长们相互倾诉、安慰和交流。

另外，家长们也可以经常组织线下的聚餐和聚会，孩子们因为玩伴都在，也会非常乐意参加，家长们可以借此机会，多引导孩子们玩各种线下游戏。

3. 干扰战

在前面的内容中讲游戏的吸引力时，我已经说了其中的原理，主要是孩子在玩游戏的过程中获得了愉悦体验，激发并形成了他大脑里的多巴胺奖赏回路。

我们要设计的干扰战，就是要干扰孩子在玩游戏时获得的愉悦体验，从而阻止或减弱他大脑里多巴胺奖赏回路，不让他形成网瘾。

结合脑科学知识、前面讲到的情报战战果和实际的辅导经验，我给大家总结了一些实用的干扰措施，如表2.6所示，你可以参考使用，并在准备采用的选项上打钩。

表 2.6　干扰战的设计和规划

干扰内容	干扰时机	干扰方式
□游戏体验	在一起的时候	□ 制造和利用环境噪音，使其感到不爽或无趣，从而放弃网络游戏 □ 用舆论战里的话术贬低其游戏水平、积分、等级等成果，使其感到不值得或无趣，从而放弃网络游戏 □ 直接跟孩子玩网络游戏，并多次击败他，使他感到失望或无趣，从而放弃该网络游戏
□游戏过程	亲子游戏、聊天、运动、出门、吃饭、睡觉、做家务等	□ 经常友好地要求孩子尽快停止游戏 □ 利用制度战来进行干扰。这样可以增加孩子中途下线的频率，导致他的积分、等级等受损，避免成瘾性脑机制的形成
□游戏成果	孩子心情好的时候	□ 把孩子在现实生活中取得的成果，跟他玩游戏取得的成果进行对比，让孩子发现其中的不同 □ 还可以利用舆论战来对孩子玩游戏的行为进行长期干扰，使他感到不值得或无趣，从而放弃网络游戏
□游戏价值	在孩子有某种需求或希望逃避某种厌恶的事情时	□ 让孩子在获得需求（例如最喜欢看的电影）和玩网络游戏中做一次选择 □ 让孩子在逃避厌恶的事情（例如洗碗）和玩网络游戏中做一次选择，由此逐渐降低网络游戏在他心目中的实用价值 □ 利用舆论战对孩子玩游戏的行为进行长期干扰，使他感到不值得或无趣，从而放弃网络游戏

需要注意的是，干扰战主要适用于“手机控”不是特别严重的孩子，实施的目的是中断他的游戏行为，不形成网瘾。

对于那些“手机控”已经比较严重的孩子，在进行干扰战的时候要慎重一些，不必要求他立刻停止，最好是像打游击战一样，打一枪就走，不要恋战，不要跟孩子纠缠太多。否则容易把孩子惹恼了，引起强烈的对抗。

4. 舆论战

刚出生的孩子就像一台刚出厂的电脑，他们天生并没有什么观念和想法。也就是说孩子的价值观、人生观和世界观都是需要父母来培养和熏陶的。

所以，要想防止孩子染上网瘾，防止孩子成为“手机控”，家长就需要从小给孩子做正面的教育和引导。而且，很多观念的形成，特别是正面观念的形成，都是需要长期、无数次的宣导和熏陶的。详细的原理你可以快速翻看一下本书第5章中图5.5所示的大脑逻辑内容的6个层次。

根据实际的辅导经验，我把一些常用的内容整理出来了，如表2.7所示，家长可以参考使用，并在宣导内容、实施者和适用阶段上打钩。

表2.7 舆论战的设计和规划

宣导内容	实施者	适用阶段
□ 网络游戏是一种精心设计的商业产品，主要目的就是盈利。有的是直接收钱，免费的是通过流量和夹带广告挣钱	□ 父母 □ 孩子信任的人	□ 越早越好
□ 网络游戏是以赚钱为目的的商人的偏爱，品德高尚的企业家是不会参与的	□ 父母 □ 孩子信任的人	□ 越早越好
□ 儿童和青少年因为大脑还没有发育完全，自制力和自控力远低于成年人的水平，很容易被网络游戏吸引并失去自我控制能力	□ 父母 □ 孩子信任的人	□ 越早越好
□ 父母应该用科学的方法帮助和支持孩子适度地使用电子产品。儿童和青少年接受父母的指导、帮助、监督和管理，是一种必要的自我保护	□ 父母 □ 孩子信任的人	□ 越早越好
□ 网络游戏里的皮肤、装备和等级等，只是在玩家眼里有价值，而在主流社会中，例如，对于政府、学校、家长来说并没有价值	□ 父母 □ 孩子信任的人	□ 孩子开始喜欢网络游戏时
□ 玩太多网络游戏，给追求利益的商人送钱是一种愚蠢的行为	□ 父母和孩子信任的人 □ 脱瘾后的成功玩家	□ 孩子开始喜欢网络游戏时
□ 相对于学习和发展特长来说，把大量的时间和精力投入到网络游戏中产出的成果被认可度是最低、最悲摧的	□ 父母 □ 孩子信任的人 □ 脱瘾后的成功玩家	□ 孩子开始喜欢网络游戏时
□ 网络游戏的猫腻很多，很多玩家都有外挂等作弊行为，正规的玩家是很难出人头地的	□ 父母 □ 孩子信任的人 □ 脱瘾后的成功玩家	□ 孩子有些沉溺于网络游戏时

续表

宣导内容	实施者	适用阶段
□ 如果一个游戏你玩了一两个月都没有达到顶级玩家的水平，就证明你不是那块料	□ 父母 □ 孩子信任的人 □ 脱瘾后的成功玩家 □ 专业级玩家	□ 孩子已经沉溺于网络游戏时
□ 如果你觉得自己能成为职业的游戏玩家，能依靠网络游戏挣钱，没关系，我们可以帮你找个专家测试一下。如果通过测试，我们会感到非常高兴并支持你；如果没有通过测试，那么你就得重新选择，例如，选择好好学习	□ 父母 □ 孩子信任的人 □ 脱瘾后的成功玩家 □ 专业级玩家	□ 孩子已经沉溺于网络游戏且无心学习时

不过，光有内容还不行，采用什么样的方式和渠道进行高频灌输，这很考验家长的智慧。

一般来说，亲子对话、嘱咐和探讨是有效的，但是比较好的方式还是潜移默化地灌输和熏陶。例如，把这些内容设计到经常可以玩的亲子游戏里，我在后面的游戏战中会详细介绍，其中特制扑克牌和特制飞行棋就具备这种潜移默化的效果。

5. 反团伙战

反团伙战的要点就是在不损害友情的基础上，让孩子知道自己跟玩伴是不一样的人，有不同的需求和特点，需要保持必要的独立性和安全距离。

具体的做法就是用形象生动且不带任何贬低性的比喻，把孩子们区分成不同类型的人，从而产生区分和“离间”的效果。我常用的且有效的比喻如表2.8所示。

表 2.8　孩子和玩伴的不同类型比喻

孩子的类型	适合的玩伴
赶飞机型 特点：着急，需要提前走	① 学习成绩拔尖的　② 想上好学校的 ③ 有明确梦想的　④ 对自己要求比较高的 ⑤ 父母期望比较高的
赶火车型 特点：不太着急，准点到就行	① 学习中等的　② 特别努力才能学好的 ③ 有模糊梦想的　④ 对自己有一些要求的 ⑤ 父母有一定期望的
自驾型 特点：不着急，啥时候走都行	① 特别聪明的　② 不怎么学习，成绩却很好的 ③ 有突出特长的　④ 不参加应试教育的 ⑤ 家庭条件特别好的
不出门型 特点：慢慢来，反正不出门	① 学习成绩比较差的　② 没有什么想法的 ③ 父母不怎么管的　④ 不想上学的 ⑤ 放弃自己的

根据表2.8，你就可以根据自己家孩子的实际情况，选择不同的话术来与孩子进行沟通了。

如果你家的孩子是赶飞机型的，你可以参考使用的话术如下。

孩子，我知道你很在乎你和玩伴之间的友谊，我不仅不反对，还会支持你跟他们成为好朋友。

同时（注意，这里不是“但是”），我想提醒你的是，你们几个人毕竟是不一样的人。

你的梦想是……你就像一个要着急出门赶飞机的人，飞机不等人，你需要提前出门。

A是……就像一个要赶火车的人，人家的时间比你多，不用像你这么着急。

B是……就像一个自驾出门的人，人家的时间很充裕，你根本就比不了。

C是……就像一个根本就不出门的人，人家的乐趣就是玩游戏打发时间。

如果你老是跟他们在一起玩游戏，你可以想一想，谁被耽误的比较多？你会有哪些损失呢？

还有，如果你因为跟他们玩耽误了自己要做的事，你会甘心吗？未来会不会责怪他们呢？

再说了，如果你老是这样，我们肯定也会限制你和玩伴来往，最后大家会闹得不欢而散，你说是这样吗？

所以，我觉得你还是需要克制一下，跟他们保持一定的距离，减少一起玩游戏的时间比较好！

如果你家的孩子是赶火车型的，你可以参考使用的话术如下。

孩子，我知道你很在乎你和玩伴之间的友谊，我不仅不反对，还会支持你跟他们成为好朋友。

同时，我想提醒你的是，你们几个人毕竟是不一样的人。

你的梦想是……你就像一个要赶火车的人，火车不等人，你需要早点儿出门。

A是……就像一个自驾出门的人，人家的时间很充裕，你根本就比不了。

B是……就像一个根本就不出门的人，人家的乐趣就是玩游戏打发时间。

如果你老是跟他们在一起玩游戏，你可以想一想，你会有哪些损失呢？

还有，如果你因为跟他们玩耽误了自己要做的事，你会甘心吗？未来会不会责怪他们呢？

另外，C是……就像一个要着急出门赶飞机的人。你们总是拉着人家一起玩游戏，人家父母哪天一生气，可能就不会再让C跟你们玩了。你们的好朋友就会少一个。

再说了，如果你老是这样，我们肯定也会限制你和玩伴来往，最后大家都会闹得不欢而散，你觉得这样好吗？

所以，我觉得你还是需要克制一下，跟他们保持一定的距离，减少一起玩游戏的时间比较好！

如果你家的孩子是自驾型的，你可以参考使用的话术如下。

孩子，我知道你很在乎你和玩伴之间的友谊，我不仅不反对，还会支持你跟他们成为好朋友。

同时，我想提醒你的是，你们几个人毕竟是不一样的人。

A是……就像一个要着急出门赶飞机的人，人家的时间紧张，需要提前出门。

B是……就像一个要赶火车的人，火车不等人，人家也需要早点儿出门。

你的情况是……就像一个自驾出门的人，你虽然不着急，但是也是要出门的人。

C是……就像一个根本就不出门的人，人家的乐趣就是玩游戏打发时间。你希望自己成为C的样子吗？恐怕不会吧！

如果你总是跟他们几个在一起玩游戏，最后一定会搞得不欢而散的！

如果你总跟C玩耽误了自己要做的事，你会甘心吗？未来会不会责怪他呢？

还有，你们总是拉着A和B一起玩游戏，人家的父母哪天一生气，可能就不会再让A和B跟你们一起玩了。你们的好朋友就会少两个。这样你就只有C这个朋友了。你乐意吗？

再说了，如果你总是这样，我们肯定也会限制你跟C来往，最后大家都会闹得不欢而散，你觉得这样好吗？

所以，我觉得你还是需要克制一下，跟他们保持一定的距离，减少一起玩游戏的时间比较好！或者你可以多约他们出去运动或去做一些有意义的活动，这样他们的家长也会感到高兴的。

如果你家的孩子是不出门型的，你可以参考使用的话术如下。

孩子，我知道你很在乎你和玩伴之间的友谊，我不仅不反对，还会支持你跟他们成为好朋友。

同时，我想提醒你的是，你们几个人毕竟是不一样的人。

A是……就像一个要着急出门赶飞机的人，人家的时间紧张，需要提前出门。

B是……就像一个要赶火车的人，火车不等人，人家也需要早点儿出门。

C是……就像一个自驾出门的人，他虽然不着急，但是也是要出门的人。

你的情况是……就像一个根本就不出门的人，你虽然有的是时间，但是你希望自己一直都是这个样子吗？你有什么打算吗？

另外，如果你总是跟他们几个在一起玩游戏，最后一定会搞得不欢而散的！

你应该珍惜你的这几个朋友！

如果你总是拉着他们一起打游戏，人家父母哪天一生气，可能就不会再让他们跟你玩了。你的好朋友就会少3个，你就没有好朋友了，你愿意变成这样吗？

我真的不希望你失去你的好朋友！

所以，我觉得你还是需要克制一下，跟他们保持一定的距离，减少一起玩游戏的时间比较好！或者你可以多约他们出去运动或去做一些有意义的活动，这样他们的家长也会感到高兴的。

当然，你也可以根据这样的思路，发明一些你觉得更合适的比喻和话术。

6. 阵地保卫战

前面已经说过了游戏会让大脑形成多巴胺奖赏回路，会对孩子产生巨大的吸引力。所以，为了不让网络游戏把孩子的精力和时间抢走，父母就需要帮助孩子跟网络游戏争抢“阵地”，多抽出时间来跟孩子玩亲子游戏。

如果你看过电影《大话西游》，一定熟悉这个阵地保卫战的趣味誓词：“曾经有一份真挚的亲情放在我面前，我没有珍惜，等到我失去的时候，我才后悔莫及，人世间最痛苦的事莫过于此。如果上天能够给我再来一次的机会，我会对孩子说4个字——我陪伴你！如果非要在这份陪伴上加一个期限，我希望至少是18年！”

阵地保卫战需要把前面情报战的战果用上。你可以根据孩子的真实喜好，选择最容易开展起来的亲子活动。表2.9A就是瀚文家第1周阵地保卫战的规划和实施情况。

表2.9A　阵地保卫战的规划和实施情况（瀚文家）

选定的亲子游戏	选择理由	参与者	实施情况（频次、次数、效果）
军旗	瀚文喜欢枪	以瀚文的爸爸为主	几乎每天玩1次，总共玩了7次，瀚文虽然不积极，需要放几把玩具枪在桌子上增加气氛吸引他才行，但是他还是能坚持玩完1局
飞行棋	以前玩过	以瀚文的妈妈为主	大概每两天玩1次，总共玩了3次，看得出来，瀚文主要是给妈妈面子才答应玩的
五子棋	比较简单，每局耗时比较短，可以随时玩	瀚文的爸爸妈妈	随时玩，总共玩了10次左右，效果还不错

你家孩子的情况怎么样呢？如果你觉得有必要，那么就在表2.9B中写下你家的阵地保卫战的规划和实施情况吧。

表2.9B　我家的阵地保卫战的规划和实施情况

选定的亲子游戏	选择理由	参与者	实施情况（频次、次数、效果）

重要的事情说3遍，你在跟孩子玩亲子竞赛游戏时，根据儿童成长彩虹图的原理，一定要把握好一个极其重要的原则——控制好游戏的难度系数，让孩子赢的概率在50%左右！

原因很简单，因为只有这样，孩子的很多能力才能平稳地度过蹒跚期，上升到跑跳期和舞蹈期。

如果孩子总是赢不了，他就会感到失望，体会不到价值感，就不想跟家长玩了。有的孩子甚至会有很强的挫败感和被伤害感，会选择逃避，再也不愿意跟家长玩了。

相反，如果孩子赢得太容易、太多了，他就会变得自负起来，觉得没意思，就不想跟家长玩了。有的孩子还会觉得家长瞧不起他、糊弄他，他就会觉得尴尬、纠结和失望，也不愿意再跟家长玩了。

而控制游戏难度的最好方式是，对于6岁以下的孩子可以在游戏中假装不会、假装看不见等；对于6岁以上的孩子，最好的方式是修改游戏规则。例如，在赛跑游戏中，赛跑时起跑的时间先后不一样，或者跑道的长度不一样；在得分游戏中，双方获胜的分数设置不一样；在棋类游戏中，双方棋子的数量不一样等。

另外，在孩子年龄小的时候，游戏的规则要向孩子多倾斜，等孩子长大了，孩子的能力比家长强了，游戏的规则就要向家长多倾斜。这样做还有很多的好处，可以使家长一直处于游戏的最佳状态，保持较高的游戏融合力，对孩子的陪伴效果会很好，同时，孩子的游戏创造力也会持续得到提升。

7. 制度战

制度战是指家长跟孩子一起商量并制定出公平、公正、实用的家庭管理制度，然后用这些制度来规范管理电子产品的使用行为。

制度的设计还必须考虑人性化、科学性和有效性。否则制度就会名存实亡，不仅没有效果，还会适得其反。

例如，在以前，瀚文的妈妈也会跟瀚文商量，两个人说好，在瀚文玩游戏时要主动定好闹铃，5分钟后闹铃一响就立刻停止玩游戏。

结果瀚文每次都做不到，瀚文的妈妈很生气，常常指着他吼："你看就是这样！说话不算数！我再也不相信你了！"妈妈这样的说法让瀚文很伤心，他也觉得自己的确是妈妈说的那样，所以就越来越糟糕了。

原因是他们设计的制度有3个不科学的地方。

- 时间设定不科学。到底玩多长时间合适，具体要看是什么样的游戏。一两分钟就打完一局的小游戏玩5分钟是科学的，如果是激烈的大游戏，设定5分钟的时间就不科学了，孩子肯定停不下来。
- 孩子自己听到闹铃就停下来的要求不科学。有过玩游戏经验的家长都知道，有时候一玩起游戏来，就什么也听不到了。这也是为什么要让家长去切身体验游戏的原因。
- 立刻停止这个要求不科学。因为孩子玩得正起劲，就像高速行驶的汽车一样，有惯性，怎么能立刻停下来呢？所以应该给孩子十几秒到一两分钟的缓冲时间。

后来，在听了我的建议后，他们做了修改，当孩子想玩游戏时，可根据实际情况商量好游戏的时长，时间一到，父母会提示，瀚文应该在听到提示后的10秒至1分钟内结束游戏，最迟不能超过3分钟。

不仅如此，他们还制定了完整的手机管理制度，如表2.10A所示。

表2.10A　制度战设计和实施（瀚文家）

参战成员	瀚文和瀚文的爸爸妈妈
参战原则	科学防治网瘾，保证学习和生活顺利进行，不受网络的不良影响
制度约定	① 电子产品和网络游戏对智力开发和结交朋友有一定的积极作用，全家人都可以适当地使用和参与 ② 孩子一玩电子游戏就停不下来，是因为孩子的大脑还没有发育完全，自制力和自控力远低于成年人的水平，很容易被网络游戏吸引并失去自我控制能力 ③ 父母应该用科学的理念、方法去帮助和支持孩子适度地使用电子产品和网络产品，避免孩子网络上瘾进而影响日常的学习和生活 ④ 孩子应该在父母的帮助下，不断提升自己的认知能力，了解网络产品的商业属性和商家追逐利益的市场行为 ⑤ 孩子在使用手机等电子产品时，需要接受家长的指导、监督和管理，这是一种必要的自我保护 ⑥ 在晚间睡觉的时间内，所有人的手机都必须放在客厅里，不能带进卧室 ⑦ 孩子想玩游戏或想使用电子产品时，需要提前申请，并根据实际情况跟家长商量好玩游戏的时长，时间一到，家长会提示，孩子应该在听到提示后的10秒至1分钟内结束游戏，最迟不能超过3分钟 ⑧ 全家人在晚上9点以后（周末是晚上10点），一律不能使用手机，违反使用者每分钟罚款5元。特殊情况除外，如有工作和有紧急事情需要处理要提前申请 ⑨ 孩子的罚款从压岁钱里扣除，罚款的金额累计到一定数额，就会撤销梦想清单（就是孩子想要父母给买的东西或想玩的项目）中的某一项。如果孩子一周都没有违反制度，可以在梦想清单上增加一项
有效期限	试行3个月
参战人签字	瀚文和瀚文的爸爸妈妈

你家有这样明确的制度和规则吗？如果觉得有必要，你也可以参考上面的表格，跟孩子和家人一起商量，写下你家的制度战设计和实施内容，填在表2.10B里。

表 2.10B　我家的制度战设计和实施

参战成员	
参战原则	
制度约定	
有效期限	
参战人签字	

8. 社交战

本书第6章的内容是关于如何促进孩子的社交发展的专题攻略。如果你的孩子除游戏玩伴以外，朋友很少，也不爱出门，你可以仔细阅读。

9. 疗愈战

本书第4章的内容是关于如何从小培养孩子的高情商的专题攻略，也是家庭疗愈的专题攻略。如果你的孩子比较自卑，性格比较消极和悲观，你可以仔细阅读。

10. 价值战

如果你的孩子经常觉得没有价值感，感到无聊，你可以仔细阅读本书第5章中的点赞鼓励游戏和第6章中的焦点人物感恩游戏。你还可以仔细阅读第7章中的如何发掘孩子的天赋和培养特长的专题攻略，那也是帮助孩子培养价值感、优越感和成就感的专题攻略。

11. 自我管理战

《这样跟孩子定规矩孩子最不会抵触》一书的作者乔治·M.卡帕卡说："在孩子面前，要注意控制自己的情绪，你越冷静，孩子就越服帖、越乐意守规矩。"可事实上，当看到孩子拿着手机不放的时候，又有几个家长能做到冷静呢？

据说世界卫生组织对精神病人的行为判定中有一条是，总是重复同样的行为，却期待不同的结果发生。

可是，如果我们用这一条来对照一下我们管教孩子时的场景，就会觉得有些哭笑不得了。每当看到孩子被"手机控"的时候，我们就会很生气地吼他，虽然一直没有什么效果，但是我们却总是重复这样的行为，并幻想着哪天孩子能听话，不玩手机了。

我每次在剖析这个场景的时候，很多家长都会惊呼："天啊，孩子把我们弄成'精神病人'了！"

其实，这是因为当我们的情绪没有被他人共情和接纳时，我们的大脑就不能进行理智的分析和思考，而是会自动地做出很多本能的反应和无意识的行为。

如果用儿童成长彩虹图来分析，就是我们的自我控制能力还很低，处于爬坐期或蹒跚期。所以在看到孩子玩手机时，根本控制不了自己的行为，就会发火和吼叫。

所以，我们必须要进行自我管理，要通过一些自我管理的游戏来锻炼和提升自我控制能力。只有家长的自我控制能力提升到蹒跚期和跑跳期以上了，才可能运用上面的各种方法和技巧，来帮助孩子摆脱“手机控”。

给大家推荐3个自我管理游戏。

情绪阴转晴游戏

可以肯定地说，孩子“手机控”越严重，家长的情绪越难以控制。所以，孩子“手机控”越严重，家长越要多学习和使用这个游戏，最好马上就开始学习。

《不吼不叫：如何平静地让孩子与父母合作》的作者罗娜·雷纳曾经也是一位喜欢对孩子吼叫的妈妈。她在书中说，重新开始永远都不晚，当你开始减少吼叫时就可以看到，并感觉到这个变化对你的健康和幸福产生了莫大的正面影响。你赠与孩子的将是一个世代相传的礼物。

情绪阴转晴游戏的具体玩法，在第4章有详细介绍，你可以仔细看一看，最好是结合结盟战中的外部结盟战，跟其他家长一起玩，把自己的情绪管理能力好好地提升一下。

理智选择5步法

理智选择5步法是一个帮助我们在生气的时候快速恢复理智的小游戏。它可以防止我们成为“总是重复同样的行为，却期待不同的结果发生”的“精神病人”。

游戏的玩法比较简单，如图2.12所示，伸出左手，问自己5个问题，在回答每一个问题前，做一次深呼吸。

图2.12　理智选择5步法

例如，当你看见孩子放学到家后跑到屋里玩手机去了，你心里有些不舒服，在你正想发作的时候，就可以做一个理智选择5步法。

你可以伸出左手，看着大拇指问自己："我看到或听到的是什么？"问完后深吸一口气，回答说："我看到的是孩子到家后把书包扔在沙发上，就跑到自己屋里去了，我还能听见他玩游戏的声音。"

接着看食指问自己："我现在的情绪是怎样的？"然后深吸一口气回答说："我的情绪是感觉有点儿生气，有些烦躁和感到失败。"如果不知道自己是怎样的情绪，就多深吸几口气，然后慢慢地找到感觉。

再看着中指问自己："我现在的想法是什么？"然后深吸一口气回答说："我的想法是这孩子太不懂事了！天天就知道玩游戏！"

然后看着无名指问自己：“我的想法中夸大、片面或不合理的地方在哪里？”深吸一口气后回答说：“我的想法中夸大的部分是孩子也有不玩游戏的时候，片面的部分是孩子也有懂事的时候，不合理的部分是孩子上了一天的课，回来玩会儿游戏其实也并不是不可以。”如果找不到答案，可以多深吸几口气，慢慢地找。

最后看着小指问自己：“我还可以重新选择的是什么？”然后深吸一口气回答说：“我还可以重新选择的是不生气，问问孩子这局游戏什么时候结束，结束后我想跟他聊几句。”同样，如果不知道答案，也可以多深吸几口气，慢慢地想。

这个小游戏，你在日常生活中也可以多练习。例如，你可以回想那些让你生气的场面来反复练习。只不过需要把其中的“现在”换成“当时”就可以了。

如果这个小游戏练习得多了，你就会惊喜地发现：在面对很多以往压不住火的场景时，你现在却可以控制住内心的愤怒，并做出不同的选择了。这也是瀚文的爸爸妈妈在练习游戏后的最大感悟和发现。

爱出爱返5部曲

爱出爱返5部曲是一个帮助我们用理性的爱来对待孩子的小游戏。它不仅可以防止我们成为“总是重复同样的行为，却期待不同的结果发生”的“精神病人”，还可以防止我们用自认为的善意去“伤害”孩子。

伟大的思想家、哲学家马克思说：“如果你的爱作为爱没有使对方产生相应的爱，那么你的爱就是无力的，就是不幸的。”

古人说，爱出者爱返，真正的爱一定是可以得到对方的爱和喜欢的。如果我们对孩子付出很多爱，孩子却不喜欢我们，甚至讨厌我们，那么一定是我们的爱出了问题，我们需要做一下梳理和反思，梳理和反思的工具就是爱出爱返5部曲。

爱出爱返5部曲小游戏的玩法比较简单，如图2.13所示，伸出右手，问自己5个问题，每回答一个问题前，都做一次深呼吸。

图2.13 爱出爱返5部曲

还是以上面同样的场景为例，当你看见孩子放学到家就跑到屋里玩手机去了，你心里有些不舒服，正想发作的时候，你就可以来一个爱出爱返5部曲。

你可以伸出右手，看着自己的大拇指问："我了解他的所有信息吗？"问完后深吸一口气，回答说："好像并不了解，因为我不知道他今天在学校的具体经历和情况，也不知道他的心理活动是怎样的。"

接着，你看着自己的食指问："我对他有不满或成见吗？"问完后深吸一口气，回答说："肯定对他过往的表现有成见，而且有不满。"

你再看着自己的中指问：“不管发生什么，我都一直信任他吗？”问完后深吸一口气，回答说：“没有，我有些讨厌他，也不相信他。”

然后，你看着自己的无名指问：“我一直在接近他或帮助他解决问题吗？”问完后深吸一口气，回答说：“好像没有，孩子一进门我就用和审犯人一样的眼光看着他。”

最后，你看着自己的小指问：“我得到他的认可和喜爱了吗？”问完后深吸一口气，回答说：“好像没有，他都不搭理我。”

在梳理和反思的过程中，你可能就会明显地发现自己对孩子的爱在哪个地方出了偏差。

这时候，如果你想给孩子真正的爱，并立刻得到孩子的认可和喜爱，你就可以重新来做前面的那个步骤，想了解孩子今天过得怎么样，需要放下以往对孩子的不满和成见，相信孩子可以变好，走过去用温和的语气询问他：“今天过得怎么样？需要爸爸妈妈为你做点儿什么吗？”一般来说，孩子的表现就会不一样，至少会跟你说一声“谢谢”。

同样，这个小游戏，你在日常生活中也可以多练习，不仅跟孩子练习，还可以跟配偶、长辈、同事、客户、老板等练习使用。很多时候都会有立竿见影的效果。

如果你练习得多了、用得多了，就会惊喜地发现：自己对孩子和对别人的掌控力、影响力逐步提升了。

12. 游戏战

游戏战是指家长跟孩子玩各种有趣的亲子游戏，不仅可以减少孩子玩网络游戏的时间和机会，还可以让孩子发自内心地喜欢这些亲子游戏，并在这些游戏中受到潜移默化的熏陶，逐渐提高对网络游戏的鉴别能力和抵抗能力。

游戏战可以全面地练习和提升家长的游戏养育力，包括游戏认知力、游戏选择力、游戏融合力、游戏管教力和游戏创造力。

我向你推荐两类游戏。

常用的亲子游戏

我曾经在樊登读书的北京旗舰店做过一次主题为“游戏养育力”的分享，我整理了跟儿子一起玩过的20类近100种亲子游戏，如表2.11所示。这些游戏可以供你参考，你可以在自己计划选择的游戏前的方框中打钩。

表2.11　一些常用的家庭亲子游戏

语言游戏 □ 语句接龙 □ 成语接龙 □ 英语棋 □ 拌嘴玩 □ 对诗	**逻辑游戏** □ 象棋 □ 军旗 □ 五子棋 □ 围棋 □ 拼图	**创作游戏** □ 棋牌改编 □ 编故事接龙 □ 乐高 □ 家庭团体绘画 □ 手工制作	**情商游戏** □ 宝宝情绪卡 □ 情绪魔法箱 □ 情绪阴转晴 □ 社交小达人
阅读游戏 □ 接龙读绘本 □ 亲子共同演绘本 □ 文言文背诵比赛 □ 诗词背诵比赛 □ 金句摘录秀	**竞赛游戏** □ 卡丁车 □ 赛跑 □ 平衡车计时赛 □ 遥控车计时赛 □ 记忆卡片	**心理游戏** □ 石头剪刀布 □ 狼人杀游戏 □ 谁先笑谁输	**逆商游戏** □ 食指变拇指 □ 家风传承 □ 行为塑造
肢体游戏 □ 拥抱翻滚 □ 抛接和推举 □ 双人牵手飞跃 □ 摸鱼儿打手板 □ 平衡对抗	**竞技游戏** □ 篮球 □ 打水漂 □ 射击比赛 □ 羽毛球 □ 乒乓球	**娱乐游戏** □ 对歌 □ 麻将（不玩钱） □ 扑克牌（不玩钱） □ 台球 □ K歌	**规则游戏** □ 跑跑龟 □ 德国心脏病 □ UNO牌 □ 叛逆的瓶子
运动游戏 □ 追逐 □ 蹦床 □ 滑雪和打雪仗 □ 游泳 □ 滑沙	**拓展游戏** □ 真人CS □ 户外探险 □ 沙漠旅行 □ 勇敢者游戏 □ 漂流	**趣味游戏** □ 故意出糗或装傻 □ 假装看不见 □ 踩影子 □ 弹脑瓜崩 □ 指鼻子	**财商游戏** □ 大富翁 □ 奉献游戏

续表

角色游戏	数学游戏	即时游戏	实践游戏
☐ 过家家 ☐ 八面达人秀 ☐ 家庭模仿秀 ☐ 迪士尼头脑风暴 ☐ 其他角色扮演	☐ 扑克牌24点 ☐ 数字麻将 ☐ 数学解题比赛 ☐ 3或7报数	☐ 随时随地利用现场的各种东西做道具玩	☐ 我是小厨师 ☐ 我是小木匠 ☐ 我是小园丁 ☐ 我是小校长 ☐ 我是小家长

特制扑克牌和特制飞行棋

特制扑克牌和特制飞行棋是在充分吸收游戏精髓的基础上，利用游戏的4个特征，设计出来的适合家庭使用的亲子管教游戏。这是本书中最重要、最实用的游戏。

我们在前面提到过，游戏的4个特征分别是目标、规则、反馈系统和自愿参与。这4个游戏特征的具体含义是什么呢？我以躲猫猫游戏举例来解释。

› 目标：一般来说，大家玩躲猫猫的目标就是要让别人找不到自己，自己就可以一直作为藏起来的一方，而不用去做找人的一方。

› 规则：先通过猜拳来决定谁是第一个找藏起来的人的一方，在藏的环节找的人不能偷看，被找到的人要交换角色变成找藏起来的人的一方。

› 反馈系统：无论游戏的输赢和惩罚都会让玩的人神经高度兴奋，情绪跌宕起伏。藏的人会特别紧张、生怕被找到，藏得好的时候看到别人找不到自己时会非常得意，如果赢了就会特别有成就感。找人的一方如果找到了藏起来的人就会兴奋得不得了，找不到藏起来的人就会着急害怕，如果输了就会不甘心、不服气，憋着劲儿想赢回来。

› 自愿参与：在游戏中，所有的人都没有任何特权，完全平等，输赢奖惩都一视同仁，所以大家都愿意主动参与。

很显然，自愿参与是这4个特征中最重要的一个特征，也是游戏设计成功与否的关键所在。如果游戏设计成功了，就可以把枯燥的说服教育和苦口婆心的劝诫，做成有趣的亲子游戏，让孩子在游戏里潜移默化地受到熏陶并发生改变。

对于“手机控”的防治，我们选择扑克牌和飞行棋两种游戏，因为这两种游戏都是最常见、最简单和最通用的游戏。5 ~ 15 岁的孩子都喜欢玩飞行棋，扑克牌的通用性就更广泛了。

然而，很多人一听到扑克牌就会觉得讨厌和反感，认为它是赌博的工具。其实并非如此，扑克牌是一种玩法多样、简单有趣的游戏工具。

如果因为有人用扑克牌赌博就选择不玩扑克牌，按照这个逻辑来说，几乎所有的赌博都会用到钱，那么钱作为赌博的工具就要被禁止使用了。显然，这是不合理的。所以，如果认定扑克牌是赌博工具就厌恶和排斥扑克牌，是一种偏见。

家庭教育指导老师刘称莲在其畅销书《陪孩子走过小学六年》中分享到，她和爱人就经常跟女儿一起玩斗地主和争上游的扑克牌游戏，并认为这些游戏不仅帮助女儿学会了“输得起”，还帮助女儿学会了如何跟别人沟通协作。

那么，如何设计和特制扑克牌呢？

你可以买一副新的扑克牌，在扑克牌正面的空白处，写上一些关于手机使用管理的行为规范，内容主要来自舆论战、干扰战和制度战。如果空白处不够大，或者看着不舒服，也可以用涂改液把每张扑克牌的正面涂成白色的，再书写内容。以下是一些例子。

错误行为：上厕所时在厕所里玩手机。

正确行为：看穿了网络游戏的商业属性，理性对待，只是偶尔玩一下。

错误行为：不懂网络游戏的商业属性，被游戏开发者利用和掌控。

错误行为：平时总是手机不离手，父母让放下手机就发脾气。

正确行为：能理性地使用电脑和手机，父母叫停的时候能在半分钟内停止使用。

错误行为：违反了电脑和手机使用管理的行为规范，使用超时。

正确行为：遵守电脑和手机使用管理的行为规范，只在规定的时间内使用。

错误行为：在晚上睡觉期间，把手机拿进卧室。

你可以根据自己家孩子的情况，写得详细一些。这样你就有了一副完全适合你家孩子的、唯一的、特制的管教扑克牌。在玩扑克牌游戏的过程中，扑克牌上的手机使用管理的行为规范就会对孩子形成高频的、潜移默化的熏陶和影响，并极大地提高孩子的自我行为约束能力。

有了这副扑克牌之后，你还可以在此基础上来设计特制飞行棋。你可以在网上买一副普通的飞行棋，然后在一些棋格里写上一个机会的“机”字，如图2.14所示。

图2.14　特制飞行棋棋盘示例

当某个玩家的棋子正好落在这些带有“机”字的棋格中时，就必须抽一张机会牌，然后根据机会牌的提示内容执行就可以了。

机会牌用前面提到的特制扑克牌来充当，只需要在特制扑克牌上增加一个提示就可以了。以下是一些例子。

错误行为：上厕所时在厕所里玩手机。（后退1步）

正确行为：看穿了网络游戏的商业属性，理性对待，只是偶尔玩一下。（再来1次）

错误行为：不懂网络游戏的商业属性，被游戏开发者利用和掌控。（停1轮）

错误行为：平时总是手机不离手，父母让放下手机就发脾气。（后退3步）

正确行为：能理性地使用电脑和手机，父母叫停的时候能在半分钟内停止使用。（前进3步）

错误行为：违反了电脑和手机使用管理的行为规范，使用超时。（后退2步）

正确行为：遵守电脑和手机使用管理的行为规范，只在规定的时间内使用。（前进2步）

错误行为：在晚上睡觉期间，把手机拿进卧室。（停1轮）

做完这些以后，我们就可以得到一套有趣的飞行棋机会牌了，如图2.15所示。

这样在玩飞行棋的时候，机会牌上的内容就会对孩子产生反复的宣导和强化作用。如果孩子从5岁开始玩飞行棋的话，从小就有了明确的是非观，自然就不会变成“手机控”了。

看到这里，有的家长可能就会有疑问了：这种“洗脑”可能对年龄小一些的孩子还管用，年龄大一些的孩子一眼不就识破了吗？他们又不傻，怎么会自投罗网，乖乖地用这些东西玩游戏呢？

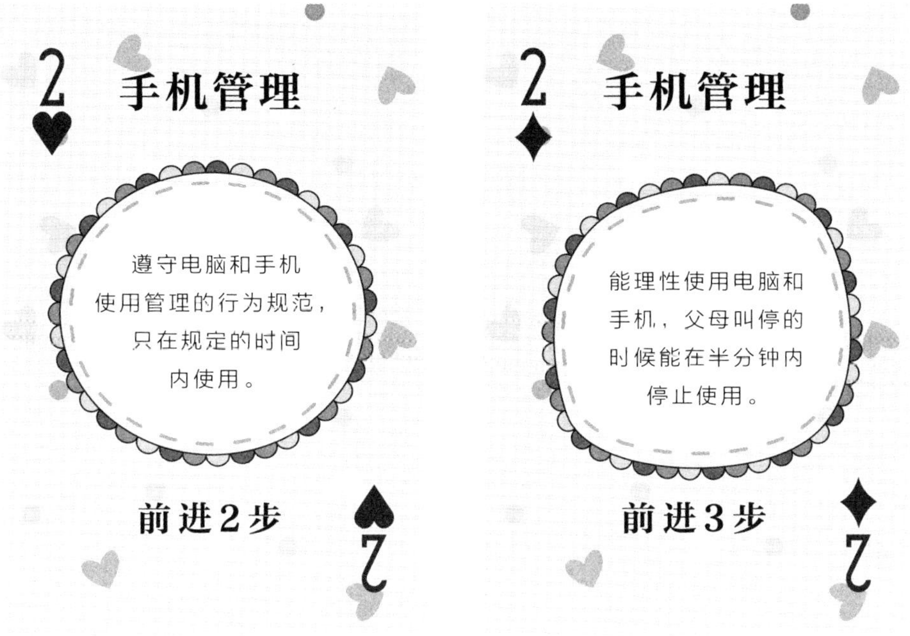

图2.15 飞行棋机会牌示例

没错，你想对了。如果仅仅只是这样的话，年龄大一些的孩子是不会自愿参与的。因为这样的扑克牌和飞行棋虽然看起来是游戏，似乎符合上面提到的游戏的4个特征中的“目标”“规则”“反馈系统”，但是绝对不符合“自愿参与”特征。

因为这个游戏中夹带了很多家长喜欢看但孩子不喜欢看的“私货”。孩子一看游戏内容就觉得被针对和被影射了，所以他们肯定是不愿意参与的。

那怎么办呢？

办法很简单，这就需要家长要真正放开，不仅要跟孩子玩游戏，还要把自己的问题拿出来。例如，家长把自己常犯的错误、孩子希望家长改变的地方等，也写在扑克牌上，放到游戏里去，而这些几乎是孩子平时想做却不敢做或者没有机会做的事情。这是这个游戏能否设计成功的关键。

只有这样，这个游戏才不是一个单方面“修理”和“敲打”孩子的工具，而是一个充满了博弈和无限乐趣的、符合4个特性的、真正的亲子游戏。

在这样的游戏里，孩子可以真正地体会跟家长完全平等的感觉。平时被家长压制的孩子，他们的情绪可以在游戏中得到一些抒发和释放，平时被家长宠溺的孩子也能在游戏中得到警示和鞭策。

同样，在这样的游戏里，家长也逐渐放松下来，开始留意孩子的情感和诉求，慢慢地让孩子成为一个有独立想法和有意志的人。同时，平时感到委屈的家长，他们的情绪可以在游戏中得到一些放松和释放，平时太强势的家长则可以在游戏中得到提示和劝诫。

例如，我们可以增加以下几点内容。

错误行为：家长没有跟孩子一起制定电脑和手机的使用管理规范。（停1轮）

正确行为：家长跟孩子一样也遵守手机的使用管理规范。（前进3步）

正确行为：家长经常学习各种育儿的科学知识。（再来1次）

错误行为：家长天天忙工作，很少陪孩子玩，答应孩子的事情做不到。（后退1步）

错误行为：家长很少跟孩子沟通，不了解孩子的具体情况和内心想法。（停1轮）

正确行为：家长经常跟孩子玩各种游戏。（再来1次）

同时，为了促进孩子的全面发展，我们也可以增加一些有关孩子品德培养（德）、学习习惯养成（智）、运动健康（体）、艺术培养（美）和劳动培养（劳）等方面的内容，如图2.16所示。

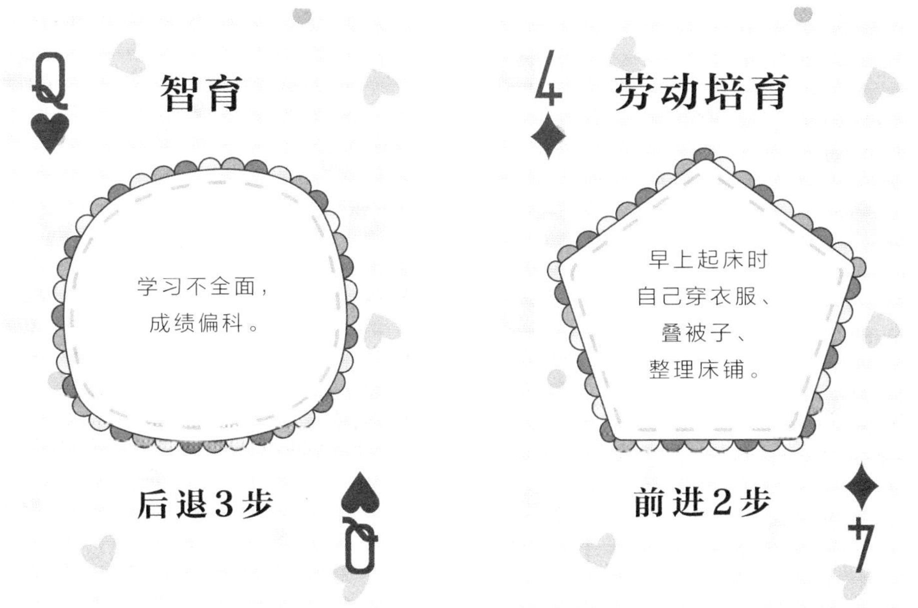

图2.16　全面培养的内容牌示例

另外，根据孩子的不同情况，为了增加孩子的参与度，家长可以参考如表2.12所示的对象比例，邀请孩子来一起设定内容。

表2.12　规范所针对的对象的设置比例

孩子的状况	规范所针对的对象的设置比例
孩子“手机控”测试得分5分以下	40%规范家长，50%规范孩子
孩子“手机控”测试得分5（含）~10分	50%规范家长，50%规范孩子
孩子“手机控”测试得分10（含）~15分	60%规范家长，40%规范孩子
孩子“手机控”测试得分15分（含）以上	70%规范家长，30%规范孩子

需要特别说明的是，表2.12中的对象比例是以我们的实际经验为基础建议的初始比例，这个比例可以通过更换扑克牌来调整。

例如，在一个有重度“手机控”的家庭中，孩子的现实交往能力已经退化到爬坐期以下了，而且对家长有很多地方不满意，那么牌面中针对家长的内容越多，邀请孩子加入游戏的难度就越低，否则，如果牌面中针对孩子的内容越多，孩子一看就会厌恶、生气、避而远之。

真实的情况是，孩子成为“手机控”大多都跟父母的关心少和陪伴少有直接关系，只要家长陪孩子玩的时间增多，孩子的状况才会逐渐好转。在孩子玩手机的时间减少之后，家长就可以逐渐更换扑克牌，来调整游戏中的内容。

事实上，因为“手机控”严重的孩子在现实生活中得到的肯定和关爱很少，所以孩子才会有很强的无力感。如育儿经典《正面管教》一书中写到的，一个行为不当的孩子，是一个丧失信心的孩子。

这种亲子游戏的设计，能够促使孩子渐渐发现：自己真的可以影响并改变父母的言行，从而逐渐度过蹒跚期，把自己的能力提升到跑跳期以上，重新获得自信，获得对现实生活的掌控感。

前面案例中的瀚文就是这样逐步走出来的。

两年后，瀚文不仅摆脱了“手机控”，还以优异的成绩升入了当地最好的中学。瀚文的爸爸妈妈也成了其他同学家长眼中的“牛”爸“牛”妈，经常有其他家长加他们的微信请教孩子管教方面的问题……

[CHAPTER 3]

第3章

同样的错误犯十遍，孩子总是“油盐不进”怎么办

——如何帮助孩子养成知错能改的好习惯

如果你的孩子总是重复地犯某个错误，请注意，不是孩子不想改正，而是他有几种不易被察觉的能力还比较低下，不知道怎么改正。你正好可以抓住这个机会，把孩子的这几种能力提升上来。

第1节

“错题大王”海超

海超是一名六年级的小学生。他从小喜欢踢足球，身体很强壮，思维非常敏捷，想法特别多，经常在班里帮同学和老师出主意，是年级中的“智多星”。

海超有一个毛病，就是在做题时经常马马虎虎。

例如，在数学课堂上，老师经常会请同学到教室前面的黑板上去解题，在遇到难题的时候，很多同学都不会解答，而海超会解答。但是有很多次，在难题解答到最后一两步的时候，海超总会把特别简单的答案写错。例如，把13写成31，把大于号写成小于号等。每当这时候，老师都会哭笑不得，同学们也会发出一阵怪怪的哄笑声。海超因此有了一个“错题大王”的外号。

海超的爸爸妈妈就更郁闷了。他们感到很奇怪：自己的孩子这么聪明，可是为什么他总是考不了高分呢？于是，每次考试结束后，他们都会把海超的试卷拿出来看。每次一看试卷，都会把海超的爸爸妈妈气得不行。

因为不管是语文、数学还是英语，所有的题，海超都会做。而错的地方一般都是这里写错一个字，那里少写一个字母，这里少看一个解题条件，那里抄错一个数字等。

更让海超的爸爸妈妈抓狂的是，刚开始的时候，海超还会有些内疚和惭愧，会虚心地接受父母的批评和建议。可后来发生这样的事情次数多了，被爸爸妈妈批评得多了，海超就逐渐变得麻木和无动于衷了，变得完全一副“油盐不进”的样子。

眼看孩子就要上初中了，看着海超耷拉着脑袋的样子和黯淡的眼神，海超的爸爸妈妈又着急又难过。

在孩子成长的过程中，像海超这样重复犯错的情形，恐怕每一位家长都遭遇过。

因为每一个孩子都可能会有几个“顽疾”。只不过他们犯错的地方和犯错的方式各不相同而已。有的孩子是在学习上犯错，有的孩子是在生活习惯上犯错；有的孩子因为不合时宜的行为犯错，有的孩子因为丢三落四的行为犯错。

根据我的辅导经验和儿童成长彩虹图可以发现，这样的情形一定存在多种原因，一般是因为孩子的某几种能力还比较低，处于蹒跚期或以下，很难简单地发现和厘清问题，所以会出现不好改正和反复犯错的情况。这种情况就像孩子在刚开始学习走路时会不断跌倒一样。

这时候，如果家长处理的方式不当，不仅不利于帮助孩子改正错误，还会导致孩子的心理负担加重，逐渐产生心理变化，严重的还会出现自暴自弃和习得性无助的情况。同时，家长也会有很强的失败感和无力感，久而久之造成家长出现习得性无助的情况。

什么是习得性无助呢？习得性无助是一种听天由命的消极心理，是指人们在多次努力未果后形成的绝望和自我放弃的心理。这种心理现象是积极心理学家马丁·塞利格曼在研究狗时发现的。

马丁·塞利格曼先把狗关在笼子里，只要蜂音器一响，就给狗施加电击。电击让狗非常痛苦，狗一边哀嚎，一边在笼子里狂奔和翻滚，希望能撞开笼子逃出去。可是随着实验次数的逐渐增加，狗的反抗和逃跑行为却比原来减弱了。

后来马丁·塞利格曼在对狗电击前，先把笼门打开。奇怪的是，狗不但不逃跑，而且不等电击出现，就倒在笼子里哀嚎和颤抖。其实，它本来是可以逃跑的，现在却因为绝望而放弃了努力，只是趴在笼子里等待痛苦的到来，这就是习得性无助。

科学家们进一步研究发现：跟狗一样，人类也会产生习得性无助。

如果一个孩子总是重复犯错，而且经过数次努力后依然做不好、改不掉，那么他就容易彻底放弃自己、否定自己，变成习得性无助的情况。

前面案例中海超的情况就需要家长特别注意，因为他在学校已经被戴上了一个“错题大王”的“帽子”，在家里又经常被爸爸妈妈批评，如果处理不好，他的心理就容易出问题。

第2节

孩子重复犯错的5种原因

《解码青春期》的作者乔希·西普在书中写到，自己是一个孤儿，每次被人收养的时候，他都会跟收养者作对，想各种办法犯错和闯祸，然后被收养者赶出去，直到他碰到了一个叫罗德尼的人。尽管乔希·西普一直在犯错和闯祸，可是3年过去了，罗德尼并没有赶他走。

后来，乔希·西普用空头支票把自己送进了监狱，本以为这次罗德尼会把他赶出家门。没想到罗德尼第二天就把他从监狱里保释了出来，并对他说："孩子，我们不把你看成一个难题，我们把你看作一个机会。"就是这句话，让乔希·西普的人生发生了转折。

在看这本书的时候，乔希·西普的故事深深地打动了我。特别是罗德尼的这句话打动了我。乔希·西普自序的标题就是，每个孩子都需要一个"罗德尼"。

罗德尼和乔希·西普的故事让我想起了我小时候经常犯的一个错误：尿床。小时候，我每天睡觉前都特别希望夜里不要尿床，不给妈妈添麻烦，不被妈妈责骂，甚至连做梦都在拼命地找厕所，好不容易找到可以小便了，结果醒来发现，还是尿床了……

为此，我特别能理解孩子重复犯错后的心情和感受。我相信很多家长也有过类似的经历，能理解这种感受。所以，我们应该像罗德尼一样，不要嫌孩子烦，不要把重复犯错的孩子看成一个难题，而应该看作一个机会，一个带你去发现问题、解决问题的机会。

如果你用好这个"机会"，不仅可以解决孩子重复犯错的问题，还能改掉一些你的"老"毛病，化解一些你在工作中的疑难问题。

接下来，我们就开始利用这个"机会"来认真分析孩子重复犯错的原因。

为了便于你理解，我用一个形象的比喻来说明这些原因。

如图3.1所示，图上有一个小孩在打篮球。对于打篮球来说，评判对错的标准就是能否把篮球投进篮球筐里，并且只有篮球从篮球筐里面落下，才能说做对了，否则就是做错了。

那么，能对小孩打篮球的动作产生影响，并导致他将篮球扔不进篮球筐里（犯错）的主要因素可能有5种。

图3.1　孩子重复犯错的5种原因

基础技能不足

假如这个小孩的身材太矮、身体太弱，或者胳膊太细、没劲儿，他就不容易把篮球投进篮球筐里。没将篮球投进篮球筐里就是犯错，投不进去的次数越多，其重复犯错的次数就越多。

目标感和计划性欠缺

目标感和计划性欠缺是指这个小孩并不是特别想把这个篮球投进篮筐里。

例如，如果孩子并不喜欢打篮球，但被强迫去打篮球的时候，他就容易产生敷衍和不用心的情况。孩子一旦敷衍和不用心时，其重复犯错的概率一定会变高。

反思和自我控制能力欠缺

反思和自我控制能力是指这个小孩能否发现自己投篮失败的原因，并根据实际情况快速地调整动作的能力。例如，投篮的力气用得大了还是小了，投篮的方向是偏左了还是偏右了等。

如果孩子的这个能力有欠缺，那么他的动作就做不标准，动作做不标准就投篮不准，投篮不准就会重复犯错。

情绪管控能力欠缺

如果这个小孩的情绪控制能力欠缺，那么在多次投篮失败的情况下，就容易产生情绪波动，他会生气、赌气、沮丧和失望等，这样就会影响他接下来的投篮，如果依然投不进去，那么他重复犯错的机会就会成倍增加。

外界有干扰

如果篮球场地上刮起了大风，或者有人在旁边嘲笑或挖苦这个投篮的小孩，都可能导致他投篮不准。只要投篮不准，那么他每投偏一次就是重复犯错一次。

看到这里，你可能又会有想法了：这个很正常啊！孩子在开始学习打篮球时，肯定会犯很多错误，就得多练习，这好理解，不用分析这么多呀！

当然，你想得很对。正如儿童成长彩虹图所揭示的规律一样，孩子每一种能力的成长都需要经历这样的过程。

我们要看到的问题是，案例中的小孩练习打篮球，家长可能会容忍孩子重复犯错，耐心地帮助他们慢慢地改正错误，可是当换成遇到孩子在生活中的一些习惯和学习上的一些问题的时候，家长的态度就完全不一样了，家长就开始变得焦虑、生气和不耐烦。

所以，当孩子犯错的时候，我们需要利用孩子打篮球这样的案例，来分析孩子犯错的各种原因，并针对这些原因，提出有效的解决办法，然后把这些解决问题的办法，运用到生活场景和学习场景中去，并且要带着孩子一起来找原因。就像《如何说孩子才会听，怎么听孩子才肯说》一书的作者阿黛尔·法伯和伊莱恩·玛兹丽施在书中说的，不要把孩子看作麻烦的制造者，要把他们当成解决问题的积极参与者。

第3节

帮助孩子改正错误的要点和方法

要想帮助重复犯错的孩子纠正错误，主要需要掌握两个要点，一是通过对儿童成长彩虹图的分析，找出孩子欠缺的某种能力；二是放下批评和指责，用最好的方式帮助孩子练习并提升这种能力，直至问题解决。

1.减少重复犯错的5步梳理法

针对孩子重复犯错的5种原因，我给大家设计了一个帮助孩子减少重复犯错的5步梳理法，如图3.2所示。这个方法比较简单，只需要大家伸出右手，并看着右手手背来进行梳理就行。

我借用前面“错题大王”海超的案例，给你演示如下。

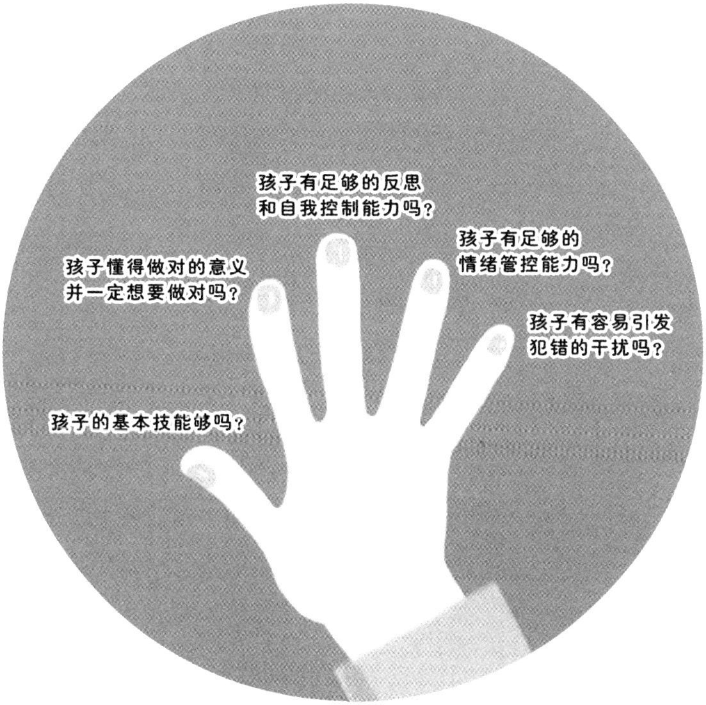

图3.2　减少重复犯错的5步梳理法

第1步，看着右手拇指问自己：“孩子的基本技能够吗？”

从前面海超的案例来看，第1步就是要看他学习和答题的基本能力是否足够。显然，海超很聪明，是一个“智多星”，别人都不会的难题而他会，他的学习和解题能力是足够的，没有问题。所以这一点不是海超重复犯错的原因。

不过，对于重复犯错的孩子来说，很多时候是因为孩子的基本技能不够。例如，我前面提到的我小时候尿床，就是因为小时候营养不够导致大脑的控制功能发育滞后，就属于基本技能不够。现在的孩子吃得好了，大脑发育得很快，所以他们在很小的时候就不尿床了。

第2步，看着右手食指问自己：“孩子懂得做对的意义并一定想要做对吗？”

我们都知道，3～6岁的小孩总是喜欢在墙上乱写乱画，家长怎么说也不听。主要的原因就是他们根本不理解什么是“乱写乱画”，也不理解什么是“不乱写乱画”。

像前面提到的海超的案例，这样聪明的孩子，学习能力比较强，反而不是很在乎考试的成绩，表现出来就是其目标感和计划性不强，所以他也不会为此付出百分之百的努力，这就是海超重复犯错的原因。

这也是我们常说的态度问题。就是孩子是否明白把这件事情做对的价值和意义，是否把这件事当成了他的头等大事，是否把这件事牢记在心上，并愿意拿出时间来琢磨、练习，直至完成这件事情。

因此，海超的父母需要跟他进行反复的沟通，让海超明白在考试中得高分的价值和意义，可以多给他讲一些在考试中因为几分之差而改变人生的真实故事。

海超是否真正地领悟认真做题的重要性，是否发自内心地把它作为目标来奋斗，家长可以用一个方法来检验。这个方法就是我们经常说的：“时间的本质就是重要性排序”。

如果海超真的专门安排了特定的时间来讨论和学习如何认真做题，并一直付诸实践，那么就说明他领悟到位了，否则就是没有领悟到位，接下来他会重复犯错。具体的检验和训练方法，我会在后面食指变拇指游戏中介绍。

第3步，看着右手中指问自己：“孩子有足够的反思和自我控制能力吗？”

对于认真做题和考试来说，孩子是否具备足够的反思能力和自我控制能力，就是看孩子能否发现自己犯错的关键节点，并调整自己的行为，例如在容易犯错的题上更仔细，做完题后反复检查。很显然，前面案例中海超的这个能力可能处在蹒跚期或以下，所以他就会重复地犯相同的错误。

现代科学研究发现，人的反思能力和自我控制能力是由大脑的前额叶决定的，人类大脑的前额叶从2岁、3岁开始发育，直到25岁才发育完全。所以很多孩子在这方面的能力都不强，他们在考试的时候常常考不出自己应有的水平，家长需要帮助孩子来逐步提升应试方面的能力。

例如，家长可以给孩子准备几个错题本（就是专门用来修改、练习在测验或考试中做错题的本子），然后跟孩子一起把试卷拿出来。对做错的题逐一进行分析。分析的内容包括3个方面：犯错的原因、正确的答案或做法、今后避免出现此类错误的预防措施。

我家孩子曾经也有应试方面的问题。我发现他做题时出现的错误跟海超很像——不认真读题、审题，并且读题时从来不用笔指着题目读，也不在试卷上做标记，老师经常说他的试卷太干净了。

于是，我坐在他旁边，让他把各门功课的试卷拿出来，用笔指着读那些做错的题目，他一边读，一边勾勾画画、圈圈点点。我发现，在认真读完很多题目后他立刻恍然大悟，很快有了正确答案。

然后他就在错题本上整理错题。他犯错多的原因就是在他读题时看错题、看漏题，预防措施就是在读题时一定要用笔指着读，并随时勾画。我还让他把犯错的原因和预防措施写了20遍。

后来，儿子的中考成绩比平时高了近20分，并考上了理想的高中。

第4步，看着右手无名指问自己："孩子有足够的情绪管控能力吗？"

对于前面案例中的海超来说，显然他的情绪控制能力比较弱，当他重复犯错并且被父母说了很多遍时，从海超的肢体语言和眼神可以看出来，他的内心已经变得麻木和绝望了。所以，情绪管控能力不足也是他重复犯错的原因。

其实，对于很多孩子来说，情绪管控能力都比较低。常见的表现就是他们明明犯错了，却容不得父母说，父母一说就着急，一旦他们的情绪爆发，通常会变得没有理性。

所以，对于这样的孩子，家长需要从小对孩子多做一些有针对性的训练。这些训练方法在第4章会有详细的介绍。

第5步，看着右手小指问自己："孩子有容易引发犯错的干扰吗？"

对于前面案例中的海超来说，我们看不到有什么干扰引发他犯错，所以这点应该不是让他重复犯错的主要原因。

不过对于很多孩子来说，虽然看起来他是在重复地犯同一个错误，其实并非如此，因为他所处的情境不一样，存在的干扰因素也不同，所以孩子不是在原地踏步和犯错。

例如，一个小女孩弹钢琴，每次弹到难度比较大的地方时就可能会出现弹得不够流畅的情况。有的家长会很生气，埋怨孩子总是犯同样的错误。其实真相并不是这样的。

真实情况是，孩子只有在弹新曲子时，才会出现这种情况。也就是说，孩子犯错其实是新曲子带来的新问题，是因为外在的干扰产生的问题，并不是老问题，所以谈不上老是犯同样的错误。

2.常见的10种重复犯错分析

如表3.1所示，我们把孩子最容易重复犯错的10种情况列了出来，并结合上面的5步梳理法做了一些要点分析和建议，家长可以参考使用。

表 3.1 常见的 10 种重复犯错分析和建议

常见的10种重复犯错	孩子真正缺乏的能力	提供帮助和锻炼的方向
总是在家里墙上乱写乱画，怎么说都没有用	① 在比较小的纸张上写、画的能力 ② 对干净和清洁的理解能力 ③ 理解规则和遵守规则的能力 ④ 反思和自控的能力 ⑤ 缺乏安全感或表达能力欠缺	① 给孩子提供很大的纸张 ② 在墙上贴很大的纸张 ③ 读关于清洁卫生的绘本 ④ 多玩规则游戏 ⑤ 多倾听孩子和启发孩子表达

续表

常见的10种重复犯错	孩子真正缺乏的能力	提供帮助和锻炼的方向
不好好吃饭、挑食，说了几年都不管用	① 对食物作用的理解能力 ② 理解规则和遵守规则的能力 ③ 抗环境干扰的能力 ④ 专注能力 ⑤ 反思和自控的能力	① 读关于食物的绘本或故事 ② 多玩规则游戏 ③ 减少环境的干扰（包括大人） ④ 多玩角色互换的游戏
吃手指或咬指甲，从小就一直说，到现在也不改	① 情绪的感知、表达和宣泄能力 ② 反思和自控的能力	① 多玩培养情商的游戏 ② 多玩角色互换游戏 ③ 最好是淡化处理，年龄大了自然就好了
丢三落四，经常忘事和丢东西，说多少遍都不长记性	① 聚焦目标的能力 ② 计划和规划的能力 ③ 抗环境干扰的能力 ④ 反思和自我提示的能力	① 多玩角色互换游戏 ② 鼓励孩子作为领导者和组织者玩各种游戏
总是拿着手机不放，怎么说都不听	① 计划和规划的能力 ② 反思和自控的能力 ③ 理解规则和遵守规则的能力 ④ 人际交往的能力	① 多讲有关网络游戏的危害 ② 多玩规则游戏 ③ 多玩角色互换的游戏 ④ 多让孩子参与家庭管理
做作业磨蹭，天天说都改不了	① 聚焦目标的能力 ② 理解规则和遵守规则的能力 ③ 计划和规划的能力 ④ 情绪感知和表达能力 ⑤ 逻辑思考和运算能力 ⑥ 抗环境干扰的能力	① 多讲故事激发孩子的梦想 ② 多培养孩子的本分意识和责任心 ③ 多玩规则游戏 ④ 多玩角色互换和情绪游戏 ⑤ 多让孩子参与家庭管理 ⑥ 减少环境的干扰（包括家长）
做题马虎，常常在简单题上丢分，怎么说也改不了	① 对高分的价值的理解能力 ② 聚焦目标的能力 ③ 计划和规划的能力 ④ 关注细节和处理细节的能力	① 多讲有趣的名人故事 ② 激发孩子的梦想 ③ 多让孩子参与家庭管理 ④ 把某一个或几个游戏玩到极致
生活懒散，不爱整理，衣物乱扔，怎么说都不听	① 对责任和义务的理解能力 ② 理解规则和遵守规则的能力 ③ 整理和规划的能力 ④ 反思和自控的能力	① 多培养孩子本分意识和责任心 ② 多玩规则游戏 ③ 多让孩子参与或主持家庭管理

续表

常见的10种重复犯错	孩子真正缺乏的能力	提供帮助和锻炼的方向
老师要求读的课外书，说多少遍都不读	① 对阅读的价值的理解能力 ② 理解规则和遵守规则的能力 ③ 阅读和理解的能力 ④ 计划和规划的能力 ⑤ 抗环境干扰的能力	① 多讲有趣的名人轶事 ② 多做家庭阅读分享 ③ 多玩规则游戏 ④ 减少环境的干扰
老跟别人吵架或打架，说多少遍都改不了	① 自我情绪识别和表达的能力 ② 语言表达的能力 ③ 倾听和与别人共情的能力 ④ 理解规则和遵守规则的能力 ⑤ 自我控制的能力	① 多玩情绪管理的游戏 ② 多玩角色扮演的游戏 ③ 多玩语言表达类游戏 ④ 多玩规则游戏

3. 采用支持型管教风格

在孩子重复犯错时，不同的家长会采用不同的管教风格。其中有两种风格尤为明显，一种是指责型，另一种是支持型，如图3.3所示。

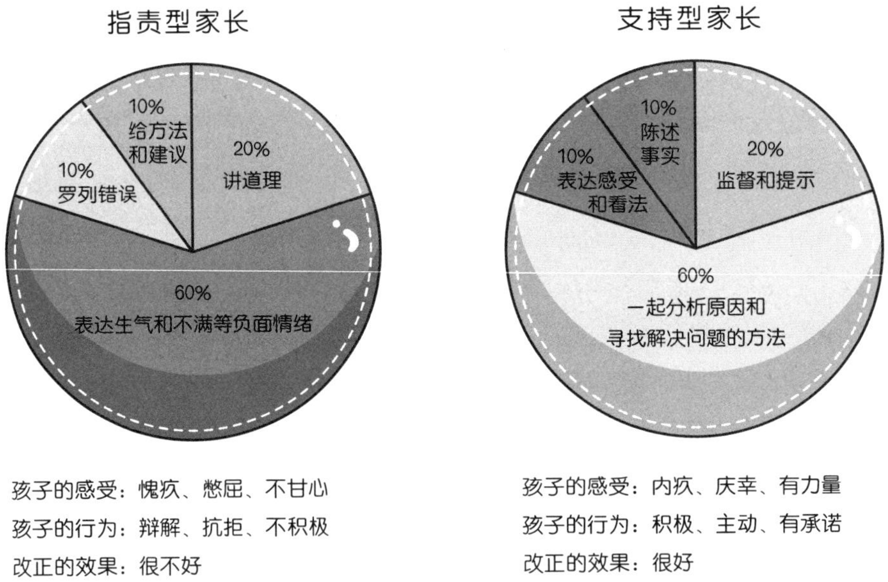

图3.3　当孩子犯错时，不同管教风格的对比

指责型家长最常见的肢体动作是伸出食指，指着孩子责骂或唠叨。在面对孩子重复犯错误时，指责型家长通常会压不火，一般先用10%左右的时间来控诉孩子的不当行为；然后用近60%的时间来表达自己的生气和不满，批评和指责孩子；在火气消一些以后就开始给孩子讲道理，说教孩子；如果孩子还在听，会用仅有的一点时间给孩子一些建议和方法。

在这种管理模式下，刚开始，孩子都会因为重复犯错而心怀愧疚，后来家长说得多了孩子就会觉得憋屈，再后来孩子就会有些不情愿了。当情绪不好的时候，孩子的表现行为是辩解、抗拒，从而变得很消极，就是我们常说的“油盐不进”。

所以，指责型的教育方式不仅不利于孩子改正错误，还可能会导致孩子犯更多的错误。

指责型风格一般是由家长的性格决定的，也有的是由于孩子的压力过大导致意志力耗尽而形成的。

这是因为人的意志力跟体力一样，是一种有限的、可以通过休息获得的再生资源。当人在做一些烦琐的、有压力的、有难度的、不愿意做的事情时，就会成倍地消耗意志力。一旦意志力被耗尽，人的情绪就会失控。

现代社会生活和工作压力很大，很多家长在工作中几乎耗尽了意志力，所以回到家很容易发脾气，变成指责型家长。

支持型家长一般都比较理性，管教方式比较儒雅。他们擅长看到孩子的长处，最常见的肢体动作就是伸出大拇指夸奖孩子。

支持型家长的教育理念跟《父母效能训练手册》中的“没有输家的方法”比较像。在面对孩子重复犯错时，他们关注的焦点不是孩子犯错的本身，不会跟孩子争论对错，而是找到孩子重复犯错的各种原因，并想办法帮助孩子解决面临的问题。

他们会先用10%的时间来陈述孩子不当行为的事实；然后用10%的

时间来表达自己的感受和看法；接着用60%的时间来跟孩子一起分析原因，一起帮助孩子解决问题，并让孩子选择最适合自己的方法和建议；最后用一些时间来监督和提示孩子。

在这种管教模式下，刚开始，孩子会因为重复犯错而感到内疚，后来发现家长的焦点不在批评自己的错误上，他就会感到很庆幸，再后来因为得到很多不同的方法和建议，便豁然开朗，内心充满了自信和力量。在这种情绪状态下，孩子的行为是积极的，会主动选择最适合自己的改进方法，并做出改进，最终收到很好的改进效果。

支持型家长的管教模式非常有利于帮助重复犯错的孩子改正错误，家长应该多采用支持型的管教模式。

4.巧用亲子游戏帮助孩子改正错误

如儿童成长彩虹图所示，在孩子能力发展的5个阶段中，蹒跚期比较关键，是能力发展走向的分水岭。因为相对平躺期和爬坐期来说，虽然处在蹒跚期的孩子能力已经提升了，但是他的实践次数却是最多的，所以犯错的次数也最多。

如果孩子某种能力的蹒跚期在游戏中度过，他的表现就不会被他人严肃评价，心理上会比较放松，并拥有更多的犯错机会和提升机会，那么他成功晋级跑跳期和舞蹈期的概率就会增加很多。

如果缺少对孩子的游戏管教，那么他某种能力的蹒跚期就要在现实生活中度过，他的表现就会被他人严肃评价，他的每一次犯错可能都会被挑剔、批评和责骂，他就会变得紧张和焦虑。如果这种情况发生的次数过多，他就会感到压力过大，从而选择放弃或停滞不前。

所以，换个角度来看，一个在现实生活中重复犯错的孩子，是一个还没有放弃勇敢的孩子，是一个某种或几种能力正处在蹒跚期，需要游戏来提供更多练习机会的孩子，也是一个能力处在关键期和分水岭的孩子。

因此，我们应该特别关注重复犯错的孩子，设计一些能够帮助他们提升各种能力的亲子游戏。

第4节

专门帮助孩子改正错误的亲子游戏

我在第1章中说过，游戏养育力的核心和本质是：孩子在成长过程中出现问题是正常现象，不是他不好，而是他的某些能力还不够。父母要利用儿童成长彩虹图的分析定位，给孩子提供轻松、有趣的游戏或练习，协助孩子度过爬坐期和蹒跚期，只要能力提升了，问题自然也就化解了。

1.食指变拇指游戏设计

在第2章游戏战的内容中，大家已经学习了如何运用游戏管教力来设计特制扑克牌和特制飞行棋。现在教大家设计一个专门帮助孩子改正重复犯错的亲子游戏，游戏名称叫作食指变拇指。

同样，我们还是根据游戏的4个特征（目标、规则、反馈系统和自愿参与）来设计游戏。

首先确定食指变拇指游戏的目标。这个目标很简单，就是孩子能尽快找出自己犯错的原因，并积极地改正错误，不再重复犯错。所以游戏目标可以确定为用轻松有趣的方式，帮助孩子找到犯错的原因，并找到解决问题的有效途径和方法，帮助孩子积极主动地做出改变，不再犯同样的错误。

接下来，要设计游戏规则。怎样才能实现以上的游戏目标呢？

我们可以参考支持型家长的理念和做法。他们关注的焦点不是孩子犯的错，而是找到孩子重复犯错的各种原因，并想办法帮助孩子解决所面临的问题。这是一种非常科学的思路，我们可以以此为基础来设计游戏规则。游戏的流程有5步，各自陈述事实、表达感受和想法、大家一起分析原因和寻找解决方案、孩子选择方案、家长监督实施。

然后需要设计反馈系统。反馈系统就是对玩家有效行为的奖励和无效行为的惩罚。例如，犯错原因找得对的，就竖大拇指点个赞，犯错原因找得不对的，就比划小拇指打趣一下。

此外，为了增加玩家的内在动力，我们还需要对各个环节做出反馈机制。具体内容如下。

- 在陈述事实的时候，需要做到客观公正，不能歪曲事实。
- 在表达感受和期望的时候，只说自己的情绪感受（例如，我很生气）和理想状态（例如，我希望你能体谅我的感受），不能指责（例如，就是你不对）、责骂（例如，你这个笨蛋）和抨击（例如，你胡说）他人。
- 在分析原因的时候，需要找得精准，找到根本，不能模模糊糊，本末倒置。
- 孩子在选择实施方案的时候，要选择适合他的有效方案，不能选择不切合实际的方案。

以上4个反馈，做得好的给奖励，竖大拇指点个赞；做得不好要惩罚，比划小拇指做手势给个“差评”。

在监督实施阶段，孩子要用行为塑造手册作为执行工具，记录自己行为的改变。孩子做得好的地方给奖励，做一个奖励标记。做得不好的地方先不给奖励，等全部完成了再给。如果连续两周都没有做完，就需要重新玩这个游戏。

最后来看自愿参与。我们可以仔细地看一下前面游戏的目标、规则和反馈系统，如果你是孩子，你会乐意参与吗？

有的家长可能会说："会。因为这样的游戏总比直接挨批评和被责骂好呀。"

也有的家长可能会说："不会。孩子又不傻，这个游戏一看就是个圈套，是变了形式的说教，目的就是要'修理'孩子，让孩子改正错误。"

这两种说法都有道理。因为这样的游戏设计，只是从家长单方面的角度考虑的。孩子们参加的积极性可能不高，至少会比家长的积极性低很多。

那怎么办呢？

还是跟第2章中的游戏设计理念一样，这就需要家长把自己放开，不仅要跟孩子玩游戏，还要把自己的问题摆出来，把家长常犯的错误，以及孩子希望家长改变的地方，也作为游戏内容的一部分，放到游戏里。

就是说，这个游戏也可以用来解决家长重复犯错的问题。这也是孩子平时最想做，却不敢做或者没有机会做的事情。如果增加了这一条，这个游戏就真正地变成一个完全平等的游戏，一个凸显博弈性和充满乐趣的游戏，一个家长和孩子都喜欢玩的游戏。自愿参与的程度立刻就高了。

这样的话，我们就需要重新调整游戏的目标，在"解决孩子重复犯错的问题"的基础之上，增加"解决家长重复犯错的问题"。这样一来，游戏中的每个位置就从固定的人变成了可以轮流扮演的角色，大大增加了趣味性。

这些不同的角色需要承担不同的功能，功能的设置要参照前面规则里的流程来进行。

首先，在看到家人出现了不容易改正的错误时，就需要一个游戏倡导者来发起这个游戏，这个角色就叫提案人。提案人的角色功能和角色技能如图3.4所示。

图3.4 提案人的角色功能和角色技能

被发现犯错误的那个人就是当事人。当事人的角色功能和角色技能如图3.5所示。

图3.5 当事人的角色功能和角色技能

提案人一个人的力量往往不够，而且一旦掌控不好自己的情绪，就会变成指责型管理者。所以，这时候就需要第三方来参与，这个第三方的角色就是主持人。主持人的角色功能和角色技能如图3.6所示。

图3.6　主持人的角色功能和角色技能

这3个角色再加上上面提到的游戏目标、规则、反馈系统和自愿参与，就形成了一个有趣的亲子管教游戏——食指变拇指。游戏的简介和玩法流程，如图3.7所示。

另外，游戏卡里面提到的行为塑造手册是一个可以记录当事人改正错误，并养成良好习惯的记录册和练习册，如图3.8所示。

你可以跟孩子一起用彩笔和纸片按照以上的展示，做一套游戏卡片和手册，就可以开玩啦。

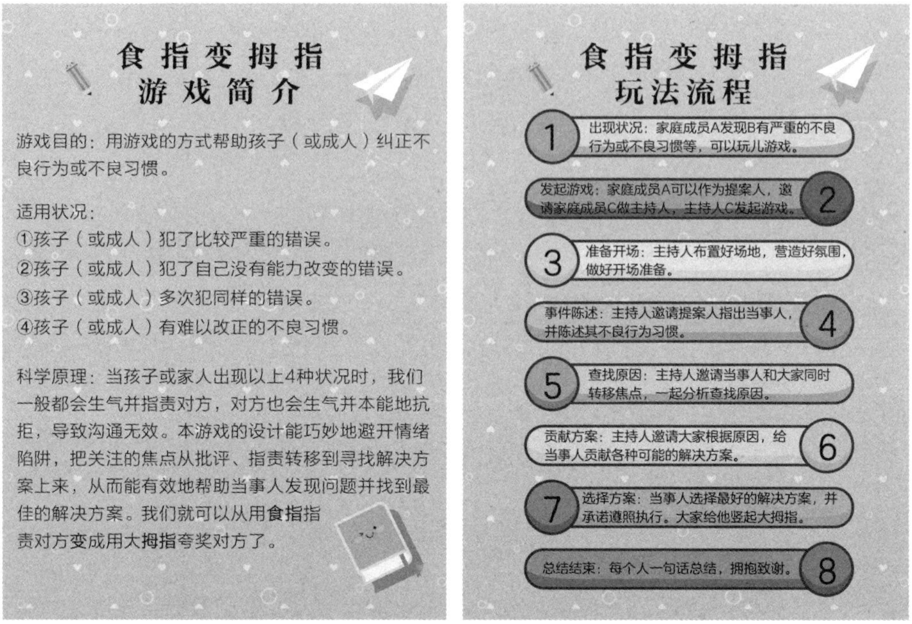

图3.7　食指变拇指游戏简介和玩法流程

我们的行为塑造记录

	事件陈述	原因分析	各种建议	当事人选择的方案
主持人				
提案人				执行情况 第1周 第2周
当事人				第3周 第4周

图3.8　行为塑造手册

2. 食指变拇指游戏的实践案例

案例的真实背景

依云是一个单亲家庭的小女孩，今年10岁，刚上小学四年级。她跟妈妈和姥姥一起住。依云每天做家庭作业特别磨蹭，常常熬到夜里11点。

依云的妈妈一直想纠正她这个坏习惯，有时候跟她好好沟通这件事，有时候因为她这个坏习惯跟她生气，用了很多办法都不管用。她的姥姥就更看不惯依云做作业磨蹭的习惯了，经常指责她不听话，还埋怨依云的妈妈太娇惯她了。

依云的妈妈很无奈，也很焦虑和担忧。

有一天，别人给依云的妈妈推荐了食指变拇指的亲子管教游戏，妈妈决定回家试试。

游戏前的学习和准备

依云的妈妈回家后，把游戏的卡牌、大拇指贴纸和行为塑造手册都拿出来，放在桌子上。招呼依云的姥姥和依云一起把这些都大致看了一遍。

在她们看的过程中，妈妈跟她们商量说："以后家里不管谁犯了错误，特别是那种不太容易改正的、容易重复犯的错误，我们都不要生气和指责她，就通过这个游戏来轻松地解决好吗？"

依云一听，不自觉地看了姥姥一眼说："好呀！好呀！这样姥姥就不用老批评我啦！"

依云的妈妈见姥姥有些尴尬和犹豫，就问："妈，您觉得可以吗？"

依云的姥姥立刻领会了女儿的意思，赶紧说："好！好！"

于是，依云的妈妈一边用手指比画着一边说："那我们今天先用食指变拇指游戏来探讨一下依云做作业的事情，一起来帮依云改掉坏习惯怎么样？"

依云和姥姥都开心地说："好的！"

于是，依云的妈妈选择做提案人，把提案人的角色牌和技能卡放在自己的面前。妈妈推举姥姥做游戏的主持人，就把主持人的角色牌和技能卡放到姥姥的面前。

依云发现自己没有角色牌和技能卡，就问："我是什么角色呀？"

妈妈说："你是当事人呀！"

依云调皮地吐了吐舌头，把当事人的角色牌和技能卡拿过去，放在了自己的面前。

依云的妈妈看姥姥不说话，就提示姥姥说："妈，您是主持人，可以开始游戏啦！"

看到姥姥有些茫然，依云的妈妈又补充了一句说："您拿着技能卡，一边念一边做就可以啦。"

就在姥姥调整老花镜的时候，依云看见桌子上的流程卡，就拿起来对姥姥和妈妈说："不对，不对，游戏的流程在这里呢！"

依云的妈妈说："好吧，那你给我们念一下吧。"

依云认真地念道："食指变拇指玩法流程，1.出现状况：家庭成员A发现家庭成员B有严重的不良行为或不良习惯等，可以玩本游戏。"

依云刚念完，妈妈就说："哈哈，我是家庭成员A，你是家庭成员B，我们想讨论的不良行为是你做作业时总爱磨磨蹭蹭。所以流程1已经完成了"。

依云一听就不高兴了，她撅着小嘴嘟囔着说："那你们还天天唠叨我呢！唠叨得烦死啦！"

依云的妈妈和姥姥立刻互相看了一眼，依云的妈妈赶紧说："嗯，依云说得对，我和姥姥确实也有这个坏习惯，我们也想改正，你下次可以充当家庭成员A，担任提案人的角色，找个游戏主持人来发起一个新的食指变拇指游戏好吗？"

依云一听，立刻狡猾地说："那我现在就做家庭成员A！做提案人行吗？"

依云的姥姥有些不高兴，妈妈犹豫了一下，对依云说："妈妈已经做了提案人，也已经邀请姥姥做游戏主持人，姥姥把主持人的技能都看了，我们就先玩一次，你熟悉一下游戏的流程，等玩完这一局，再重新玩一局怎么样？"

依云觉得妈妈说的有道理，就开心地同意了。依云的姥姥也露出了会心的笑容。

妈妈说："好的，依云你接着念吧。"

依云又开始接着念："发起游戏：家庭成员A可以作为提案人，邀请家庭成员C做主持人。主持人C发起游戏。"

依云念完后就说："哦，这个也完成了。"

接着依云开始念第3个流程："准备开场：主持人布置好场地，营造好氛围，做好开场准备。"

依云念完这个流程后，就把流程卡扔到桌子上，像个小大人似的对姥姥说："这下好了，姥姥是主持人，该您上场啦！"

姥姥看见外孙女的活泼劲儿，高兴坏了，开心地说："好！该我上场了！"

游戏开场的前4个环节

姥姥扶了扶老花镜，也跟依云一样，拿着主持人技能卡，照着念了起来："1.发起游戏：接受提案人提议，跟大家商定好时间、地点并发起游戏。"

"姥姥这个步骤已经完成啦！我们不是已经都坐在这里了吗？"依云忍不住跳出来抢话，说完还对着妈妈做了个鬼脸。

"好，那我就赶紧念第2条。2.准备游戏：准备可以围坐的座椅，营造轻松、活泼的氛围。"

依云的姥姥念完后，看了看大家说："营造轻松、活泼的氛围我懂，这围坐是什么意思呀？就是围着桌子坐吗？"

依云的妈妈想了想，说：“我觉得围坐就是指大家要面对面地围成一圈儿坐，不要坐得距离太远了，以方便彼此的交流。”

依云认真地说：“妈妈说得对，我觉得也是这个意思。”

依云的姥姥听完后点点头说：“那好吧，我们这样围着桌子坐应该就可以了，这样还方便我们把角色卡和技能卡放在自己的面前。”

依云站了起来，把游戏的流程卡放在桌子中间，像指挥官一样，她说：“把这个流程卡放在这里吧，如果谁忘记了内容，就可以拿起来看一下。”

依云的妈妈也受到启发，把大拇指贴纸和行为塑造手册放在桌子中间，以方便大家使用。

依云的姥姥被外孙女和女儿的积极表现触动了，她开心地说：“啊，还是你们年轻人反应快，这氛围够轻松了。”

毕竟是当了半辈子教师的人，依云的姥姥正了正身子，清了清嗓子，正式地说道：“感谢我的女儿和我的外孙女来参加今天的游戏，游戏的主题是探讨我外孙女做作业时的习惯，游戏的流程主要有事件陈述、查找原因、贡献方案、选择方案和总结结束。角色安排为，我是主持人，女儿是提案人，外孙女是当事人。我说得对不对呀？”

依云和妈妈没有想到姥姥这么快就进入角色了，一起夸奖姥姥说得特别好。依云揭下一张大拇指贴纸，贴在了姥姥的胸前。这可把姥姥高兴坏了，笑得连嘴都合不上。

依云的妈妈也立刻给依云贴了一个大拇指贴纸，依云特别得意。

接着，依云的姥姥一边看着主持人技能卡，一边用自己的话说：“现在邀请提案人来说一说吧，注意不要用批评和责怪的语言。把行为塑造手册给我，我来记笔记。”

依云的妈妈赶紧把行为塑造手册递给了姥姥，依云也非常懂事地给姥姥拿过来一支笔。姥姥正想说不知道怎么记笔记，翻开一看，里面居然有写好的模板，立刻知道了。

等大家准备好之后，依云的妈妈说：“我想说一下关于依云做作业的事情。依云下午5点半放学，6点左右到家。一般情况下，依云会先喝水、吃水果，晚上7点左右吃饭，半个小时到40分钟吃完饭，然后8点或者8点半开始做作业。这样，写完作业时将近晚上11点，特别影响她的睡眠。我担心这样会影响依云的身体健康和养成不良的学习习惯，希望依云能改正。可是我跟依云沟通过很多次，效果都不好。所以我申请今天我们一起来玩食指变拇指游戏，想通过这个游戏来帮助依云改掉不好的学习习惯。依云，该你啦！”

“不对，你不是主持人，你不能说：‘依云该你啦！’这应该是姥姥说的。”依云站起来给妈妈纠正错误。

妈妈赶紧说：“对！我应该说：‘主持人，我发言完毕。’”

依云的姥姥愣了一下，但立刻反应过来。赶紧像法官一样严肃地看着依云说：“好，那请当事人说说情况吧。”

依云在椅子上蹭呀蹭：“嗯——嗯——，哎呀，我不知道该怎么说，我不想说……”

依云的妈妈见状接着说：“依云，你也想每天能早早睡觉，第二天一大早睡得饱饱地起床吧？晚上睡得早，个子长得高，脑子还会更聪明。我们通过这个游戏来看看怎样能帮到你。可以吗？”

依云似懂非懂地点点头说：“嗯——好的。”

依云的妈妈见女儿有了反应，又补充说：“刚才我描述了一下我看到的情况。我说的只是站在我的角度的想法，不一定是全面的。所以，也请你说一说。”

“对呀，你也说说你的看法呗。”依云的姥姥鼓励依云。

依云想了想说：“我一回到家感觉一下子就放松了，只想躺着休息一会儿。我记着要做作业的，只是有时躺了一会儿就忘记时间了，然后就晚了。还有，妈妈总是在工作，在电脑上打字，我老想看看妈妈在打什么字。最后时间拖得越晚我就写得越慢，就越不想做作业了。”

依云的姥姥一听就有些忍耐不住了，她对依云说：“你回到家就应该马上做作业，早早写完多好！干吗非要拖延时间啊？拖延时间最后不还是得写吗？这个习惯真的特别不好！”

依云听到姥姥的话，脸色开始变了。

依云的妈妈赶紧笑嘻嘻提醒姥姥：“妈，您是主持人，在这个环节中每个人都只描述情况，您刚才用含有批评和责怪的语言了。”

依云的姥姥不乐意了：“我说的不是事实吗？”

依云的妈妈赶紧给姥姥解释道：“描述事实就是不要加任何对错和好坏评判的形容词。打个比方，您刚才说的‘这个习惯真的特别不好’就是含有批评和责怪的语言。您这么一说，就等于是在用食指指责了，所以依云就又不愿意听了。”

依云一听来劲了。她有些生气地说：“就是！说好的食指变拇指，不要批评和责怪，结果还是批评我，哼！”

依云的姥姥意识到自己刚才脱离了主持人的角色，忘记了自己刚说过的“注意不要用批评和责怪的语言”，就有些不好意思地说：“好吧，不好意思，是姥姥错了。来，我把刚才依云给我贴的大拇指贴纸揭下来，贴在妈妈身上好吗？”

说着，依云的姥姥把自己身上的大拇指贴纸揭下来，贴到了依云的妈妈身上。

依云的妈妈见状，赶紧又揭下一张新的大拇指贴纸贴在姥姥身上，一边贴一边说：“妈妈知错就改，特别棒，也应该奖励一张大拇指贴纸。”

依云被妈妈启发到了，就分别给姥姥和妈妈在身上各贴了一张大拇指贴纸。

游戏的重点环节：查找原因

依云的姥姥高兴了，她拿着主持人技能卡说："好，现在我们一起来帮依云查找原因吧，把各种各样的原因都找出来。"

妈妈看着依云说："我先说一个原因吧，所有的小孩子都比较贪玩，时间观念都不太强。"

依云听了妈妈的话，觉得妈妈说的有道理，听着又舒服，就点点头，奖励了妈妈一张大拇指贴纸。

依云的姥姥见状，看着依云说："我觉得很多小孩子不知道为什么要做作业，所以就不会特别主动地做作业。"

依云的姥姥平时对依云的要求很高，批评也比较多，所以依云很少听到姥姥用这样开脱的方式跟自己说话，觉得挺感动的，也奖励了姥姥一张大拇指贴纸。

姥姥一高兴又说："还有就是，国有国法，家有家法，我们家也缺少一些基本的要求。"说完看着依云的妈妈和依云。

妈妈看着依云说："我觉得姥姥说得也对，我们再奖励姥姥一张大拇指贴纸吧。"依云又给姥姥贴了一张大拇指贴纸。

依云的妈妈看见女儿表现得很好，就开始找自己的原因了，她说："刚才依云说她在做作业的时候，我总是在工作，在电脑上打字，所以她老想看看我在电脑上打的是什么字，这说明环境干扰也是一个原因，对吧？依云，你觉得还有其他原因吗？"

依云说："我觉得还有一个原因就是，你们老是催我和批评我。你们一催我和批评我，我就觉得特别烦，一烦就不想做作业了。"

妈妈说："依云说得对，所以我们也想改变，这不，现在我们不是一起在寻找新的解决方法呢吗？大家觉得还有其他原因吗？哦，不好意思，姥姥是主持人，应该是姥姥说这句话才对。"

姥姥说："没关系的，你帮我说了，我也奖励你一张大拇指贴纸。"说完，给依云的妈妈贴了一张大拇指贴纸。

后来大家都觉得原因分析得差不多了，就提议进行下一个环节：贡献方案。

游戏的重点环节：贡献方案

依云的姥姥说："现在请大家给当事人贡献各种解决方案，越多越好，好让当事人选择适合自己的解决方案。"

妈妈说："我先给自己提个建议，我要反思一下，把白天的一些工作放到晚上做也是拖延的一种表现，我需要改变这个习惯。以后我要安排好时间，把工作在白天做完。晚上依云做作业时，我就在旁边看书，给依云做个好榜样。"

依云的姥姥早就看不惯女儿这一点了，现在一听可高兴了。她心里想着："早该如此。"然后在女儿身上贴了一张大拇指贴纸，动作轻盈，都快跟依云一样了。贴完还说："那我就每天早点儿给依云做晚饭。"

依云说："那我回到家就做作业呗。而且做作业的时候，我可以给自己定时。"

妈妈说："建议你回家后可以先看看今天的作业有哪几项，每一项有多少，做到心里有数。"

依云说："那我可以先做个计划，规定每一项作业写多长时间。"

妈妈说："这个主意好！还有一条规则我想确定下来，咱们共同遵守，那就是最晚9点半睡觉。"

依云说："啊？如果时间到了我的作业没写完怎么办呢？"

妈妈说："其实之前咱们定过时，你专心做作业的效率很高。如果你一回家就开始写，晚上8点之前很可能就写完了。"

依云说："万一没写完呢？"

妈妈说："如果时间到了你还没写完，你想怎样处理呢？"

依云说："呃……我可以第二天早上起来写。"

妈妈说：“是个解决办法。做到或者做不到，要不要定一个奖惩的办法呢？”

依云说：“要是做不到，我就晚上不睡觉！”

妈妈说：“你这个惩罚的办法不科学，对健康有害呀，而且也很难坚持。”

依云说：“那怎么惩罚呀？”

妈妈说：“要不改成，如果有一条没做到，惩罚跳绳多加100下吧。”

依云说：“那太多啦！惩罚跳绳多加50下吧！”

妈妈说：“可以。如果连着一个星期你都能遵守规则，咱们也有奖励。想要什么奖励呢？”

依云说：“可以奖励我自己挑一个零食吗？”

妈妈说：“可以呀！姥姥觉得这几条怎么样？”

姥姥说：“挺好的，我都记下来了。”于是，贡献方案的环节到此结束了。

游戏的重点环节：选择方案

姥姥说：“哈哈，这个游戏还真不错。现在请当事人选择自己喜欢的方案，并在行为塑造手册上写出来。”

依云撒娇地说：“我不想写，妈妈帮我写吧。”

妈妈说：“宝贝，这可是你自己的事情，是需要你自己做的，就像妈妈不能帮你吃饭一样。”

依云听后，接过行为塑造手册和笔，在妈妈的帮助下，认真地写起来。

1.每天放学回家后，先做当日计划，然后按照计划实行。

2.每天做作业最晚到9点半。

3.做作业的时候给自己规定时间。

4.如果有一条没有做到，当天增加跳绳50下。

5.如果连着一个星期都能遵守规则，奖励一个喜欢的零食（自己挑）。

这时候，姥姥以为游戏结束了，正打算宣布游戏结束时，妈妈赶紧提醒她还有最后一个总结的环节。

游戏的最后环节：总结结束

姥姥说："哎呀！我活了快一辈子了，还真的没有玩过这种游戏。真的挺不错的！现在我们每个人用一句话来做个总结。我先说吧，我们这辈人啊，从小就被父母批评习惯了，也习惯了这样跟自己的女儿和外孙女说话，今天要不是女儿提醒我，我都还意识不到呢。另外，到今天，我才知道，原来不需要发火生气、不需要严厉批评，也能帮助孩子改正错误。这个真好啊！"

依云说："我觉得这个游戏挺好的，如果我们平时都用游戏里的语气说话，那该多好啊！另外，今天我还有作业没有写完，明天我要早点儿把作业做完。我还要玩这个游戏，我要当提案人，不对，我还是先当主持人吧！主持人好玩！"

妈妈说："好呀！那下次就让姥姥当提案人，来帮助我吧！我今天最大的收获主要有两个。第一个是我没有想到姥姥对新事物的接受程度这么快，做得这么好，真的是太出乎我的意料了，太棒了！谢谢妈！第二个是我觉得依云今天的表现太棒了！我刚开始还担心依云会玩不下去或会发脾气呢，结果依云不仅接纳了我们的建议，还想出了很多办法，真的让我对她刮目相看，看来我们平时的确太小看依云了！"

说完，祖孙3代紧紧拥抱在一起，依云亲了亲妈妈和姥姥，大家沉浸在一片幸福和谐的气氛中。

游戏实践案例的场外分析和点评

这个食指变拇指的亲子管教游戏是一个比较成功的案例。案例的成功之处主要有两点。

第一点，妈妈对亲子游戏的理解很到位，在整个游戏中的引导也很好。

虽然，妈妈的角色是提案人，可是当主持人姥姥忘了自己的角色时，她做了很好的提示。对于这种游戏，特别是在刚开始玩得少的时候，出现角色溜号的现象太正常了。这就需要其他人能及时发现并把他们拉回来。

第二点，游戏的氛围营造得很好，大家的投入程度都很高，问题的原因找得比较客观和准确，游戏效果比较好。

这样的亲子管教游戏，氛围特别重要。姥姥做得很好。因为姥姥是最高的长辈，只要姥姥的状态一放开，大家就会轻松很多，聪明才智才能充分地发挥出来，游戏效果也自然不会差。

另外，在这个案例中，她们使用的是精装版的游戏教具，里面的大拇指贴纸增添了游戏的趣味性。

3. 常玩食指变拇指游戏可提升逆商

逆商跟情商和智商一样，是世界通用的预测成功的三大指标之一。逆商是指人们面对逆境时的反应方式，也就是指人们直面挫折、克服困难和摆脱困境的能力。清华大学社会科学学院院长、心理学系系主任彭凯平教授在《孩子的品格》一书中提出，要培养孩子的抗逆力。

保罗·史托兹博士在《逆商》中列出了逆商的4个维度：掌控感、担当力、影响度和持续性。

其中，掌控感是指面对逆境或遇到挫折时，掌控感弱的人经常会说："我也没有办法，我能怎么办呢？"掌控感强的人则会说："没关系，办法总比问题多。"

担当力是指在面对逆境时，低逆商的人要么把原因都归到自己身上，觉得自己一无是处；要么把原因都归到环境和他人身上。高逆商的人则会理智地把自己、环境和他人的原因都找出来，并主动针对这些原因做出自己能做的调整。

影响度是指在遇到困难和面对逆境时，低逆商的人会呼天喊地，搞得满城风雨，人尽皆知。高逆商的人往往沉着冷静，大事化小，小事化了。

持续性是指在遇到困难和面对逆境时，低逆商的人通常表现得犹豫和拖拉。高逆商的人却能当机立断，快刀斩乱麻，在最短的时间内解决问题。

当孩子重复犯错时，父母一般都很生气，这时候孩子就会陷入一种不知所措和被挑剔、被责骂、不被信任的逆境中。

食指变拇指游戏可以帮助家长和孩子快速地转移关注的焦点，积极地分析问题，及时地找到解决问题的方法，并改变行为和结果。因而这个游戏可以增加孩子的掌控感和担当力，并降低不利事件的影响度和持续性，不断地提升孩子的逆商。

[CHAPTER 4]

第4章

孩子脾气不好爱赌气，怎么问都不说话怎么办

——如何从小培养孩子的高情商

一个人的成功等于1%的智商加上99%的情商。

——情商之父丹尼尔·戈尔曼

第1节

“稍不顺心就离班出走”的曜坤

6岁的曜坤上幼儿园大班，是一个脾气很大、比较冲动的孩子。

曜坤在家里经常会跟父母发脾气，一发起脾气来就不说话，一个人躲在一边生闷气、摔东西。每次他发脾气的时候，他的父母都很着急，可是不管怎么哄他、劝他，都没有用。

曜坤在幼儿园里也经常发脾气，还经常骂人和动手打人。他这样的行为引起了同学和家长们的强烈抗议，他的父母不得不给他换了一个新的幼儿园。

到了新幼儿园之后，曜坤骂人和打人的行为减少了一些，可是又增加了一个新的毛病。他经常会跟老师赌气，只要老师有一点儿没有顾及他的感受或想法，他就立刻气呼呼地站起来，然后一声不吭地离班出走，老师怎么问他、叫他，他也不搭理，搞得老师哭笑不得，不得不每堂课都要特别关照他，否则稍不留神儿就得到教室外面找他。

老师把这种情况告诉了曜坤的父母。曜坤的父母一听更焦虑了。曜坤的毛病他们最清楚，眼看他明年就该上小学了，如果老是这样，万一被退学，该怎么办呀……

孩子的情绪管控能力非常重要。因为情绪不仅会影响他的行为举止，还会影响他跟别人的沟通和合作。

情商之父丹尼尔·戈尔曼说：“一个人的成功等于1%的智商加上

99% 的情商。”

其实，情绪管理对孩子的重要性还远不止这些。现代医学研究表明，人类有三分之二的疾病与心理刺激同生活境遇有关，其中身心疾病占三分之一。这是因为人的情绪状态及其所伴随的生理反应会直接影响免疫系统的功能，积极的情绪状态会增强免疫功能，而消极的情绪状态则会削弱免疫功能，并且消极的情绪会增强人对疾病的易感性。

所以，每一位家长都希望自己孩子的情绪管控能力强一些，情商高一些。可现实情况是，孩子的情绪管控能力比较差，虽然可能不会像前面案例中的曜坤表现得那么突出，但是仍然有很多问题。总结为一句话就是，孩子的情商有待提高。

第2节

孩子情商不高的7个原因

关于情商，网上有很多种说法，很多商业机构为了赚钱，编了很多噱头，提供了各种各样的测试、训练方法和课程。

我曾经也一头雾水，不知道哪个是真、哪个是假。直到我上了中国科学院心理研究所的高级研修班，听了教授们讲的课，才找到了关于情商最科学的定义和说法。

严格来说，情商是一种不科学的叫法，科学的叫法应该是情绪智力。情绪智力主要由7种跟情绪管控有关的能力组成。为了便于你理解，我把这7种能力用比较通俗的说法罗列出来。

› 了解自己情绪状态的能力。

› 用情绪词语表达情绪的能力。

› 分辨他人情绪状态的能力。

› 同理他人情绪经历的能力。

› 识别彼此掩藏情绪的能力。

› 运用情绪处好人际关系的能力。

› 接纳和控制自我情绪的能力。

结合儿童成长彩虹图来看，显然，孩子的这7种能力也需要经过5个阶段的发展。如果孩子没有进行练习，或者练习得不多，有的能力可能还处于蹒跚期或者蹒跚期以下，那么孩子的情商当然就不高了。为了便于你理解，我会以前面案例中曜坤的故事为例，逐一进行分析和解释。

不了解自己的情绪状态

“不了解自己的情绪状态”是指当事情发生后，引起情绪起伏的时候，孩子不清楚自己的情绪状态是什么样子。

举个例子，如果你正在野外旅游，突然看见前面有一只大老虎，这时候你可能想都不想，立刻掉头就跑。等你跑远了，觉得安全了，才发现自己遇到老虎时很害怕，心脏怦怦直跳，腿都有些发软了。

这是因为情绪是一种自我保护的快速反应机制。有了这种机制，在面对天敌和危险时，人类的大脑和身体就会做出本能的反应，来保全生命。

人的这种本能行为经过长期的自然选择和进化，形成了3种最常见的情绪自动反应模式，如图4.1所示。如果打得过，就立刻启动搏斗模式；如果打不过，就启动逃跑模式；如果打不过也跑不掉，就启动定住（装死）模式来躲避被追赶。

图4.1　人面对危险的3种情绪自动反应模式

不过，这种情绪自动反应非常快，快到我们在短时间内根本意识不到。为什么会这样呢？

如图4.2所示，因为我们平时看到、听到和触摸到的事物都会以信息的形式先传到大脑的丘脑，丘脑把信息通过直接通路和间接通路传给杏仁核（负责产生情绪和激发行动的脑组织）。其中，直接通路反应很快，不经过思考，是本能反应；间接通路要经过理性思考，反应相对较慢。

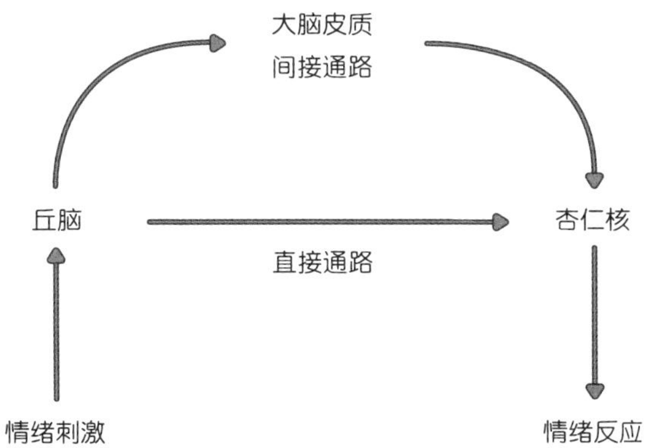

图4.2　情绪自动反应的两条通路

如果我们平时不进行情绪自动反应的控制和练习，那么在处理事情时，大脑就会“偷懒”，总是走直接通路，而不启动理性的思考过程。这就导致我们在根本还不了解自己的情绪时，就做出很多本能行为。

当然，如果是为了躲避身体伤害和生命危险，在情绪自动反应中走直接通路是没有什么问题的。如果经常因为生活中的小事就启动这种本能性的直接通路，而且在事情发生时，不了解自己的情绪状态，那就是情商低的表现了。

所以，在第2章的自我管理战中，我建议你在生气时先停下来，做理智选择5步法或爱出爱返5部曲，帮助你切换到情绪自动反应的理性的间接通路上。

前面案例中的曜坤就常常处于对自己的情绪状态不了解的情况下。

在我跟妻子相处的前10年中，我也经常处于这种状态。有时候妻子不经意间说了一句什么话或者做了一件什么事，我就立刻大声嚷嚷起来。妻子被吓一跳，她问我：“你怎么有那么大的火气？”我还会梗着脖子大声说：“我哪里有什么火气！我这不是在好好说话吗？”

后来，自己冷静下来一回想，才发现自己当时处于一种愤怒和不满的情绪状态，但在情绪反应的时候却一点儿也不了解自己的情绪。

在最近的10年中，我参加过很多关于情绪状态觉察的训练，也给很多人做过这种训练。如果用我现在的情绪觉察力去回看之前的几年，就会发现那些年的自己一直处于一种长期的、难以觉察的、焦躁的情绪状态中。

对于这种长期的、不易觉察的情绪状态（心理学上称之为“心境”），如果缺少觉察和了解，就很容易引发大的、激烈的情绪，从而造成情绪失控。

现在很多家长一遇到事就容易跟孩子急，很多孩子一被指责就跟家长急，都属于这种情况。

显然，这种情绪觉察能力是需要刻意练习的，只有练习才会不断地提高。所以，如果你的孩子没有做过这方面的练习，在遇到问题时，他对自己情绪状态的了解能力就不高。

小测试（测试孩子或测试自己都可以）

1. 在跟别人争吵时，很多时候根本就不知道自己很有情绪，后来才意识到了自己的情绪。

   A. 非常符合　B. 比较符合　C. 一般般　D. 不太符合　E. 不符合

2. 当有情绪时，能清楚地感到自己的情绪是怎样的，并能分辨出这些情绪有什么不同。

   A. 不符合　B. 不太符合　C. 一般般　D. 比较符合　E. 非常符合

3. 搞不清楚自己的情绪变化规律，经常不知道为什么就生气或者不高兴了。

   A. 非常符合　B. 比较符合　C. 一般般　D. 不太符合　E. 不符合

选项A～E的得分分别为1～5分。3项合计得分低于9分为低情商，得分为10～12分为中情商，得分为13～15分为高情商。

不能用情绪词语表达情绪

“不能用情绪词语表达情绪”指的是不能用准确代表情绪的词语把自己的情绪状态说出来或写出来。例如，“你把我的玩具弄坏了，你太坏了！”这就是“用情绪词语表达情绪的能力低”。如果换成“你把我的玩具弄坏了，我觉得很生气、很委屈。”这就是“用情绪词语表达情绪的能力高”，因为其中的“生气”和“委屈”是能准确地代表情绪的词语。

不过，我们都知道刚出生的孩子连话都不会说，更不用说把自己的情绪准确地说出来了。所以，如果没有经过练习，或者在情绪表达方面练习得不多，那么孩子表达情绪的能力就比较低，这点是可以理解的。

其实，情绪本身并不是不好的东西，即使是负面情绪，如果我们只是客观地用恰当的情绪词语表达出来，而不使用贬低或攻击的语言，都是合理的。

例如，如果你在家端菜的时候不小心把盘子掉到地上了。你的爱人只是说："哎呀，你吓死我啦！吓得我这心脏呀，怦怦地跳！"你可能就不会反感和讨厌他，甚至还会觉得不好意思。相反，如果他没有用表达情绪的词汇，而是说"你怎么老是这样毛手毛脚的！"这样指责、贬低的话会立刻让你觉得反感和厌恶。

其实，男孩的语言表达能力普遍比同龄的女孩要差一些，如果再加上不善于表达自己的情绪状态，那么，他很容易在情急之下产生过激的行为，例如，骂人和打人。前面案例中的曜坤就属于这种情况。

另外，科学家们通过认知访谈故事研究发现，学习成绩不好的孩子在情绪表达能力方面明显低于学习能力强的孩子，这说明如果孩子不善于表达自己的情绪，还会影响学习成绩。还有一些研究表明，人类有三分之二的疾病与心理和情绪有关，其中大部分都跟不善于表达、压抑的情绪有关。

与此相反，用情绪词语表达情绪有利于情绪宣泄，情绪宣泄又能够缓解人的心理创伤或压力事件对人体免疫功能的破坏。因为情绪宣泄能够增强人体的抗体和自然杀伤力NK细胞的活动水平，还能影响T淋巴细胞的数量和增殖反应。

由此可见，孩子"不能用情绪词语表达情绪"绝对不是好事，需要注意多练习和提升孩子的情绪表达能力。

小测试（测试孩子或测试自己都可以）

1. 当有情绪时，很难把各种情绪准确地说出来。

A. 非常符合　B. 比较符合　C. 一般般　D. 不太符合　E. 不符合

2. 当有情绪时，能用日记、文章、画画、诗歌等把自己的不同情绪表达出来。

A. 不符合　B. 不太符合　C. 一般般　D. 比较符合　E. 非常符合

3. 在跟别人发生冲突时，能准确地用语言表达自己的情绪和期望，而不说指责和批评的话。

A. 不符合　B. 不太符合　C. 一般般　D. 比较符合　E. 非常符合

选项A～E的得分分别为1～5分。3项合计得分低于9分为低情商，得分为10～12分为中情商，得分为13～15分为高情商。

不能分辨他人的情绪状态

“不能分辨他人的情绪状态”指的是当遇到事情，引起情绪起伏的时候，孩子不能通过对方的表情、肢体动作和语言了解对方的情绪状态。

我清楚地记得我的母亲常常给我讲的一个小故事。我哥哥的儿子小时候是一个留守儿童，他跟我的父母住在一起。他小时候特别淘气，每当吃饭的时候，他都不守规矩，我父亲就生气地瞪着他。他居然天真问我的母亲说：“奶奶，爷爷的眼睛怎么啦？”这就是典型的“分辨他人情绪状态”能力低的表现。

又如，当孩子不小心犯错误的时候，他们可能就会表现出各种不同的情绪状态。刚开始一般都表现出惊恐的情绪，内心感到害怕（父母的指责和批评）和内疚（犯错误的心理）。如果这时父母真的指责和批评孩子，他们一般就会低着头，感到懊悔（心想：真的不应该犯错误）。如果父母指责了几遍还没有要停下来的意思，有的孩子就会斜父母两眼，表现出不满、厌烦的情绪。如果父母还喋喋不休地指责和批评，孩子就会梗着脖子对父母瞪眼睛，情绪也开始转为愤怒了。如果孩子的父母情商比较高，就能及时捕捉和分辨出孩子的这些不同的情绪状态。

不过，遗憾的是，很多家长分辨他人情绪状态的能力也不高，所以常常是家长把孩子说急了、吼蒙了、吓坏了、唠叨烦了，自己却还没有意识到。

对孩子来说，想分辨他人的情绪状态，也并不容易。孩子在成长的过程中，有一个阶段是完全处于以自我为中心的。心理学家让·皮亚杰把这个阶段称为前运算阶段，前运算阶段一般是指孩子在2~7岁的时候。在这个阶段中，由于孩子的认知能力十分有限，还不能从对方的观点考虑问题，他们会想当然地认为每个人看到的世界都跟他们看到的世界是一样的。

所以，孩子不仅很难识别他人的情绪状态，还会想当然地把自己感受到的情绪当成他人的情绪，他们甚至还会认为玩具、花草和树木等也跟自己一样，能感觉到疼痛、会害怕、会生气等。

前面案例中的曜坤总是因为生气而骂人、打人，甚至离班出走，其中一个原因就是他不能分辨他人的情绪状态，不能感知同学、老师和父母的情绪状态，把别人气坏了自己却还没有意识到，这样必然会阻碍他的社交发展。

小测试（测试孩子或测试自己都可以）

1. 在与别人沟通时，有时候把别人气坏了，自己还不知道。

A. 非常符合　B. 比较符合　C. 一般般　D. 不太符合　E. 不符合

2. 能从他人的动作、语气和表情中揣摩出他人内心的情绪是怎样的。

A. 不符合　B. 不太符合　C. 一般般　D. 比较符合　E. 非常符合

3. 在人际交往中察言观色的能力很强，经常一看就知道对方是高兴还是不高兴。

A. 不符合　B. 不太符合　C. 一般般　D. 比较符合　E. 非常符合

选项A～E的得分分别为1～5分。3项合计得分低于9分为低情商，得分为10～12分为中情商，得分为13～15分为高情商。

不能同理他人的情绪经历

“不能同理他人的情绪经历”指的是如果当他人发生问题，引起情绪起伏的时候，孩子不能设身处地地理解他人的情绪，常常无动于衷，甚至还会因此而厌恶和排斥他人，也就是我们常说的不会共情。

例如，孩子不小心摔倒了，吓得哇的一声哭了起来。那些不能同理他人的情绪经历的家长就会对孩子说：“哦，不疼！不疼！我们的宝贝乖！不哭了啊！”有的家长还会直接冲着孩子喊：“别哭了！有什么好哭的！又没什么事儿，哭什么哭！”而这时候，孩子一般都会哭得更厉害了。原因就是孩子的情绪经历没有被家长同情和理解。

相反，那些能同理他人的情绪经历的家长，能设身处地地感受到孩子当时的情绪状态是害怕和委屈，就会对孩子说：“宝贝，我知道你被吓着了，你现在感到有些害怕和委屈是吗？没关系的，我明白你的感受，宝贝，你放心，我在呢！没关系的，你觉得心里难受想哭，就哭一会吧，我会陪着你的！”孩子一听就会感受到亲人的理解，很快停止哭泣，接着去玩。

其实，同理他人的情绪经历是非常重要的。这个过程会帮助他人消除紧张和负面情绪，获得安全感，快速地恢复理智。

这是因为人的大脑发育进化经历了3个阶段，如图4.3所示。第1阶段是爬行动物脑（简称爬行脑）阶段，爬行脑是由脑干和小脑组成的，主要控制人的吃喝等基本生理功能。第2阶段是古哺乳动物脑（简称情绪脑）阶段，情绪脑由下丘脑、海马体和杏仁核等组成，主要控制情绪和记忆等功能。第3个阶段是新哺乳动物脑（简称理智脑）阶段，理智脑是由大脑半球的皮质组成的，主要控制人的思维、认知、语言、想象力等高级功能。

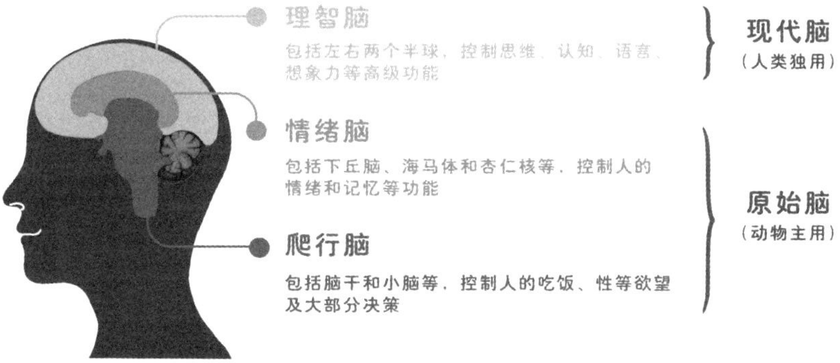

图4.3 人类大脑进化的3个阶段

大脑的发育过程使大脑具有一个明显的特点，那就是大脑的血流量分配总是按照从低级到高级的顺序供给的，血流量供给越多的脑区获得的营养越多，该脑区就会越发达。也就是说，只有在最低级的爬行脑得到充分满足之后，中级的情绪脑才会得到更多血流量。同样，只有在中级的情绪脑得到充分满足之后，高级的理智脑才会得到更多的血流量。

所以，有育儿经验的家长会注意到这样的细节：婴儿在肚子饿的时候，会从妈妈的手里或嘴里抢东西吃。这是因为这个时候婴儿的爬行脑得到的血流量较多且比较兴奋；而情绪脑得到的血流量极少且不兴奋，所以这个时候他不会顾及和妈妈的亲情。当婴儿吃饱后，他的情绪脑血流量增大且变得兴奋，就开始想念妈妈的温暖，想要让妈妈抱了。如果这时妈妈没有顾及他的情绪，婴儿就会发脾气，一直哭，他的情绪脑会变得更加活跃。这时候，婴儿的理智脑里的血流量很少且不兴奋，所以他几乎没有什么理性思维。当婴儿得到妈妈的安抚之后，血流逐渐进入理智脑，他开始动脑筋探索和研究周围的世界了。

现在你可能明白了人的大脑所具有的科学规律，那就是，当一个人的情绪经历，特别是激烈的情绪经历没有得到共情时，这个人往往会变得比较情绪化，甚至完全丧失理智，做出很多不可思议的行为。用一句俏皮的话说就是，当一个人的情绪没有被他人接纳时，他的理智就不在服务区。

尽管过去没有脑科学一说，但是为了避免这种窘境和危险，聪明的中国人还是总结出了很多实用的智慧词语，例如，通情达理、情投意合、情真意切等。这些都说明了同理他人的情绪经历的重要性。

所以，同理他人的情绪经历是一种非常重要的能力，家长和孩子都需要不断地学习和练习，才能有所提高。前面案例中的曜坤，因为他连别人的情绪状态都不能分辨，就更谈不上同理他人的情绪经历了。

小测试（测试孩子或测试自己都可以）

1. 当他人发脾气的时候，你常常觉得莫名其妙，不知道他人为什么发脾气。

   A. 非常符合　B. 比较符合　C. 一般般　D. 不太符合　E. 不符合

2. 当他人讲述一件他觉得特别高兴的事情时，你常常觉得没什么可高兴的。

   A. 非常符合　B. 比较符合　C. 一般般　D. 不太符合　E. 不符合

3. 当他人讲述一段悲惨经历时，你能完全理解他人的心情，就像亲身经历了一样。

   A. 不符合　B. 不太符合　C. 一般般　D. 比较符合　E. 非常符合

选项A～E的得分分别为1～5分。3项合计得分低于9分为低情商，得分为10～12分为中情商，得分为13～15分为高情商。

不能识别彼此掩藏的情绪

“不能识别彼此掩藏的情绪”指的是当遇到别人把自己的真实情绪掩藏起来的时候，不能识别这些被掩藏起来的真实情绪。

例如，你的孩子在吃过晚饭后磨磨蹭蹭不想做作业，眼看时间不早了，你心里很着急，但又没办法，只好耐住性子，硬着头皮辅导孩子做功课。

这时候，如果你不能随时觉察和提醒自己：我已经是烦躁的情绪状态了，那么你就是不能识别自己掩藏的情绪。其结果就是孩子的任何一个小错误都可能引发你对他的指责、批评或情绪爆发。

同时，如果你的孩子不能识别你掩藏的情绪，就不会知道你已经积了一肚子的火气，就不会“识相”而变得“乖巧”，可能还会继续磨蹭和折腾，直到引发你对他的指责、批评或情绪爆发。

在我国，人们在社会交往中常常会因为注重礼仪而掩藏自己的真实情绪，所以能识别他人掩藏的情绪的能力就显得尤为重要。这种能力强的人可以快速领会他人的用意，特别懂事，也特别会处理事情，所以不仅不会招人讨厌，还会颇受赏识，处处八面玲珑，人脉通达。

可事实上，这种能力往往连我们成年人都求之不得，更何况是一个孩子。尤其是像前面案例中曜坤这样的孩子，他连他人表现出来的强烈情绪都不能分辨，更不用说分辨他人掩藏起来的情绪了。

小测试（测试孩子或测试自己都可以）

1. 当被他人夸奖的时候，常常搞不清楚别人是真的在夸自己还是假装在夸自己。

   A. 非常符合　B. 比较符合　C. 一般般　D. 不太符合　E. 不符合

2. 能清楚地知道在很多时候，自己的言行跟内心的真实情绪是不一致的。例如，当他人获奖时，自己的行为是鼓掌和微笑，心里却是有些嫉妒和不甘心。

A. 不符合　　B. 不太符合　　C. 一般般　　D. 比较符合　　E. 非常符合

3. 在生活中，能清楚地感受到他人掩饰起来的真实情绪。例如，他人假装不生气、假装无所谓、假装不嫉妒、假装很宽容等。

A. 不符合　　B. 不太符合　　C. 一般般　　D. 比较符合　　E. 非常符合

选项A～E的得分分别为1～5分。3项合计得分低于9分为低情商，得分为10～12分为中情商，得分为13～15分为高情商。

不能运用情绪处好人际关系

“不能运用情绪处好人际关系”指的是在人际交往中，我们可能还不知道情感认同和情感联结的重要性，也还不知道情感是可以相互影响并形成共鸣的。

例如，在恋爱关系中，最重要的因素是双方是否真心喜欢对方，或者一方是否能用真情打动另一方。一个家境普通且相貌平平的小伙子喜欢上了一位漂亮的富家小姐。由于物质条件和相貌条件的差异，这位富家小姐根本就不喜欢他。可是这个小伙子并没有因此而放弃，他不停地用各种方式向这位富家小姐展示他的爱慕和衷情，终于打动了这位富家小姐，他们走到了一起。

这就是情绪对人际关系的作用和影响。很多浪漫的爱情故事、经典的合作故事、感人的励志故事都有类似的情节。

其实，这个道理用脑科学解释非常简单。人的大脑会通过情绪脑对听到、看到或感受到的事物快速做出两种判断：要么是安全的，要么是危险的。对被判定为安全的事物，大脑就会启动亲近行为系统；对被判定为危险的事物，大脑就会启动逃避行为系统。

所以，如果一个人经常保持积极和正面的情绪，就会使他人的大脑启动亲近行为系统，双方的关系自然会变得越来越亲密。相反，如果一个人经常呈现消极和负面的情绪，就会使他人的大脑启动逃避行为系统，双方的关系自然会变得越来越疏离。

前面案例中的曜坤恐怕根本不知道这些知识，所以他的人际关系就会岌岌可危。

小测试（测试孩子或测试自己都可以）

1. 不擅长运用情绪来影响和感召他人。

A. 非常符合　B. 比较符合　C. 一般般　D. 不太符合　E. 不符合

2. 非常清楚情绪共鸣是人际关系的关键因素，并善于跟他人形成共鸣。

A. 不符合　B. 不太符合　C. 一般般　D. 比较符合　E. 非常符合

3. 非常明白情绪在沟通中的重要性，在他人有负面情绪的时候，不再跟对方讲道理，而是先接纳和理解对方的情绪。

A. 不符合　B. 不太符合　C. 一般般　D. 比较符合　E. 非常符合

选项A～E的得分分别为1～5分。3项合计得分低于9分为低情商，得分为10～12分为中情商，得分为13～15分为高情商。

不能接纳和控制自我情绪

“不能接纳和控制自我情绪”包括两个不同的方面，即“不能接纳自己的情绪”和“不能控制自己的情绪”。

我们首先来看“不能接纳自己的情绪”。人们对情绪普遍有偏见，觉得产生情绪不好，特别是负面情绪，常常把表达负面情绪等同于传播负能量。

其实情绪作为一种人类进化的产物，有4种有益的功能，它们分别是快速适应、表明动机、组织行为和发送信号。

我分别举例说明一下。在前面内容中说到的人看见老虎就会立刻警觉、出现害怕情绪并伴随心跳加速，这就是快速适应的功能。婴儿在肚子饿时就开始哭，这就是表明动机的功能。孩子喜欢英文歌曲，会特别关注和收集英文歌曲，这就是组织行为的功能。孩子不懂事儿，你立刻板起脸来唉声叹气，这就是发送信号的功能。

只有我们明白了情绪的有益功能，才会理性地看待情绪，发现隐藏在情绪后面的有益提示，进而真正接纳自己的情绪。

例如，当我们看到孩子整天沉溺于手机游戏的时候，就会产生焦虑、担忧、气愤和恼怒的情绪。其实，这些情绪对我们是有好处的，它们会促使我们向孩子表明我们的动机（不接受你这样的行为），组织我们的行为（采取一些管控的措施），向孩子发出信号（我们对你的行为很反感，你需要留意并做出改变和调整）。

大家试想一下，如果当我们看到孩子整天沉溺于手机游戏的时候，我们没有产生任何情绪，内心无动于衷，那岂不是更糟糕？所以我们要接纳自己的这些情绪，要感谢这些情绪，是这些情绪给了我们很多有益的提示，让我们做得更好。

同时，我们明白了情绪的有益功能，学会了理性地看待情绪，发现了情绪背后的有益提示，也能促使我们更好地同理他人的情绪经历。

例如，当出现了前面内容中提到的情境：一个孩子不小心摔倒了，吓得哇的一声哭了起来，我们就会明白此时孩子的情绪发挥了向家长表明动机和发出信号的功能。家长只要做到不反感、不厌恶他的负面情绪（等同于接纳），给他拥抱和陪伴就可以了。这样也会帮助孩子很快地从负面情绪中走出来，恢复到理智状态。

需要特别说明的是，如果家长经常能坦然地接纳自己的情绪，孩子一般也会逐渐地学会这种技能。反之，孩子会很难接纳自己的情绪。

对于“不能控制自己的情绪”这方面来说，可能很多孩子和家长都明白它指的是什么，我就不再举例了。不过，我强调一下提升这种能力的重要性。

人的大脑共有100多亿个神经元细胞（也有资料说有几百亿个）。跟身体细胞不一样的是，这些神经元细胞的数量在人出生以后就不会增加了，只会逐渐减少。不过这些神经元细胞之间的联结会发生变化。

《父母的语言：3000万词汇塑造更强大的学习型大脑》中写到，宝宝在出生后，每1秒会产生700至1000条额外的类神经联结。其带来的让人难以置信、错综复杂的大脑回路便是大脑的构造，影响孩子所有的大脑功能，包括记忆力、情感、动手能力，当然还有语言表达能力。语言表达能力将为孩子日后的社交情商和认知能力的开发奠定基础。

而且，这些神经元细胞之间的联结的变化还有一些规律，那就是孩子出生后联结快速增长，到3岁时，联结数量最多，非常密集；到4岁时，这些联结开始减少，留下来的联结开始变粗、变壮；到6岁时，神经元细胞之间的联结大致成型；到14岁时，这些联结基本固化，很难再发生改变。神经元细胞的发育过程如图4.4所示。

3岁以前的孩子学什么就会什么，这是因为他们大脑的神经元细胞之间的联结是四通八达的，所以他们极具天赋，向各个方面发展的可能性很大。在3岁至6岁期间，孩子的很多行为和习惯基本形成，这是因为用得多的那些神经元细胞之间的联结变得粗壮了，没有被利用的那些神经元细胞之间的联结就被吸收并消失了。到14岁的时候，大脑的神经元细胞之间的联结已经差不多定型了，孩子的思维方式、性格和三观就基本形成了。这就是我们常说的“3岁看大，7岁看老”的脑科学依据。

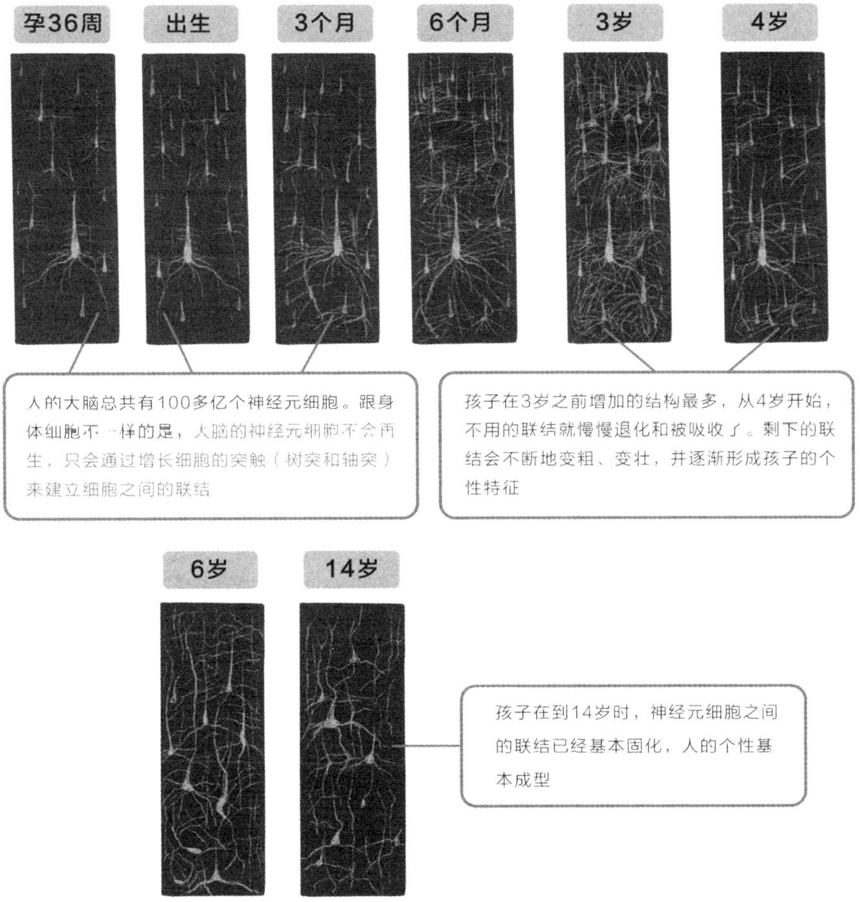

图4.4　神经元细胞的发育过程

另外，人的大脑中主要控制情绪的脑区是前额叶（大脑里面的那部分大脑皮质）。同时，前额叶也是承担计划、控制和反思的脑区，被称为大脑中的“指挥官”。这部分脑区是发育最晚的，在孩子3岁左右时才开始发育，直到大概25岁时才会完全发育成熟。这就是孩子计划性不强、自我管控能力差和总是重复犯错的生理原因。

因此，孩子对自己情绪的控制能力应该从3岁左右开始培养，使他的大脑逐渐建立起理性的间接通路（见图4.2），到6岁的时候，这些理性的间接通路的神经元细胞之间的联结就可以变得比较粗壮了。在6～14岁时，如果父母经常跟孩子一起做各种情商训练，孩子理性通路的神经元细胞之间的联结就会逐渐固化，变成一个通情达理的高情商的人。

所以，前面案例中的曜坤可能就错过了3～5岁时的情商训练，在碰到不如意的事情时，他大脑中的血液总是流向情绪脑，直接启动本能性的直接通路，以致做出骂人、打人和离班出走等非理性的行为。像曜坤的这种情况，如果不及时纠正和训练的话，就会逐渐形成非理性的冲动型性格，甚至会变成问题儿童。

小测试（测试孩子或测试自己都可以）

1. 每当产生气愤、嫉妒、无助或失望等负面情绪时，你就会觉得很糟糕——怎么又这样了！

   A. 非常符合　B. 比较符合　C. 一般般　D. 不太符合　E. 不符合

2. 在公共场所，不管发生了多大的事情，你都能克制自己，不会出现情绪失控的行为。

   A. 不符合　B. 不太符合　C. 一般般　D. 比较符合　E. 非常符合

3. 不管发生了什么事情，你都能在家人面前保持平静，不会出现发脾气、指责、吵架或哭泣等行为。

   A. 不符合　B. 不太符合　C. 一般般　D. 比较符合　E. 非常符合

选项A～E的得分分别为1～5分。3项合计得分低于9分为低情商，得分为10～12分为中情商，得分为13～15分为高情商。

第3节

亲子游戏可“玩”出高情商

我们在第1章的内容中介绍儿童成长彩虹图时讲过，儿童每一种能力的发展，都会经历类似于平躺期、爬坐期、蹒跚期、跑跳期和舞蹈期这样的5个阶段，而且每个阶段都有相应的成长表现和成长心理。

如果上一个阶段发展得好，儿童的成长表现就好，儿童也会变得兴奋和自信，形成积极的成长心理。相反，如果儿童的某种能力在某个阶段受到了过度阻碍，就会形成消极的成长心理，出现成长退化表现，并导致各种问题发生。

孩子的情商发展也同样如此。

游戏养育力的核心和本质是：孩子在成长过程中出现问题是正常现象，不是他不好，而是他的某些能力还不够。父母要利用儿童成长彩虹图的分析定位，给孩子提供轻松、有趣的游戏或练习，协助孩子度过爬坐期和蹒跚期，只要能力提升了，问题自然也就化解了。

亲子游戏就是培养孩子高情商的最佳方式。

我推荐5种有趣的家庭情商游戏，如表4.1所示。你可以根据孩子的实际情况，选择最适合的游戏，在日常生活中跟孩子一起玩，在游戏中培养孩子的高情商。

表4.1　5种培养高情商的家庭游戏的功能列举和对比

	了解自己情绪状态的能力	用情绪词语表达情绪的能力	分辨他人情绪状态的能力	同理他人情绪经历的能力	识别彼此掩藏情绪的能力	运用情绪处好人际关系的能力	接纳和控制自我情绪的能力
宝宝情商卡游戏	★★★★	★★★★	★★★	★★★	★	★★	★★
宝宝情绪贴游戏	★★★★★	★★★★★	★★★	★★★★★	★★	★★★★★	★★★
情绪魔法箱游戏	★★★★★	★★★★★	★★★★★	★★★	★★★	★★★★	★★★★★
情绪识别卡游戏	★★★★★	★★★★★	★★★★	★★★★	★★★★★	★★★★	★★★★
情绪阴转晴游戏	★★★★★	★★★★★	★★★★★	★★★★★	★★★★★	★★★★★	★★★★★

说明：表中的★越多，表示游戏锻炼和培养孩子对应的能力越强。

第4节

5种培养高情商的家庭游戏

1. 宝宝情商卡游戏

宝宝情商卡游戏适用于培养3～6岁孩子的情商。游戏的道具是一张情商卡片，如图4.5所示。

这张情商卡片的正面是6种基本的积极情绪的表情图和中英文内容，背面是6种基本的负面情绪的表情图和中英文内容。此外，卡片上还有最基本的玩法和示例。

图4.5　宝宝情商卡

宝宝情商卡游戏的玩法主要有4种，你可以根据孩子的实际情况，选择最适合的玩法来玩。

情绪指指看（适合3岁左右的孩子）

情绪指指看指的是家长或孩子假装产生了某种情绪，然后在宝宝情商卡上指出来，或者把对方的情绪在宝宝情商卡上指出来。举例说明如下。

第1轮，妈妈先假装做出生气的样子，让孩子在宝宝情商卡上寻找、指出妈妈的情绪是“生气”；换孩子来做，例如，做出讨厌的样子，然后在宝宝情商卡上寻找、指出自己的情绪是“讨厌”。更换表情重复做游戏。

第2轮，妈妈先假装做出高兴的样子，让孩子在宝宝情商卡上寻找、指出妈妈的情绪是“高兴”；换孩子来做，例如，做出“好奇”的样子，然后在宝宝情商卡上面寻找、指出自己的情绪是“好奇”。更换表情重复做游戏。

这种玩法主要可以帮助孩子了解自己的情绪状态和识别他人的情绪状态。

情绪说说看（适合3～5岁的孩子）

情绪说说看指的是家长或孩子假装产生了某种情绪，然后结合宝宝情商卡把自己的情绪说出来，并对对方的情绪表达给予理解和接纳。举例说明如下。

第1轮，孩子假装做出害怕的样子，并大声说：“妈妈，我很害怕！”妈妈赶紧说：“我知道了，我能理解你，我抱抱你吧。”说完就把孩子抱在怀里。然后，妈妈假装做出伤心的样子，并大声说：“宝宝，我很伤心！”孩子赶紧说：“我知道了，我能理解你，我抱抱你吧。”说完就抱抱妈妈。更换表情重复做游戏。

第2轮，孩子假装做出幸福的样子，并大声说：“妈妈，我很幸福！”妈妈赶紧说：“我知道了，我能理解你，我也好幸福。”说完就亲孩子一下。然后，妈妈假装做出疼爱的样子，并大声说：“宝宝，我很爱你！”孩子赶紧说：“我知道了，妈妈，我也爱你！”说完也亲妈妈一下。更换表情重复做游戏。

这种玩法主要可以帮助孩子学会直接表达自己的情绪，识别和同理他人的情绪经历，同时有利于孩子接纳自己的情绪经历。

情绪讲讲看（适合4～6岁的孩子）

情绪讲讲看指的是家长或孩子假装因为某件事情产生了某种情绪，然后结合宝宝情商卡把自己的情绪说出来，并对对方的情绪表达给予理解和接纳。举例说明如下。

第1轮，妈妈模拟一个情绪比较低落的情境，说：“我刚才错怪你了，我心里有些羞愧！”孩子赶紧说：“我知道了，我能理解你，我抱抱你吧。”说完就抱抱妈妈。然后，孩子也模拟一个情境，说：“刚才你们都在忙，没人陪我玩，我觉得很孤单！”妈妈赶紧说：“我知道了，我能理解你，我现在就陪你玩吧。”说完就陪孩子玩。更换情境重复做游戏。

第2轮，孩子模拟一个气氛比较欢快的情境，说：“妈妈，今天老师表扬我啦，我好高兴！”妈妈赶紧说：“我知道了，我也好高兴，我要亲亲你。”说完就亲亲孩子。然后，妈妈也模拟一个气氛比较欢快的情境，说：“爸爸今天给你买了一个新玩具，我很好奇是个什么好玩的玩具。”孩子赶紧说：“我知道了，我能理解你，我也很好奇，我们一起拆开看看吧。”说完就假装一起拆开玩具箱。更换情境重复做游戏。

这种玩法主要可以帮助孩子发现情绪产生的原因，更好地识别自己的情绪状态，学会直接表达自己的情绪，同时更好地识别和同理他人的情绪经历，也更好地接纳自己的情绪经历。

情绪实践游戏（适合3～6岁的孩子或想提升情商的家长）

当孩子或家长产生了比较强烈的情绪时，就可以拿出宝宝情商卡，根据实际的情绪状态，选择以上3种玩法进行处理。具体做法可参考下面的案例。

小辰阳的爸爸一回家就发现小辰阳的妈妈正在厨房做饭，而5岁的小辰阳正坐在沙发上生闷气。爸爸问他怎么啦，他闷闷地不说话。

于是，爸爸就拿出了宝宝情商卡，一边指着宝宝情商卡中的情绪一边猜小辰阳的情绪状态。爸爸先指了“害怕”，小辰阳没有反应。接着，爸爸指指“愤怒”，小辰阳点了点头，同时小辰阳指着“孤单”和“讨厌”

说："还有这两个！"

爸爸说："我明白了，不过，我有些好奇，你为什么会有这些情绪呢？"

小辰阳气愤地说："我想玩手机，妈妈不让我玩。我让她陪我玩，她说要做饭。没有人陪我玩，我觉得很孤单，妈妈真讨厌，我很生气、很愤怒！"

爸爸听完后，搂着小辰阳说："我知道了，我理解你的感受，我陪你一起玩乐高好吗？"

"好耶！"小辰阳高兴坏了，赶紧跑去抱乐高玩具了。

在这个案例中，小辰阳的爸爸把前面说的3种玩法结合在一起实践了，所以效果非常不错。小辰阳很快就调整和控制好了情绪。

2. 宝宝情绪贴游戏

宝宝情绪贴游戏适用于培养3～6岁孩子的情商。游戏的道具是一套情绪贴。你可以自己买一些空白的贴纸，然后照着宝宝情商卡上的表情图在空白贴纸上画出来，也可以在空白贴纸上直接画比较简单的笑脸或哭脸等表情。

宝宝情绪贴既可以单独使用，也可以与宝宝情商卡结合使用。游戏的玩法主要有两种，你可以根据孩子的实际情况，选择最适合的一种来玩。

情绪贴贴乐（适合3～6岁的孩子）

情绪贴贴乐指的是用情绪贴来表明自己的情绪状态并引发他人的关注和共情。举例说明如下。

第1轮，家长或孩子任意拿一张情绪贴贴在自己身上，然后走到别人面前，做出跟情绪贴上一样的表情，看见的人也要模仿他的表情。

例如，孩子在自己身上贴了一张“愤怒”的情绪贴，然后走到爸爸面前，做出瞪眼珠和咬牙切齿的愤怒表情，爸爸也立刻模仿孩子，做出瞪眼珠和咬牙切齿的愤怒表情。更换表情重复做游戏。

第2轮，家长或孩子任意拿一张情绪贴贴在别人身上，被贴情绪贴的人要立刻做出跟情绪贴上一样的表情，如果模仿得很像，贴情绪贴的人就要对他的情绪状态给予接纳和同理。

例如，爸爸在孩子身上贴了一张“羞愧”的情绪贴，孩子就立刻做出羞愧的表情。爸爸看到后，立刻对孩子说：“我知道了，我能理解你，我抱抱你好吗？”（如果对内容不熟悉，可以看看宝宝情商卡。）说完后如果孩子没有反对，就把孩子抱在怀里。

这种玩法主要可以帮助孩子更好地识别自己和他人的情绪，同理他人的情绪经历，有利于孩子更好地接纳自己的情绪经历。

情绪实践游戏（适合3～6岁的孩子或想提升情商的家长）

当孩子或家长表现出比较强烈的情绪状态时，可以给自己贴上一张或几张情绪贴，其他人要给予接纳和同理。具体如下面的案例。

紫夏正上小学六年级，她的爸爸妈妈都希望她能上学区内最好的中学。可这次期中考试紫夏没有考好，她担心回到家后，要挨爸爸妈妈的唠叨。

于是，回到家后，紫夏就在自己胸前显眼的地方贴上了“羞愧”“伤心”“害怕”三张情绪贴。

紫夏的妈妈看到后，不知道发生了什么事情，立刻关心地问紫夏怎么了。紫夏就把考试的事和自己的真实情绪告诉了妈妈。

妈妈听后，不仅没有生气，还劝紫夏说：“没有关系的，妈妈能理解你，妈妈小时候也有过这样的情况，你先回自己屋里歇会儿吧，妈妈去给你做好吃的。”

妈妈还提前跟爸爸沟通，让爸爸不要责备紫夏，多给她一些安慰和鼓励。

紫夏觉得爸爸妈妈很体贴，特别感动，也找回了信心，吃完饭就主动学习去了。

案例中的紫夏用情绪贴很好地表达了自己的情绪，并用真实的情绪影响到了爸爸妈妈，爸爸妈妈也对紫夏的情绪状态给予了接纳和同理，所以他们不仅帮助紫夏迅速摆脱了负面情绪的困扰，还增加了他们和紫夏之间的亲密度。

3. 情绪魔法箱游戏

情绪魔法箱游戏的适用范围很广，其适用于5岁以上的孩子和成人。这个游戏是根据情绪ABC理论设计出来的。

情绪ABC理论是由美国心理学家埃利斯创建的，他认为诱发事件（activating event，A）只是引发情绪和行为后果（consequence，C）的间接原因，引发情绪和行为后果（C）的直接原因是人们对诱发事件（A）的看法（belief，B）。也就是说，人的消极情绪，不是由某一诱发事件直接引起的，而是由对诱发事件的不正确看法所引起的。

例如，如果孩子从小很喜欢踢足球，有的家长觉得很开心，有的家长感到担心，认为这样不好。这里的“孩子从小很喜欢踢足球”是诱发事件A，家长的情绪感受分别为C1、C2：有的家长对孩子从小喜欢踢足球感到开心（C1）；有的家长对孩子从小喜欢踢足球感到担心（C2）。产生C1、C2的原因是，家长对“孩子从小很喜欢踢足球”这个诱发事件

（A）有不同的看法（B）：有的家长认为这是一件好事（B1），它能锻炼孩子的身体和开发大脑，所以觉得开心（C1）；有的家长认为这是一件坏事（B2），容易使孩子受伤和耽误孩子学习，所以感到担心（C2）。

一般来说，只有在人们的看法中含有不正确或极端思维的时候，才会引发相对强烈的情绪，不正确或极端的思维通常可以分为3种，如表4.2所示。

表 4.2　常见的 3 种不正确或极端的思维

类别	行为解释	常见说法	矫正方法
绝对化要求	常常以自己的意愿为出发点，认为某事物必定发生或不发生的想法	“你必须……”“你应该……”“你一定要……”“我必须……”“我决不能……”“我一定要……”等	发现更多的可能性，降低绝对化的程度。例如，“必须”换作“尽量”，“应该”换作“也可以”，“一定要”换作“尽量”等
过分概括化	这是一种以偏概全的片面性思维方式	“你总是……”“你从来……”“你根本就……”“你绝对……”“我总是……”“我从来……”“我根本就……”“我绝对……”等	去掉夸大的部分，就事论事，不用过分概括的词语
极度悲观	是一种把不好的事情想得特别悲观和注定无法改变的消极思想	“你彻底完蛋了！”“你再也不可能成功了！”“你错过了这辈子最好的机会！”“别人再也不会信任我了！”“我们永远都不可能再合作了！”等	看到事物的两面性和辩证性，寻找积极的一面

情绪魔法箱游戏把这些理论和训练方法浓缩在一张情绪转换卡上，为你提供实用的情绪转化训练方法，如图4.6所示。

游戏的玩法主要有3种，你可以根据孩子的实际情况，选择最适合的玩法。

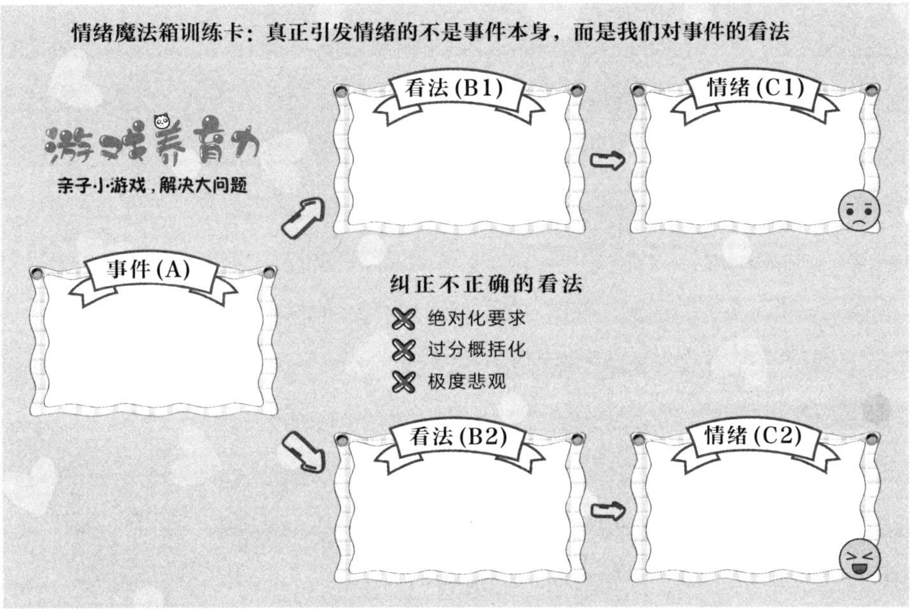

图4.6　情绪魔法箱训练卡

寻找ABC

寻找ABC的游戏就是借助情绪魔法箱训练卡，说出情绪事件的ABC各是什么，这是情绪转化的前提，是一个基础的玩法。举例说明如下。

第1轮，孩子先跟爸爸说："我很生气。"爸爸问："你为什么生气呀？"孩子答："因为他把我的玩具拿走了"。爸爸又问："为什么他把你的玩具拿走了，你就生气了呀？"孩子又答："因为我没有玩具玩了（过分概括化）。"于是，爸爸就开心地说："哈哈，我找到ABC啦！你的情绪事件（A）是'他把我的玩具拿走了'，你的看法（B）是'我没有玩具玩了'，你的情绪（C）是'生气'。"爸爸可以把ABC写在情绪魔法箱训练卡上。由于成功地找到了情绪事件的ABC，因此，本轮游戏结束。

第2轮，爸爸先跟孩子说："我觉得特别自豪。"孩子问："你为什么特别自豪呀？"爸爸答："因为今天老板给我涨工资了。"孩子又问："为什么今天老板给你涨工资了，你就特别自豪呀？"爸爸又答："因为老板就应该只给我一个人涨工资（绝对化）。”于是，孩子就开心地说：“哈哈，我找到ABC啦！你的情绪事件（A）是‘今天老板给我涨工资了’，你的看法（B）是‘老板就应该只给我一个人涨工资’，你的情绪（C）是‘特别自豪’。”孩子可以把ABC写（或由家长协助）在情绪魔法箱训练卡上。由于成功地找到了情绪事件的ABC，因此，本轮游戏结束。

这种游戏玩法主要可以帮助孩子更好地识别自己和他人的情绪，以及发现情绪产生的过程。

情绪大转换

情绪大转换就是借助情绪魔法箱训练卡，帮助孩子和家长通过改变自己对事情的看法，来消除一些不利的情绪，以维持心态的平衡。这些不利的情绪既包括负面情绪，如生气、怨恨等，也包括一些貌似正面的情绪，如自信、乐观等。举例说明如下。

第1轮，孩子先跟爸爸说：“我很生气。”爸爸问：“你为什么生气呀？”孩子答：“因为他把我的玩具拿走了。”爸爸又问：“为什么他把你的玩具拿走了，你就生气了呀？”孩子又答：“因为我没有玩具玩了（过分概括化）。”于是，爸爸就在情绪魔法箱训练卡上的A、B1、C1框里分别写上“他把我的玩具拿走了”“我没有玩具玩了”“生气”。

接下来，爸爸继续问孩子：“你是真的没有其他玩具玩了吗？”孩子说：“不是，我还有玩具汽车可以玩（找到了夸大的部分）。”爸爸问：“那如果你的想法是‘我还有汽车玩具可以玩’，你还会很生气吗？”孩子说：“那就不生气了。”爸爸再问：“那这时候你的情绪是怎样的呢？”孩子说：“开心呀（情绪转换了）。”于是，爸爸就在情绪魔法箱训练卡上的B2、C2框里分别写上“我还有玩具汽车可以玩”“开心”。由于成功地找到了当事人看法中的不正确部分，并转换了当事人的情绪，因此，本轮游戏结束。

第2轮，爸爸先跟孩子说：“我觉得特别自豪。”孩子问：“你为什么特别自豪呀？”爸爸答：“因为今天老板给我涨工资了。”孩子接着问：“为什么今天老板给你涨工资了，你就特别自豪呀？”爸爸答：“因为老板就应该只给我一个人涨工资（绝对化）。”孩子又问：“为什么呀？”爸爸答：“因为我是我们公司最好的员工（绝对化）。”于是，孩子就在情绪魔法箱训练卡上的A、B1、C1框里分别写上“今天老板给我涨工资了”“我是我们公司最好的员工”“特别自豪”。

接下来，孩子继续问爸爸：“那其他人有比你做得好的地方吗？”爸爸答：“当然有呀（动摇了想法中的绝对化）。”孩子问：“那你现在的想法和感受是怎样的呢？”爸爸说：“哦，我可能只是在某些方面做得好一些（去掉了绝对化的想法），我还是应该谦虚一些，我的心情平静了（情绪转换了）。”于是，孩子就在情绪魔法箱训练卡上的A、B2、C2框里分别写上（或由家长协助）“今天老板给我涨工资了”“我可能只是在某些方面做得好一些，我还是应该谦虚一些”“平静”。由于成功地找到了当事人对一些事情看法中的不正确部分，并转换了当事人的情绪，因此，本轮游戏结束。

这种游戏玩法主要可以帮助孩子更好地识别自己和别人的情绪及情绪产生的过程，发现自己面对一些事情的不正确想法，因此非常有利于孩子快速转换看待问题的思维方式，并掌控好自己的情绪。

情绪实践游戏

当孩子或家长产生了比较强烈的情绪时，就可以用这种玩法来进行情绪的转换。我们一起来看看下面案例中这个“稍不顺心就离班出走”的曜坤。

妈妈找了一个曜坤比较开心的时间跟他聊天。

妈妈说：“宝贝，你在幼儿园上课的时候，为什么有时候不跟老师打招呼，就跑到教室外面去了呢？”

曜坤说：“因为我想回答问题，可是我每次举手，老师都不理我，哼！”

妈妈在情绪魔法箱训练卡上的A、B1、C1框里分别写上“曜坤想回答老师的问题”“每次举手老师都不理他”“生气”。

写好后，妈妈接着问曜坤：“那老师让你回答过问题吗？”

曜坤说：“回答过。”

妈妈说：“那就是说，老师也会让你回答问题的，并不是你每次举手老师都不理你，对吗？”

曜坤沉默，不再说话。

妈妈在情绪魔法箱训练卡上的B2框里写上“老师也会让曜坤回答问题”。

写好后，妈妈把游戏训练卡拿给曜坤，并解释给他看说：“曜坤同学，老师也让你回答过问题哟！”

曜坤说：“是的，老师也让我回答过问题。”

妈妈说：“那你现在感觉怎么样了呢？还会生老师的气吗？”

曜坤说：“不生气了，反正我就是想多回答老师的问题。”

妈妈在C2框里写上“不生气了”，游戏结束。

幼儿的认知能力、归纳能力和归因能力都还比较差，所以会很容易产生错误的想法，并产生不利的情绪。如果从小就随时留意孩子的想法，并及时帮助孩子梳理和引导，你就可以培养出高情商的、特别理智的、让人喜欢的好孩子。

4. 情绪识别卡游戏

情绪识别卡游戏是适用于培养7岁以上的孩子和成年人情商的游戏。

游戏的道具是一张情绪识别卡。这张情绪识别卡的正反面分别列出了我们常见的各种情绪，而且是按类别写出来的，便于识别和使用，如图4.7所示。

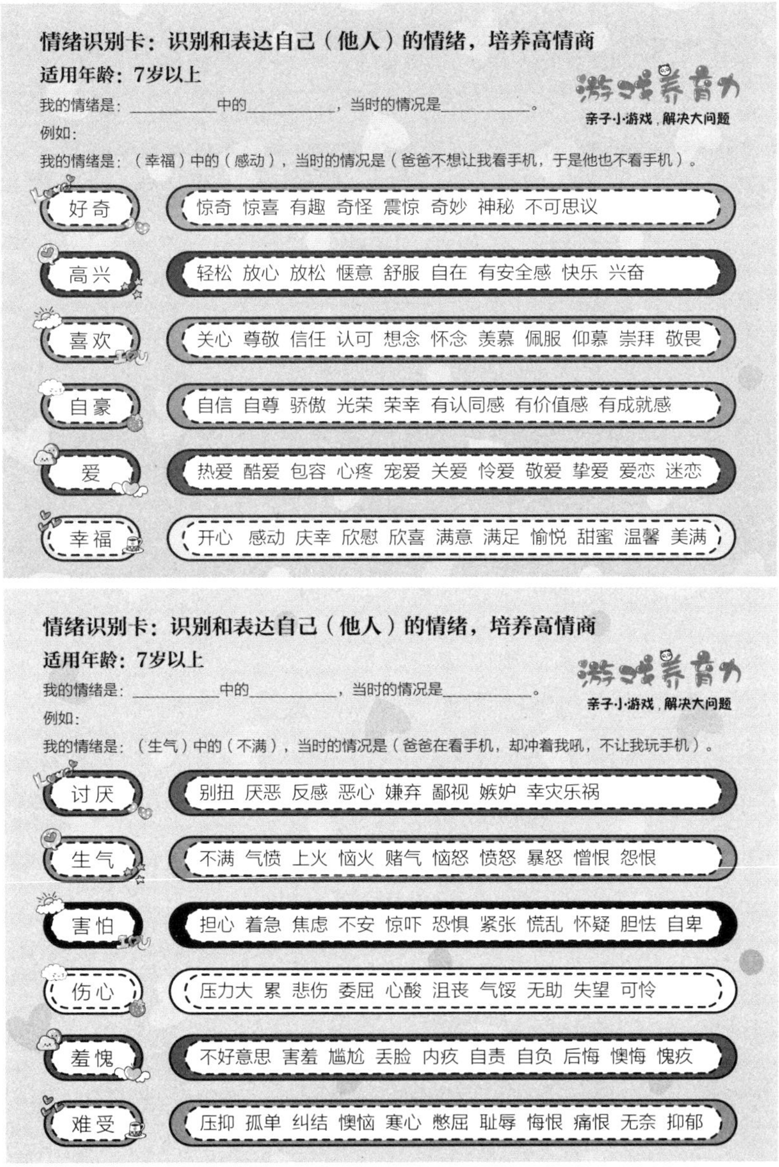

图4.7 情绪识别卡

情绪识别卡游戏的玩法主要有3种，你可以根据孩子的实际情况，选择最适合的玩法。

一天情绪总结

一天情绪总结指的是在每天睡觉前，家长和孩子拿着情绪识别卡，各自说说一天的情绪经历。举例说明如下。

第1轮，爸爸说："我今天的情绪状态主要有两种。第1种是累，因为今天的工作太多太杂了；第2种是欣慰，因为我刚回到家，女儿就给我倒了一杯水，我感到很欣慰。"

在爸爸说话的时候，妈妈和女儿都要全神贯注地听，还可以用点头或回答"嗯嗯"等方式回应和支持他。

第2轮，妈妈说："我今天的情绪状态主要是焦虑和怀疑。因为我昨天看了一本育儿书，书里面的一个观点我既相信又不相信。今天我一直都在琢磨这件事情。"

在妈妈说话的时候，爸爸和女儿也要全神贯注地听，用点头和或回答"嗯嗯"等方式回应和支持她。等妈妈说完，爸爸和女儿还可以用"我明白了""我理解你"的回答或拥抱的动作来接纳或同理她的情绪经历。

第3轮，女儿说："我今天的情绪状态主要有3种。第1种是伤心，具体地说是委屈和失望。第2种是纠结。第3种是尴尬。原因是我无意中听到一个好朋友在背地里说我的坏话。所以我觉得特别委屈和失望，心里一直纠结还要不要跟她做好朋友了。还有就是，当时还有其他的同学在场，我得假装没事儿，所以觉得挺尴尬的。"

在女儿说话的时候，爸爸和妈妈都要全神贯注地听，用点头或回答"嗯嗯"等方式回应和支持她。等女儿说完，爸爸和妈妈还可以用"我明白了""我理解你"的回答或拥抱的动作来接纳或同理她的情绪经历。在必要的时候，爸爸和妈妈还可以鼓励女儿详细讲述一下事情的全部经过。

这种游戏玩法主要可以帮助孩子深度了解自己和他人的情绪状态，发现自己和他人掩藏的情绪，并能有准备地把各种情绪表达出来，还可以提升同理别人情绪经历的能力。

看情绪讲故事

看情绪讲故事指的是家长和孩子可以拿着情绪识别卡，随意挑选里面的情绪词语，各自编一个有趣的故事。举例说明如下。

第1轮，妈妈拿着情绪识别卡，一边看一边说："有一只顽皮的小猴子，看见远处的一棵树上结满了果子，它特别兴奋。等它跑到树下仔细一看，这些果子自己从来没有见过，它心里充满了好奇和怀疑。于是它就摘了一个果子放进嘴里吃了起来。呸！又苦又涩，小猴子很生气，一下把果子扔得老远。它开始害怕，心想：这果子不会有毒吧？它越想越慌乱，越想越懊恼，就赶紧跑去找妈妈了。"

第2轮，孩子拿着情绪识别卡，一边看一边说："有一只小鸟，它飞得特别快，一般的小鸟都追不上它。这只小鸟可自豪、可骄傲了。于是它常常仗着自己的本领高而欺负其他的小鸟。其他的小鸟虽然很生气、很讨厌它，但是也很无奈，拿它没有办法。

"有一天，这只小鸟看见一架飞机飞过来，它发现飞机飞得比自己快很多。它心里有些嫉妒，就想：哼！这架飞机肯定是其他的小鸟找来对付我的吧。一想到这个它有些焦虑，担心自己被比下去会很丢脸。于是它快速扇动翅膀，拼尽全力地向飞机追过去。眼看就要追上了，结果飞机上发动机喷出的火焰一下把它的羽毛给烧没了。它在绝望中掉到了地上。"

这种游戏玩法主要可以帮助孩子深度地了解情绪和表达情绪，特别有助于孩子理解情绪对个人发展和社会交往的影响，从而提升情绪掌控能力。

情绪实践游戏

当孩子或家长发生了不愉快的事情时，就可以拿出情绪识别卡，用一天的情绪总结或用看情绪讲故事的方式来处理。具体可参考下面的案例。

绍晖上小学五年级了，是他们班的班长，也是老师最得力的小助手，平时放学回到家，绍晖总是开开心心的。

可是，今天绍晖的情绪很低落，回到家后什么也不说。妈妈问了他几句，他很不耐烦地跑回屋里，嘭的一声就把门关上了。

妈妈不知道发生了什么事，心里很着急，可是也知道人在产生不好情绪时，一般都想自己先静一静，于是就没有急着去打扰儿子。她拿出了情绪识别卡，用几分钟回顾和梳理了一下自己的情绪，然后才敲开了儿子的房门。

妈妈没有急着追问儿子情绪不好的原因，而是指着情绪识别卡，把自己刚才的情绪经历给儿子讲了一遍，并鼓励儿子也用情绪识别卡，把自己的情绪经历说出来。

原来，绍晖的两个同学特别喜欢在课间的时候打乒乓球，并常常因此而上课迟到，老师批评了他们很多次，他们也没有改正。作为班长的绍晖看到这种情况心里很担忧，想帮助这两个同学。他把这两个同学的乒乓球收起来，并跟他们商量，只要他们承诺上课不再迟到，就可以把乒乓球还给他们。

结果，绍晖不小心把乒乓球掉在了地上，不巧的是，正好被别的同学踩坏了。这两个同学非说绍晖是故意这样安排的，还去老师那里告了状。这下把绍晖给委屈坏了。

在妈妈的陪伴下，绍晖把事情的经过和在整件事情中自己的情绪变化详细地说了出来。说完后，妈妈没有责怪他，并完全理解、接纳了他的情绪。绍晖也很快就恢复了自信心，心情也变好了，还主动要帮妈妈择菜和做饭。

情绪识别卡游戏的实用性很强，对孩子和大人都非常适用。

5. 情绪阴转晴游戏

情绪阴转晴游戏是一个综合性的游戏，这个游戏会把宝宝情商卡、宝宝情绪贴、情绪魔法箱和情绪识别卡这4个游戏的内容结合起来，虽然游戏的难度大很多，但是游戏的趣味性和解决问题的实际效果却好很多。

因为游戏综合性和难度相对比较大，所以游戏一般只适用于7岁以上的孩子和成人参与。

情绪阴转晴游戏是一种角色游戏，里面有4个角色，分别是主持人、吐槽人、共情人和启发人。

在情绪阴转晴游戏中，主持人的主要任务是组局、串场、掌控时间、点评和总结。吐槽人的主要任务是吐槽，也就是把自己的情绪经历说出来。共情人的主要任务是在吐槽人吐槽的过程中，带领大家做好对吐槽人情绪经历的理解和接纳，也就是同理他人的情绪经历。启发人的主要任务是用情绪魔法箱训练卡来分析吐槽人情绪事件的ABC，帮助吐槽人找出引发情绪的不正确想法，并帮助吐槽人完成情绪转换。

这些卡牌如图4.8至图4.12所示。

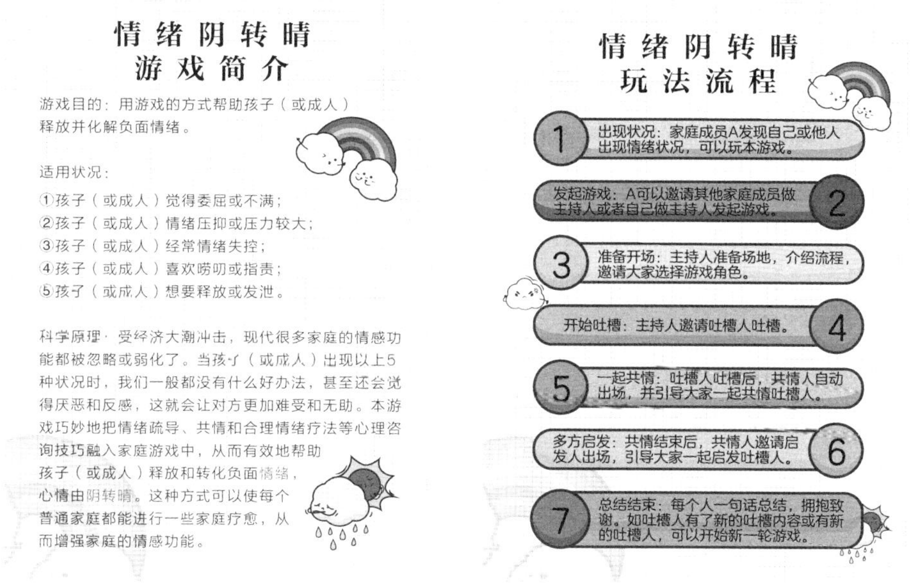

图4.8　情绪阴转晴游戏简介卡和玩法流程卡

图4.9　情绪阴转晴游戏的主持人角色卡和技能卡

图4.10　情绪阴转晴游戏的吐槽人角色卡和技能卡

图4.11　情绪阴转晴游戏的共情人角色卡和技能卡

图4.12　情绪阴转晴游戏的启发人角色卡和技能卡

你跟孩子一起照着以上图示的样子，做一套游戏卡片，就可以开始玩啦。

情绪阴转晴游戏的玩法主要有两种，你可以根据孩子的实际情况，选择最适合的玩法来玩。

假装情绪管理

这是一种练习玩法，目的不是真的要解决吐槽人的情绪问题，而是熟悉这套情绪管理游戏的流程和方法。其中，吐槽人吐槽的情绪经历可以是假的、编出来的，不是真实的情绪经历。

这种玩法的好处是，因为吐槽人说的经历完全是假的，跟大家都没有关系，所以在游戏中大家都会很轻松，没有任何压力，玩起来不仅有趣，还有利于快速熟悉情绪管理游戏的流程和掌握游戏技能。

不过，大家通常在假装玩这种游戏时，玩着玩着吐槽人就开始吐槽他真实的情绪经历了。

在这种情况下，我建议大家根据儿童成长彩虹图的原理，不要急于开始解决真实的问题，要多练习几次。毕竟大家的游戏能力还不高，可能还处在蹒跚期以下，冒进的话反而会产生心理压力和负担，这样不仅解决不了问题，还可能会破坏游戏的体验感。

关于假装情绪管理的玩法，游戏卡上都有详细的流程，基本上一看就会。在玩的时候，大家也可以把宝宝情商卡、宝宝情绪贴、情绪魔法箱训练卡和情绪识别卡放在旁边，便于随时参考和使用。

另外，还有一点需要说明一下，这个游戏玩法一个人可以玩，即自己先后担任不同的角色即可。两个人也可以玩，主持人、共情人和启发人都由固定的某个人担任。3个人还可以玩，主持人可以兼共情人或启发人。5个人依然可以玩，多的那个人虽然没有角色牌，但是可以同样参与其中的每一个环节（除了不能吐槽）。

这种游戏玩法可以全面锻炼和提升孩子情商中的各种能力。

情绪管理真实游戏

当孩子或家长发生了不愉快的事情时，就可以拿出相关的道具，用情绪管理真实游戏来处理。具体可参考下面的案例。

傲菡是一个初中二年级的学生。她最近对爸爸特别反感，好几周几乎没有跟爸爸说一句话。傲菡的爸爸很沮丧，都说女儿是爸爸的贴心小棉袄，然而女儿却跟自己形同陌路，他很不甘心，常常为此喝闷酒。傲菡的妈妈觉得老公是咎由自取，看着挺可怜，其实更可恨。

傲菡的妈妈也很难受，好在这一段时间她经常跟其他几位妈妈一起学习，玩过好多次情绪阴转晴游戏，让她的情绪掌控力变好了很多。她主要是担心傲菡，害怕女儿会变得越来越孤僻，想帮助女儿释放一下。

傲菡的妈妈提前几天先用情绪识别卡和情绪魔法箱训练卡跟老公和女儿分别沟通过一两次，然后一直鼓励老公和女儿，邀请他们一起来玩情绪阴转晴游戏。

今天是礼拜六，傲菡的妈妈中午专门做了老公和女儿最喜欢吃的饭菜，并约他们吃完饭后一起玩会儿游戏。老公心里有愧，自然愿意主动配合。女儿则完全是看在妈妈的面子上，勉强答应跟爸爸一起玩。

傲菡的妈妈先把游戏的道具放在桌上，让他们先熟悉一下游戏流程，然后根据已有的经验，对游戏中容易出错的地方做一些解释和铺垫。

傲菡的妈妈觉得第1个常见的问题就是吐槽人不敢说实话，特别是像女儿和她爸爸这种情况，肯定不敢轻易说实话。于是，她就自己先吐槽了一些关于老公的事，说的内容有假的，也有真的，说的时候还不时地给老公使眼色。傲菡的爸爸也非常识趣地配合着，真真假假地吐槽了几个跟傲菡的妈妈相关的事。

傲菡的妈妈觉得第2个常见的问题就是共情人常常不会共情，特别是当吐槽人吐槽共情人的时候，共情人不仅不会共情吐槽人，还会立刻解释或者直接回怼。于是，她就鼓励女儿假装吐槽自己几句，先示范一下正确的共情方式，然后又真真假假地吐槽了一下老公，让他学着和自己共情，如果做得不正确就立刻纠正，并让他重新共情。

傲菡的妈妈觉得第3个常见的问题就是启发人常常分不清情绪事件的ABC，特别是当吐槽人说得很多很乱的时候。于是，她就先一句一句地示范吐槽内容，并用情绪魔法箱训练卡写出来分析，然后让老公和女儿假装吐槽，并同样在情绪魔法箱训练卡上写出来分析。

在傲菡的妈妈耐心地引导下，傲菡逐渐对游戏产生了一些兴趣，并想用这个游戏来释放一下自己压抑的情绪。她先主动选择了吐槽人角色，傲菡的爸爸知道女儿对自己的怨气很多，主动选择了有难度的共情人，傲菡的妈妈则兼任游戏的主持人和启发人。

傲菡的妈妈在主持游戏的时候，把气氛渲染得很好，终于帮助傲菡说出了很多压在心里的话。她先说了一些对妈妈的不满，然后说了好几件不能接受爸爸的事情。例如，爸爸总是说话不算数，答应自己的事情经常忘，问起来还赖账和找借口，别人一叫喝酒、打牌就跑得飞快；还有在家小便时，好几次都不关厕所门；有一次把自己的冰激凌吃了还不承认，跟一个小孩儿似的；最不能接受的是有一次爸爸喝醉了酒，还打了自己几巴掌。傲菡一边说，一边哭得跟个泪人儿似的。

傲菡的爸爸在一边听得脸一阵儿白一阵儿红的，有几次想跳起来辩解，都被傲菡的妈妈用眼神儿压回去了，只好不停地乖乖地说："女儿，我知道了，我理解你！爸爸会改正的。还有吗？"

不过，这也使傲菡的爸爸意识到，这是自己这几年听女儿讲话最多的一次。虽然女儿是在数落自己，可是也比女儿不搭理自己好。所以，他听着听着觉得挺惭愧的，也就逐渐放下了想要辩解的心思，发自内心地鼓励女儿多说一些，把她的委屈都说出来。

等女儿的情绪释放完了，妈妈问傲菡："你为什么最近都不跟你爸爸说话呢？"

傲菡说："因为我觉得他无可救药了，永远都改不了了，所以感到特别失望，就不想再跟他说话了。"

"那么，现在呢？"傲菡的妈妈问。

傲菡说："现在好多了。至少今天他让我看到了，他是可以听我把话说完的，还有点儿做爸爸的样子，可能还有点儿救吧！"说完这句话，傲菡竟"扑哧"笑了一声，把爸爸妈妈也逗乐了。

后来，傲菡的爸爸妈妈也分别当了一回吐槽人，玩了两次这个游戏。他们还一起用手机投屏看了一场电影。3个人的关系也因此有了很大的改善。

情绪阴转晴游戏的综合性和实践性都非常强，可以全面提升情商中的每一种能力。这种游戏既适用于家庭生活，也适用于学校和企事业单位，效果都非常不错。

[CHAPTER 5]

第5章

孩子一做作业就磨磨蹭蹭怎么办

——如何帮助孩子养成主动学习的好习惯

《唤醒孩子的内驱力》的作者梅拾璎在研究了很多案例后发现，处于儿童阶段的孩子有强烈的学习意愿，他们的好奇心、探索力、模仿力无比巨大，可是在孩子成长的过程中，他们的内驱力却被家长不自觉地忽略了。但是这种内驱力一直在他们心里汹涌而动，只差一条通道而已。

游戏养育力就是这条通道。

第1节

孩子做作业的问题让“亲妈变后妈”

2019年，一篇《怎样改掉小孩做作业慢的问题？》的网络文章发表后，很快就收到了网友的评论。

“我家的孩子！每天从4点多放学写作业写到10点钟左右，崩溃！”

“一点儿题写了6个小时也没写完，一张卷子人家的孩子用40分钟完成，我家孩子写了4个小时也没写完，刚开始好好解说，接着到吼，再到打骂，天天都这样，我真的快被气死了。”

“我家孩子1个半小时写了3个字！”

…………

对于孩子做作业的问题，妈妈们情绪崩溃，那么，爸爸们会不会感觉好一些呢？

“我们家刚开始由我妻子辅导孩子作业，我眼睁睁地看着妻子由淑女变成了“泼妇”，于是我自告奋勇来辅导孩子，没想到刚进行了一会儿，我吼叫的声音比我妻子还响亮。有时候因为孩子做作业的问题生气，气得我心脏难受，真像网友说的一样，都快要心梗了。”

据网络信息显示，有调查机构发布了2019年十大辅导孩子作业后遗症排行榜。由于辅导孩子做作业导致家长生气、夫妻争吵、亲子关系紧张，从而直接引发高血压、冠心病、精神抑郁、食欲不振、心脏不适等疾病的高居榜首。

作为一名高中学生的爸爸和一位家庭教育专家，我特别能体会父母在面对孩子做作业问题时的感受，我还见过不少因此生病的父母。所以，我特别想帮助大家走出这样的困境。

樊登老师在《读懂孩子的心》一书中讲到，教育孩子是一个复杂的体系，而不是由一个又一个年级、一门又一门功课组成的简单体系。而现在教育孩子出现的问题，就是把复杂系统的问题用简单系统的方法解决。

我特别认同樊登老师的观点，家庭教育的问题往往都比较复杂，很难有一个一学就会的简单绝招。孩子做作业的问题也一样，需要我们一起来进行系统性的分析，并根据原因，采用“组合拳”的方法来解决。

第2节

孩子不愿意做作业的5种原因

我们从小都听说过一种说法，那就是学习如逆水行舟，不进则退。而做作业对孩子来说，就是这种情况。

为了让你能清楚地找到孩子不愿意做作业的各种原因，我借用这个形象的比喻来进行解释和描述。

你可以仔细看看这张逆水行舟图，如图5.1所示。首先，如果划船的人没有航行的目标，不知道要去哪里，他就没有划船的动力。其次，如果没有划船的规则，船可能就会走走停停，或者在原地打转，甚至还会顺水漂走。然后，如果划船的人在遇到饿了、渴了、累了、困了的问题时，没有及时地解决问题，也会因为划不动船而被水冲走。再次，如果遇到逆风，划船的人也很难划得动船。最后，如果这条船有破洞，需要随时排水和补洞，根本顾不上划船了。

图5.1　孩子不愿意做作业的5种原因

其实，孩子不喜欢做作业或者做作业特别困难，出现磨蹭的情况，也有这5个方面的原因。

1. 没有目标，动力不足

对于这一点，可能很多家长都会说："我知道呀！我知道孩子是因为没有学习目标，所以动力不足。"

可是，从很多家长的表现（例如上面参加评论的家长的表现）来看，他们并不明白这一点。我来举个例子。

你的孩子一定跟你请求过买某个玩具吧，那么，对他来说，得到这个玩具就是他想要达到的目标。你现在可以回忆一下，孩子为了实现这个目标，他都做了什么？是不是很努力、很用心，而且行动很迅速？

那么，同理，孩子在做作业这件事情上，完成作业是他想要达到的目标吗？不一定是吧？如果是的话，他早就积极地做完作业了。

而你呢？一到孩子做作业的时候，就会忘记这一点，就会以为孩子跟你一样，知道学习和做作业的重要性。然后你一个劲儿地提示和催促他做作业，全然忘了自己小时候不想做作业时被父母逼的那种感受。

这种情况就叫作“知识的诅咒”。结合你督促孩子做作业的情况来解释，当你经历了人生的几十年，领悟到“努力学习和做作业的重要性”之后，你就无法想象出假如你还不知道“努力学习和做作业的重要性”的样子了。

所以，每当你想把已经知道的“努力学习和做作业的重要性”解释给孩子听的时候，因为你和孩子的信息和经历不对等，所以你很难把自己知道的“努力学习和做作业的重要性”给孩子解释清楚，孩子也根本明白不了这一点（因为他还没有经历过），这时候你就会感觉特别不可思议和无可奈何，仿佛自己被这个知识“诅咒”了。你会感到非常懊恼或暴跳如雷，通常你的大脑里会冒出一个质问：“这么简单的道理，我说了这么多遍，为什么这孩子就是听不明白呢？”

其实，这个问题也就是你一直想搞明白，但始终没弄明白的问题！

现在你是否明白一些了呢？

如果你还没有明白，我就提示一下，想从“知识的诅咒”里跳出来，要设身处地想象一下：如果你的孩子根本不明白“努力学习和做作业的重要性”，那么当他看到你像发疯一样逼着他做这件他认为无聊的事情的时候，他内心的感受将是怎样的呢？

8岁的朵朵说："一回家爸爸妈妈就催我快点、快点、快点，让人心情不好。""我的爸爸妈妈平时特别和蔼可亲，可是每当我做作业时，他们就会变得特别唠叨和烦人。""有时爸爸妈妈突然大声一吼，吓得我一激灵，他们变脸比翻书还快，太吓人了！"

10岁的小贝说："平时爸爸妈妈特别爱我，但是，一到我做作业时他们就像变了个人似的，我觉得特别可怕。""我最讨厌爸爸妈妈生气的样子，他们生气时特别吓人，我的作业就更写不好了。"

所以，面对孩子做作业磨蹭的情况，你首先要做的是想尽办法让孩子明白学习和做作业的重要性，让孩子明白学习的目标，而不是一味地督促和吼叫孩子。具体的方法，我会在本章所列出的各种游戏里详细讲解。

2. 缺乏规则，习惯不好

常言道，无规矩不成方圆。对于孩子做作业的问题也是如此。如果父母从来没有正式地跟孩子商讨过做作业的规则，也没有举行过一个庄重的仪式，那么，即使家长每天叨唠和催促孩子做作业，也会收效甚微。

然而，智慧的父母从小就会给孩子立好做作业的3条规则。

- 为孩子提供良好的生活和学习条件是父母应尽的家庭义务；同时，长好身体、学好知识、增长心智也是孩子应尽的家庭义务。
- 照顾和养育孩子是父母的分内职责；同时，每天按时、按量、按质完成作业也是孩子的分内职责。
- 孩子是作业的责任人（责任主体）。关于完成作业，孩子不能依赖父母，父母也不能过多地参与其中，否则就会破坏孩子的主体性，影响孩子的主动性。

关于第1条规则，在民国时期，小学生课本的第一课讲的就是职业和本分。“猫捕鼠，犬守门，各司其事。人无职业，不如猫犬。”这样的宣导和熏陶，让孩子从小就懂得学习是自己的本分。

关于第2条规则，在民国时期，小学生课本中同样专门有一课，内容是“晚饭后，父母子女围坐案旁，父写信，母记账，子女温课。”长此以往，孩子每天按时温习功课、完成作业，自然就形成了习惯。

关于第3条规则，父母养育子女其实有两个方面。一个是身体的养育，另一个是精神的养育，如图5.2所示。很多家长一般都能明白孩子身体养育的过程，却常常忽略孩子精神养育的过程。

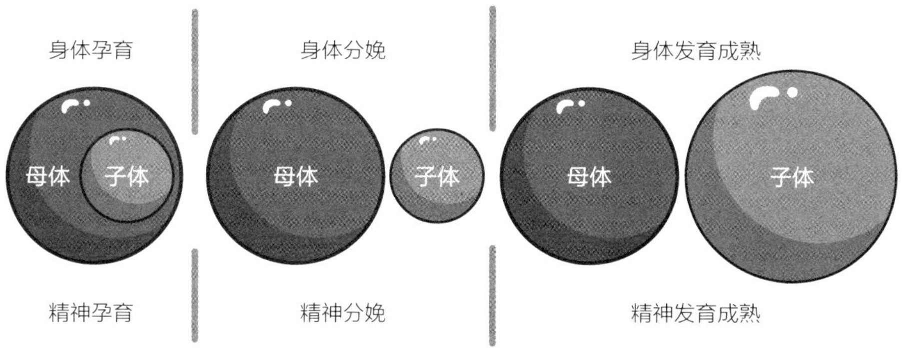

图5.2　父母养育子女的两个方面

显然，孩子的身体养育必须要经历分娩，让孩子从母体完全脱离，孩子才能长大；精神养育也必须要经历“分娩”，让孩子的精神从母体完全脱离，孩子才能青出于蓝而胜于蓝。

家长过多地陪孩子一起做功课，甚至越俎代庖式地帮助孩子做功课，就相当于在精神上又把孩子和母体绑在一起了，这样孩子怎么能长大懂事呢？

另外，从科学的角度来说，父母过多地帮助孩子辅导功课是不科学的。

因为人的智力有两种，如图5.3所示。一种是液体智力，它是指人的知觉、记忆、运算速度和推理能力等。液体智力的发展是一个先增后减的过程。

另一种是晶体智力，它是指人的词汇概念、言语理解和常识等，这种智力虽然可以一直增长，却只能通过生活经验的增加而增长。

而孩子做作业或者在做作业中遇到难题，几乎都是需要用液体智力才能解决的。可是，一旦孩子的年龄到10岁左右时，父母的年龄大概就40岁了，这时候父母的液体智力早已下降很多，甚至已经低于孩子的智力水平了。

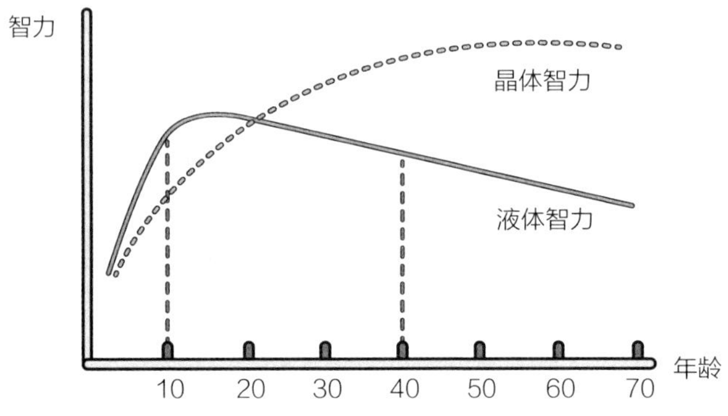

液体智力和晶体智力的年龄曲线图

资料来源：Cattell，1987

图5.3　液体智力和晶体智力的年龄曲线图

相信各位家长看到这里，已经有所感悟了吧。如果从小不给孩子立好规则，不按科学规律来对待孩子做作业的问题，父母硬要违背科学规律去辅导孩子作业，那么，怎么会不抓狂？怎么会不焦虑？怎么会不生病呢？

所以，如果父母培育孩子的方法不对、思路不对，没有把事情做正确，即使吃苦操劳，也会无济于事。

3. 缺乏机制，没有兴趣

在讲机制和兴趣之前，我想请你先看看下面这份工作。

这份工作，你没有做与不做的选择权，你做也得做，不做也得做。

每周工作5天，你必须准时上班，不能迟到，否则就要挨批评。

每天下班后还要加班，为了防止你偷懒，可能会有监工督促你。

周末也要加班，加班的工作内容你有权利选择，但一旦选择之后，再苦、再累你也要坚持做下去。

为了保证你的绩效较好，你必须经常参加考试、竞赛和评比。

这份工作包吃包住，能否得到额外奖励主要看老板的心情，但是肯定没有工资。同时，只要你干得不好，可能随时就会挨老板的批评，甚至还会受到老板的打骂。

看完后，你的感受和想法是怎样的呢？你会对这份工作感兴趣吗？

是不是觉得这份工作太夸张了，并且觉得在现实生活中根本不可能有这样的工作。可是，你有没有仔细地想过，“这份工作”可能就是你的孩子必须要做而且一直在做的事情！

因此，在给家长讲课时，我常常跟大家开玩笑说：“我们很多家长比旧社会的资本家还黑、还惨无人道呀！”家长一听都会不好意思地笑起来。

很显然，这样的工作机制肯定是有问题的！搁在任何一个人身上，肯定都会表现出抱怨、磨蹭的态度！甚至可以夸张地说：“这哪里是磨蹭，这简直就是发自灵魂深处的无声呐喊呀！”

大家看看本章一开始那些妈妈对孩子做作业问题的描述，我们换个角度来看，孩子每天都要无声地呐喊几个小时，多可怜呀！

再说了，即使孩子有学习目标，也懂学习规则，那他也受不了呀！除非这个孩子不正常，是一个心理不健康的人！

所以，任何一个有爱心、有担当、有智慧的家长都应该静下心来，设身处地地体谅孩子的处境，和爱人、孩子好好商量，想办法优化孩子的学习机制，增加孩子的学习兴趣。

4. 环境不好，存在干扰

干扰孩子做作业的环境因素主要有4种。

- 环境嘈杂。例如，室外传来的噪音、电视噪音、人员走动的噪音、旁边有人干家务的噪音等。
- 手机的影响和干扰。
- 玩伴的“勾引”和召唤。
- 父母的介入和干扰。

其中，第1种和第3种环境因素的控制相对比较容易，只要父母稍微注意一下就能解决。第2种环境因素，关于如何消除手机的影响和干扰，我们在第2章中专门讲过了。在这里，我主要说说第4种环境因素。

首先，我们要思考一下，为什么学校要给孩子留家庭作业呢？

这个问题，根据儿童成长彩虹图可以得出答案。因为孩子学习知识需要经历听讲、练习、巩固和提高的过程。

孩子白天在学校主要是听讲，放学回家做作业主要是做练习的过程。这个过程相当于孩子学步的蹒跚期，期间碰到困难或者犯错，是很正常的事情。

家长应该了解并接受这个事实，先接纳孩子犯错，就像容忍学步的孩子不停地摔倒一样。只要他一直在做，就不要急于去评论和干扰。也就是要先保证孩子学习的量，再通过考试和复习来慢慢地追求学习的质。

可是家长却常常认识不到这一点，觉得孩子不仅要会做全部的题目，而且还要做得快、做得好。于是，在孩子做作业的时候，家长会在旁边忍不住地发表各种评论，如“你太慢了！”“你做错了！”“你怎么这么笨！”等等。

当面临这些突如其来的负面评价时，孩子的心理会发生很多变化，他会产生紧张、焦虑、尴尬和纠结等不安全的情绪。我在第4章中讲过，一旦孩子产生了不安全的情绪，他的血液就会从理智脑流进情绪脑，从而使情绪脑变得活跃，理智脑反而就不在服务区了。

这时候，孩子的表现常常是越被骂越傻、越被说越错、越被催越慢。

如果经常出现这样的情况，孩子就会对做作业形成带有负面情绪的情景记忆。只要一到做作业的时间或者一看到作业本，他就会本能性地感到不舒服和不情愿，开始出现做作业磨磨蹭蹭、拖拖拉拉的现象。

另外，从科学的角度来说，孩子要每天按时完成作业不仅需要具备一定的智力，还需要具备一定的毅力和自我控制能力。可是，因为少年阶段的孩子的大脑还没有发育完全，他们的这3种能力都还比较低。需要慢慢地练习和提升，才能逐步达到跑跳期或舞蹈期。

家长应该好好看看儿童成长彩虹图，调整一下自己的心态和行为习惯，合理地管理期望值，不要让自己的言行成为孩子做作业的干扰。

5. 落后较多，难度较大

现在，我们把前面的4个问题加起来看。

- 如果孩子不明白学习的重要性，没有目标，那么他的学习动力就差了一截。

- 如果没有必要的学习规则，每天都要父母帮忙和督促，那么他的学习习惯又差了一截。
- 如果家庭没有好的学习机制，那么他的学习兴趣又差了一大截。
- 如果父母老是批评、指责、打压和干扰孩子，那么他的智力开发、自信心和情绪管控力又差了一大截。

我们想一想，如果把这些差距叠加起来，放在一个孩子的身上，那么他的学习成绩还能追得上其他孩子吗？ 显然，难度太大了！

所以，如果这样的情况不及时改变和纠正，那么这些孩子就很容易在学习中失去信心，甚至自暴自弃，变成“死猪不怕开水烫”的样子。

那要怎么办呢？是不是就没有办法了呢？当然不是！办法还是有的。

第3节

促使孩子主动做作业的方法和技巧

1.对症下药的5种方法

亲子教育专家黄静洁在《学习的格局》一书中说：“只有聚焦正确的学习方式，才能引导孩子关注自己的学习策略和学习效率，推动孩子找出在学习中遇到的困境背后的因果关系，成为一个乐于解决问题的自主学习者。”

所以，在找到了孩子不愿意做作业的原因之后，我们就可以对症下药，帮助孩子找到正确的学习方式，变成一个主动学习者，如图5.4所示。

图5.4　促使孩子主动完成作业的方法

› 设立目标，激发动力。
› 建立规则，养成习惯。
› 建设机制，增加兴趣。
› 优化环境，排除干扰。
› 掌握进度，没有难度。

在这5个方法中，第1个和第2个方法是最重要的，也是最基础的。如果能从小给孩子做这方面的熏陶和教导，效果最好。

其实在这最基础的两点上，中国人自古以来就做得挺好。例如，颜氏家训里就引用了孔子的话“少成若天性，习惯如自然”，又如俗语经验“教妇初来，教儿婴孩”。

到了现代社会，受经济大潮的冲击和影响，传统教育理念大多被淡忘了。为此，北京大学教授楼宇烈在国家十二五重点课题研究中，又重新提出了“童蒙养正，少年养志”的传统教育理念。

“童蒙养正”，说的是在孩子小的时候，首先要让他有是非观和规则意识，要知道什么是正确的、什么是错误的，并养成遵守规则的好习惯。例如，《弟子规》就是培养孩子的是非观和遵守日常生活规则的经典之作。

“少年养志”，说的是在孩子到了10岁左右的时候，家长要逐渐帮助孩子树立远大的志向，让孩子有伟大的人生梦想。

随着现代脑科学技术的发展，一些研究也证明了“童蒙养正，少年养志”的教育理念是非常科学的。

NLP神经语言程序学的研究认为，人的大脑逻辑内容有6个层次，如图5.5所示，从上到下分别是愿景（梦想）、身份、信念/价值观（是非观和价值观）、能力、行为和环境。

图5.5　大脑逻辑内容的6个层次

在这6个层次中，上面的3个层次决定了下面的3个层次。

例如，有人来找你借钱，那么他常用的说法要么是你是他最亲近的人，要么是你是他的恩人，或者说你是一个特别仗义的大好人，或者说你是一个有菩萨心肠的大善人等。

这些说法就是要把你的身份捧上去，一旦你听进去，接受了他给你的这个身份，你就会自然地冒出跟这个身份相匹配的是非观来，“哎呀，他要是这么说的话，我应该帮助他才对，否则就显得不合适了。”想到这里，你就会开始有帮助他的想法，于是，对方就把钱借走了。

再如，当你还在犹豫要不要买一件比较贵重的东西的时候，那些销售人员也都是用抬高你的身份来激发你的购买行为的。

同样，在家庭教育中，经验丰富的父母都会说“好孩子是夸出来的”，也是这个道理。

所以，在孩子小的时候，一定要针对人的大脑逻辑内容中的上3层多做熏陶和宣导。如果我们多给孩子讲关于圣贤的、伟人的、英雄的故事，多培养他们的角色意识、规则意识和是非观，孩子从小就会拥有一个远大的梦想，并用比较高贵的身份来定义自己，也会形成积极向上的价值观。主动学习对孩子来说，就是水到渠成的事了。

另外，如果采用了以上的培养和熏陶方式，随着孩子大脑中的神经元之间联结的逐渐形成和固化，这些梦想、身份、规则和价值观就会逐渐被孩子内化吸收，最终形成优良的人格特质。

2. 需要破除的3个难点

坦率地说，上面说的方法虽然很好，但是仅凭这些是不够的。这些内容看起来很正确、很有道理，但其实太空泛了，一用就会发现不接地气，落不了地。因为其中还有3个难点没有被挖掘出来。

- 孩子太小，很多道理都还听不明白。
- 因为孩子听不明白，所以很多道理不知道应该怎样跟孩子说。
- 即使制定了规则，孩子也常常执行不了。

为此，我们必须要想办法破除这3个难点，才能真正解决问题。

破除难点1，对于8岁以下的孩子，少讲复杂难懂的道理，多讲简单可行的规则。

心理学家让·皮亚杰把人们个体的道德内化总结为4个阶段：自我中心阶段（2~5岁）、权威阶段（6~8岁）、可逆性阶段（8~10岁）和公正阶段（10~12岁）。也就是说，孩子在8岁以前，并不懂得道德规则的真正含义，通常都是简单地服从权威而已。

例如，两三岁的孩子生气的时候最容易打人，有时候甚至会打爸爸妈妈或爷爷奶奶。这时候，不用对他讲“孝顺”的道理，也不要说“要对长辈好”，因为“长辈”的概念对这个年龄段的孩子来说，是很难懂的，而且“对长辈好”中的“好”比较模糊，难以执行。这时候，只需要简单地告诉他“打人是不对的，不能打人”，然后告诉他“你现在需要说对不起来道歉”就可以了。

在孩子第一次不想做作业时，你只需要告诉他“不按老师的要求完成作业的行为是不对的，你必须要完成作业”。

如果孩子不接受，你千万不要生气，只需要平静心态，重复同样的话，直到孩子按照你的建议行动为止，这就是《正面管教》中提到的“和善而坚定”。

长此以往，这些规则就逐渐变成了孩子的是非观和价值观，并形成良好的学习习惯。

破除难点2，少直接讲道理，多用讲故事和玩游戏的方式进行逐渐渗透。

现代的很多家长教育孩子的方式太单一，又过于急于求成，所以常常把教育当成简单的说教和教训，效果当然不会好。

其实，孩子都喜欢听大人讲故事，都喜欢玩游戏。如果把想给孩子讲的道理和立的规则融在孩子喜欢的故事和游戏里，孩子就会不知不觉地被熏陶和同化了。这种寓教于乐的教育方式就是教化，也是最高明的教育方式。

又例如，如果孩子有对父母不礼貌的行为，最好的教育方式就是跟孩子玩过家家的游戏。家长可以主动申请扮演孩子，让孩子扮演“小家长”，然后趁机把孩子的不礼貌行为用夸张的方式表演出来，这时候“小家长”肯定会不满意，等“小家长”有了这种切身体验之后，家长只要做适当的点拨，孩子就会立刻领悟，并改正自己的行为。

如果孩子不愿意做作业，你可以通过给孩子讲故事来启发他，也可以跟孩子玩过家家的游戏，模拟孩子做作业时的情境，并在游戏中示范怎么克服做作业中遇到的各种困难。

在我儿子成长的过程中，我经常用这样的方法，效果非常好。有时候还会有意外的惊喜，就是“小家长”会选择我们意想不到的有效的处理方式，这些方式在实际生活中很有效果。

破除难点3，把大规则分成小规则，从小规则一点一点地训练。

从脑科学的角度来看，从孩子2岁半开始就应该进行一些简单的规则训练了。因为大脑中主要负责道德规则和自我控制的前额叶从3岁左右就开始逐渐发育了。

这时候就可以多跟孩子做一些轮流玩的游戏，例如，轮流拍皮球。在轮到别人拍皮球的时候，孩子需要学会等待，这种等待就是最简单、最基本的规则，同时也是帮助孩子克服以自我为中心和任性的第一步。

随着孩子慢慢地长大，我们可以逐渐提升规则的严格性和复杂性。例如，在玩拍皮球游戏时，可以在拍球次数、拍球姿势、拍球花样上逐渐增加难度。

对于孩子做作业，也是一样的。我们可以把做作业这件事分解成几个阶段，来逐步让孩子练习和适应。

但是，在实际生活中，孩子常常会因为不能遵守规则而受到父母的批评和指责，这些批评和指责可能会导致孩子受到心理伤害。例如，孩子在做作业时，经常会出现拖延、书写潦草和做错题的情况，家长常常会忍不住批评和责怪孩子。

为了减少对孩子的心理伤害，最好的办法就是多给孩子设计互动性游戏，用这些游戏模拟生活中的情景，让孩子提前在游戏中体验和试错。

因为是模拟游戏，输了或错了也没关系，所以大人和孩子的心态都会比较轻松。根据儿童发展彩虹图可以发现，孩子在游戏中适应和遵守规则的能力，可以快速地从平躺期进入爬坐期，再顺利地通过蹒跚期，升至跑跳期和舞蹈期。

在游戏中，一旦孩子适应了规则，他就会变得通情达理。

大概在5年前，我带儿子在上海的一家球场打篮球。那天打球的人特别少，场地里除了我和儿子，还有一个5岁的小男孩，他是球场老板的儿子。我就邀请他过来跟我儿子组成一队，同我进行对抗比赛。

这个小男孩对打篮球的规则特别熟悉。在我投篮的时候，他碰到了我，我觉得没事，他却主动地说他犯规了，非要把球权让给我。

我们都知道孩子常见的特点就是喜欢耍赖和“输不起”，可这个小男孩体现出来的大度和理智却让我惊讶不已，对他瞬间充满了敬意。

孩子做作业也一样，可以通过游戏的方式来培养和促进。

3.把5种方法融入亲子游戏

《唤醒孩子的内驱力》的作者梅拾璎表示自己在研究了很多案例后惊讶地发现，处于儿童阶段的孩子都有着强烈的学习意愿，他们的好奇心、探索力、模仿力都无比巨大，可是在孩子成长的过程中，他们的内驱力却被家长不自觉地忽略了。但是这种内驱力一直在他们心里汹涌而动，只差一条通道而已。

我很认同这个观点，孩子的内驱力通常是被家长的严肃评价隐藏起来了。如果家长多跟孩子玩亲子游戏，就可以打开内驱力的通道，让重新获得主动学习的强烈意愿。

所以，为了方便你对游戏的运用，我根据实践经验，把前面讲的游戏方法和原理融入6个亲子游戏里，如表5.1所示。你可以结合孩子的实际情况，选择适合的亲子游戏。

表5.1 6个促进学习的亲子游戏的功能列举和对比

	设立目标，激发动力	建立规则，养成习惯	建立机制，增加兴趣	优化环境，排除干扰	掌控进度，没有难度
规则游戏	★★★	★★★★★	★★★	★★★★	★★★★
角色游戏	★★★★★	★★★★	★★★	★★	★★★★
家庭管理游戏	★★★	★★★★★	★★★★	★★★★★	★★★★★
梦想游戏	★★★★★	★★★	★★★★	★★★★	★★
趣味学习游戏	★★★	★	★★★★★	★	★★★
实践游戏	★★★★	★★★★	★★★★★	★★★★	★★★

说明：表中的★越多，表示游戏包含的相应能力的培养力度越强。

第4节

6个促进学习的亲子游戏

1. 规则游戏

规则游戏的目的是帮助孩子理解和适应做作业的规则，并逐渐形成良好的学习习惯。

根据孩子不同的年龄阶段，这个游戏有3种玩法，你可以根据孩子的实际情况，选择适合的游戏玩法。

简单规则游戏

简单规则游戏适合学校还没有开始留家庭作业的孩子玩，例如，幼儿园大班的孩子和小学一二年级的学生。这个游戏有利于帮助孩子提前适应和练习做作业的规则。

游戏的形式：角色扮演游戏（假装游戏）。

游戏的人数：2人。

游戏的主要角色：老师、学生。

游戏的道具：作业本（可用一张纸代替）、笔。

游戏的规则和流程：

1. 游戏开始，孩子和家长自主选择自己想扮演的角色。

2. 老师讲课，学生听课。

3. 老师给学生布置家庭作业（什么内容都可以），然后放学。

4. 学生假装回到了家里，开始做家庭作业（用笔随便写写、画画都可以）。

5. 假装到了第二天，学生到学校交作业，老师检查作业，带了作业本（道具）并在上面有写写、画画的视为完成作业，忘记带作业本或者没有在作业本上写写、画画的视为没有完成作业。

6. 完成作业的学生接受老师的表扬（可以用奖励贴纸），没有完成作业的学生接受老师的批评并立刻补做作业，补完作业后上交老师，老师检查通过后游戏结束。

这个游戏能帮助孩子形成关于做作业的是非观。如果多玩几次，孩子就会对做作业的规则了如指掌。随着年龄的增长，在学校开始留家庭作业的时候，孩子就会表现得非常从容，不仅自己做得好，还能给同学指导和建议，可能还会当上班干部。

复杂规则游戏

复杂规则游戏适合已经开始做家庭作业的孩子玩，例如，小学三年级以上的学生。这个游戏有利于帮助孩子合理地利用规则解决作业中的难题。游戏的具体内容如下。

游戏的形式：角色竞技游戏。

游戏的人数：2～3人。

游戏的主要角色：老师、学生、同学（3人时启用）。

游戏的道具：作业本、笔、课本、复习资料、电脑、手机。

游戏的规则和流程：

1. 游戏开始，孩子和家长选择自己想扮演的角色。

2. 老师给学生布置家庭作业（要出一道比较难的题，内容不限）。

3. 学生开始做家庭作业（可以自己做，也可以动用各种资源，例如，课本、复习资料、电脑、手机或请同学帮助等来完成），并用笔写出答案。

4. 如果是3个人在玩游戏，当学生向同学请教时，同学就要积极地为学生出主意，不过，同学绝对不能直接替学生完成作业。

5. 学生交作业，老师检查作业，如果答案正确，则学生获胜，如果答案不正确，则老师获胜。

这个游戏能帮助孩子善用各种资源解决做作业中遇到的难题。多玩几次以后，孩子在做作业碰到难题时，就可以照葫芦画瓢，自己想办法解决。这样，孩子不仅能轻松地完成作业，还能提高解决实际问题的能力。如果学习成绩也不错，还可能会被老师选做课代表呢！

强化规则游戏

强化规则游戏适合经常不做作业的孩子玩，例如，小学高年级和初中的学生。这个游戏有利于帮助孩子发自内心地理解规则、接受规则和遵守规则。

游戏的形式：情境展示游戏。

游戏的道具：4个瓶子和1个可装下4个直立瓶子的桶。

游戏的规则和流程：

1. 遵守规则的示范是，每个瓶子直上直下进出桶内，互不影响，相安无事。

2. 不遵守规则的示范是，第1个瓶子斜着放入桶内，第2个瓶子放不进桶内，而且会撞击第1个瓶子。如果将第1个瓶子放正则恢复秩序，否则第2个瓶子只能斜躺在第1个瓶子上面。

3. 不遵守规则的后果是，在4个瓶子都斜着放进去以后，如果想拿第1个瓶子出来，根本“办不到”。

我们结合子昂的案例来看。

子昂到了青春期，他越来越叛逆，平常情绪波动比较大。最近做作业成了他发脾气的导火索，他把心里的“无名火”都发泄到做作业上。

最近，他一直都不愿意做作业，还跟老师和妈妈撒谎自己做了。这可把子昂的妈妈气坏了，对子昂说：“你再这样，就没有人会相信你了！”子昂一听觉得更委屈了，每天都要跟妈妈赌气到后半夜。

子昂的爸爸是一位老师，子昂的情况他看在眼里，急在心里。不过，他知道青春期孩子的特点，所有一直琢磨怎么找一个比较好的方式来跟子昂沟通。

有一天回到家后，爸爸不经意间看到了子昂扔在垃圾桶里的4个空饮料瓶子，这让他立刻有了灵感。

爸爸欣喜地跟子昂说：“儿子，来！跟爸爸玩个小游戏吧！”子昂知道爸爸肯定又要跟他讲到道理了，极不情愿地说："我要洗澡睡觉了。"然后就拿着睡衣溜进洗手间。

爸爸拉了把椅子，坐在卫生间门口，在垃圾桶里比划了几遍这4个空瓶子，心里更有底了，就坐在那里微笑着等着子昂。

5分钟后，子昂出来了，看见爸爸的架势，知道逃不过，就悻悻地走过来说："爸爸，你又搞什么呀？"爸爸让子昂坐下，子昂不耐烦地哼了一声，然后垂头丧气地坐下了。

爸爸非常认真而镇定地说："儿子，你就要到青春期了，你的主见会越来越多，你也会越来越有个性，你的言行会跟一些规则和纪律产生很大的碰撞，甚至你还会与别人发生争执和冲突。为了让你能轻松度过青春期，爸爸现在要教你做一个关于规则的游戏，你愿意听吗？"子昂虽然心里极不情愿，但还是应付着点了点头。

爸爸先拿了3个空瓶子，把它们一个一个直直地按次序放进了垃圾桶，并跟子昂说："你看，如果大家都讲规则，就像每个瓶子都直直地放进去一样，大家互不冲撞，相处得轻松和谐。"

爸爸接着拿起第4个空瓶子边演示边说："第4个瓶子因为来晚了，不能正常地放进去了，这样它就有两种选择，一是等垃圾桶里的一个瓶子出来后再进去，或者自己倒着进去，这就是先来后到的规则（如图5.6中的1）。"子昂不以为然，但还是勉强地听着。

图5.6　强化规则游戏的简单道具

爸爸接着说："你看，这些瓶子如果想出来的话，是完全自由的。"说完就把空瓶子全部拿出来了。

"不过，现在的情况是，有个瓶子很有个性，不愿意直直地进到垃圾桶里，它斜着躺进去了。第2个瓶子想进去时发现进不去了。它就用自己的底部去撞击第1个瓶子。这就像你违反了规则，爸爸妈妈和老师会批评你一样。"爸爸一边说，一边用第2个瓶子"哐哐"撞击着第1个斜躺着的瓶子（如图5.6中的2）。子昂听到这里，眼睛一亮，觉得有点道理。

"这时候，又会有两种情况出现，第一种情况是，第1个瓶子受到撞击，觉得疼了，就正过来并规矩地靠在一侧，那么第2个瓶子和第3个瓶子、第4个瓶子就都可以直直地放进来了。第二种情况是，第1个瓶子不愿意正过来，那么第2个瓶子没有办法，只好歪歪斜斜地躺在第1个瓶子上面。最后，第3个瓶子和第4个瓶子也都只好歪歪斜斜地躺在下面的瓶子上（如图5.6中的3）。"

看到子昂点头，爸爸停顿了一下，指着垃圾桶里的几个瓶子问："现在的问题是，第1个瓶子如果想出来，它能出来吗？"子昂立刻摇头说："出不来！"爸爸说："是的，它自己出不来了！这时候，它要想出来，就必须要跟它上面的瓶子求情，让它们一个个地让开，它才能出来。"

看到这里，子昂不禁吸了一口气。爸爸故意把第1个瓶子跟其他瓶子求情的演示做得更可怜了一些，接着说："这就跟你撒了谎，或是没有按规定完成作业，爸爸妈妈和老师都会批评你，并且不相信你一样。让你感到痛苦的是，这个时候就算你想改正，也没有那么容易了！因为别人已经不会轻易相信你了！这就像这个被压着的瓶子要一个一个地说服堆在它上面的瓶子一样！其他人不仅不会让着你，还要说那是你自己先犯了错，凭什么还要让着你！"

爸爸的话音刚落，子昂一下子就跟变了个人似的。他豁然开朗，有些兴奋，心悦诚服地看着爸爸说："老爸，你放心，我懂了！"

从那以后，子昂的变化很大，他不仅能主动完成作业，而且也变得越来越理性和通达了。

这个游戏能帮助孩子理解各种规则制定的原因和意义。多玩几次这种游戏，不仅能解决孩子不做作业的问题，还能培养孩子了解规则、运用规则和制定规则的能力，孩子的管理能力也会脱颖而出。

2. 角色游戏

角色游戏的目的是帮助孩子理解“学习和做作业是学生的本分”，并培养孩子逐渐形成主动学习的好习惯。

根据循序渐进的顺序，这个游戏有3个阶段的玩法，你可以根据孩子的实际情况，选择适合的游戏玩法。

角色本分游戏

角色本分游戏适合4~6岁的孩子玩。

游戏的形式：竞猜游戏。

游戏的人数：2人。

游戏的道具：常见角色本分对照卡（如图5.7所示）。

游戏的规则和流程：

1. 家长先把游戏的每个角色的名称和本分念给孩子听。

2. 家长任意说出一个角色的名称或本分，让孩子说出跟这个角色或本分对应的东西，全部答对者获胜。

3. 孩子也可以考爸爸妈妈，爸爸妈妈只要有一个内容说慢了就算输。

常见角色本分对照表

角色	本分	角色	本分	角色	本分
科学家	科学研究	商人	经商	警察	抓小偷和坏人
发明家	发明创新	会计	记账	法官	审理案件
教师	备课和讲课	设计师	设计	律师	辩护
学生	学习和做作业	建筑师	盖房子	记者	采访
农民	种庄稼	司机	开车	作家	写作
厨师	做饭和做菜	邮递员	送信和送货	音乐家	作曲和演奏
售货员	卖货	医生	看病	歌手	唱歌
清洁工	打扫卫生	护士	护理	画家	画画
裁缝	做衣服	消防员	救火	演员	演戏
花匠	养花	美发师	美发	运动员	训练和比赛

图5.7 常见角色本分对照卡

角色本分游戏能帮助孩子对各种角色的本分形成基本的认知。如果玩得比较多，孩子从小就会知道学习和做作业是学生的本分，是自己应该主动完成的事情。

家庭角色游戏

家庭角色游戏适合小学生玩。游戏的具体内容如下。

游戏的形式：竞赛游戏。

游戏的人数：所有的家庭成员。

游戏的道具：家庭主要角色本分对照卡（如图5.8所示）、大拇指贴纸（可以自己画）和家庭奖励贴纸（可以自己画）。

游戏的规则和流程：

1. 所有的家庭成员根据“家庭主要角色本分对照卡”，结合家庭的实际情况，确定每个人的角色、本分。

2. 每天睡觉前一起做一次总结，完成本分的家庭成员奖励大拇指贴纸。

3. 每周进行一次评比，按获得大拇指贴纸的数量，评出本周的冠、亚、季军。可使用家庭奖励贴进行奖励。

家庭主要角色本分对照表

角色	本分1	本分2	本分3	本分4	本分5
爸爸	经济收入：①工作事业 ②投资理财 ③计划收支	家庭养育：①生活保障 ②交通安全 ③健康护理	家庭教育：①作息管理 ②品行评估 ③教育启发	情感沟通：①尊重了解 ②倾听共情 ③接纳认可	家庭娱乐：①亲子游戏 ②文体活动 ③聚会旅游
妈妈	经济收入：①工作事业 ②投资理财 ③计划收支	家庭养育：①生活保障 ②交通安全 ③健康护理	家庭教育：①作息管理 ②品行评估 ③教育启发	情感沟通：①尊重了解 ②倾听共情 ③接纳认可	家庭娱乐：①亲子游戏 ②文体活动 ③聚会旅游
子女	品德修养：①孝敬长辈 ②团结兄妹 ③睦邻友好	智力发展：①勤思好问 ②学以致用 ③完成作业	身体健康：①讲究卫生 ②作息规律 ③锻炼身体	艺术修养：①琴棋书画 ②音乐舞蹈 ③媒介素养	劳动修养：①家庭讨论 ②分担家务 ③家庭管理

图5.8　家庭主要角色本分对照卡

家庭角色游戏能帮助孩子对家庭角色的本分形成基本的认知。如果玩得比较多，孩子不仅会把学习和做作业作为自己的本分，还会懂得爸爸妈妈的辛勤付出，变得懂事和体贴起来。

点赞鼓励游戏

《你只是看上去在陪孩子做作业》的作者王莉说，面对懵懂的“萌娃”（“熊娃”），你需要在探索中发掘他的特长，将他身上的闪光点不断地放大、再放大。

点赞鼓励游戏用的就是这种理念，特别适合刚开始做家庭作业的

“萌娃”或做作业比较困难的“熊娃”玩。

游戏的形式：父母发现孩子的积极行为，点赞和表示嘉许，从而引导孩子自主地完成自主学习的本分。

游戏的道具：科学赞扬法卡片（如图5.9所示）。

游戏的规则和流程：

1. 父母提示和引导孩子做作业，注意观察并及时发现其积极的行为。

2. 父母把孩子的积极行为用“科学赞扬法”表达出来。

3. 父母在表达的同时，可以给孩子贴上一张大拇指贴纸，以强化点赞的效果。

4. 当孩子有了进展之后，继续给孩子的积极行为点赞，直至孩子全部完成作业。

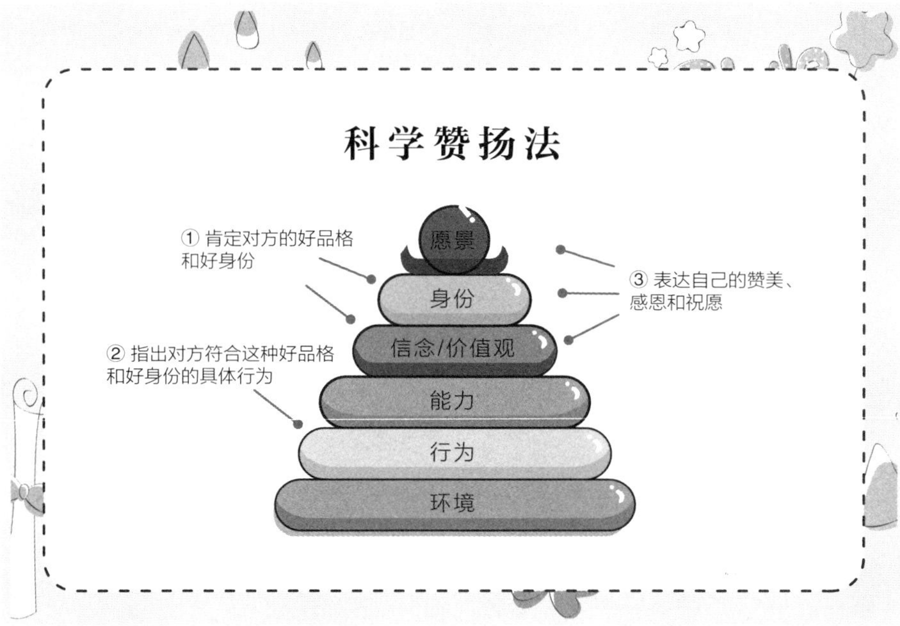

图5.9　科学赞扬法卡片

我们结合梦君的案例来看。

梦君上小学一年级了，她的爸爸妈妈挺高兴的。

可是没过多久，他们就高兴不起来了，因为梦君每天做家庭作业实在是太痛苦、太磨人了。

刚开始的时候，梦君的妈妈还是挺有耐心的，每次都陪着梦君做作业。

可是每次看到梦君做作业时磨磨蹭蹭、叽叽歪歪的样子，妈妈的心情就不好了。于是开始催促和批评她，可没想到这样使她变得更慢了。妈妈有些着急，就想握着她的手一起写，没想到小家伙就是不干，还哇的一声哭了起来，说什么也不愿意做作业了。

最近这段时间，梦君每天晚上做作业都要磨蹭近4个小时，直到10点半或11点，才能勉强把那一点儿作业做完。“这才是小学一年级呀，如果照这个样子发展下去，恐怕我很快就要心脏搭桥了。”妈妈想到这里，眼泪忍不住流了下来。

正巧有个朋友给梦君的妈妈推荐了点赞行为塑造法，妈妈想用点赞鼓励游戏试试。

吃完晚饭后，妈妈说：“我建议现在爸爸去洗碗，我去洗衣服，梦君去做作业，等大家各自忙完了，我们一起玩游戏好吗？”

爸爸立刻心领神会地说：“好！”并开始收拾碗筷。

妈妈见状立刻说：“爸爸太棒了，真是一个勤劳的好爸爸！梦君你看，爸爸已经在动手收拾碗筷了。他真是个勤劳的好爸爸呀！”说完，拿出大拇指贴纸在老公的胸前贴了一张。

妈妈对爸爸的夸奖立刻对梦君起了作用，梦君没有说话，她拿起小书包，坐到了书桌旁边。妈妈立刻兴奋地说：“哇！梦君太棒了，你真是一个懂事的好女儿！爸爸你看，梦君已经主动坐到书桌旁，要开始做作业了！”

爸爸一听，也赶紧从厨房里跑出来，开心地说："梦君太棒了!你真是我们的好女儿！"说完，抱住女儿亲了一口。妈妈把大拇指贴纸拿过来，两人分别给梦君贴了一张。

梦君从书包里翻出了生字本，说今天的作业是抄写生字。妈妈立刻又给她贴了一张大拇指贴纸，并夸奖说："宝贝，你真是一个记性很好的学生，你看你一下子就想起了今天的作业是什么！"

"哼，这算什么呀！你们别总是批评我就好啦！"梦君有些得意地说。妈妈没说话，只是用期盼的眼神看着她。

梦君又开始慢慢悠悠地找铅笔和橡皮擦，似乎又回到了以往的节奏。妈妈耐着性子，没有像原来一样催促和批评她，而是又给她贴了一张大拇指贴纸。梦君有些疑惑地看着妈妈。

妈妈说："我觉得你还是一个特别仔细的孩子，你看你现在就在准备写生字的笔和橡皮，因为只有把这些准备好了，写起字来才方便呀！"

梦君点点头说："是呀。"接着就开始写字了。今天的生字只有5个：大、米、土、地、马，老师要求每个字写一行，每行写8个字，一共需要写40个字。

在写第一个"大"字时，梦君又跟以往一样，刚写完第一笔就写了擦，擦了写，嘴里还嘟囔着"歪了""短了"等。

妈妈又开始着急了，不过她还是控制住了自己。然后开心地对梦君说："宝贝，我今天发现你还是一个特别认真的好学生！"女儿感到有些奇怪，抬起了头。"你看，你对自己的要求很高，生怕字的每一笔写得不好！"

"可是，我就是写不好！"梦君有些懊恼地把铅笔扔到了桌子上。"而且我害怕你又要催我！说我！"说到这里，梦君有些委屈地快哭了。

妈妈的泪点一下子被女儿戳到了，她抱着女儿说："宝贝，是妈妈不好，妈妈以前总是催促你、批评你。从今天开始妈妈要改正，要多发现你的优点，多夸奖和鼓励你，好吗？"

梦君点点头说："好的。"妈妈捧着梦君的脸认真地对她说："妈妈还想给你提个建议，那就是每个人在刚开始写字的时候，都会写不太好，你也不要着急，也不用总是擦掉重写。等你慢慢长大了，手上的劲儿更大了，自然就会写好的。你明白吗？"

梦君说："我明白了，妈妈。"于是，妈妈鼓励梦君现在就试着写写。梦君写了第一笔，觉得歪了，正想拿橡皮擦擦掉，突然想到了妈妈说的话，她抬头看看妈妈。妈妈微笑着摇摇头，示意她别擦掉，接着往下写。

于是，梦君把第一个"大"字终于写完了。妈妈高兴地抱了一下她，她没有回头，一口气就把一行的"大"字写完了。

妈妈又开心地说："爸爸快来看呀，我们的宝贝女儿今天的作业已经完成五分之一啦，是不是太棒了呀！"于是爸爸也跑出来夸奖女儿。夸奖完后爸爸继续洗碗，妈妈去洗衣服，女儿继续写字。

没过多久，梦君拿着本子跑过来说自己已经做完作业了。这可把妈妈高兴坏了。一下子就把女儿搂在了怀里。

那天，是梦君第一次不到20分钟就做完了家庭作业。一家人开开心心地玩了好几个游戏。从那以后，做家庭作业就不再是让梦君和爸爸妈妈头疼的事情了。

这个游戏为你提供了科学夸奖孩子的方法，并结合了NLP脑科学技术和心理学的行为强化法。

用这种方法夸奖孩子，不仅不会把孩子夸坏，还会促使孩子把焦点放到积极、有效的行为上，使孩子开开心心地完成作业。

3. 家庭管理游戏

任何一家公司都有管理制度和管理规范。同理，每个家庭也需要有管理制度和管理规范。

不过，毕竟家庭跟公司不一样，家庭管理制度要比公司管理制度简单和灵活多了。

根据儿童发展彩虹图的原理，家长不能一下子就制定出特别严格的家庭管理制度，而是要在制定家庭管理制度时，逐渐地制定和增加管理规范，以便给孩子一个适应和发展的过程。

家庭管理游戏就是采用过家家的游戏形式，跟孩子一起约定家庭管理制度和规范，并在实际生活中按照这些规则来管理家庭事务，其中包括对孩子家庭作业的管理。

家庭管理游戏根据简单性和灵活性的程度不同，有3种循序渐进的玩法，你可以根据孩子的实际情况，选择适合的游戏玩法。

家庭愿景游戏

家庭愿景游戏中的规则跟孩子玩的过家家游戏里的规则差不多，是比较简单和灵活的。这种游戏在孩子上幼儿园以后就可以开始玩了。

游戏的形式：过家家。

游戏的人数：全部家庭成员。

游戏的道具：家庭愿景卡（如图5.10所示）和笔。

游戏的规则和流程：

1. 父母邀请孩子玩过家家的游戏。如果孩子在游戏里扮演家长，父母就可以在扮演孩子时故意做出一些违反纪律的行为来制造“家庭冲突”，并向“家长”提出一些简单的要求来管理“孩子”。例如，“我们要彼此友好”“我们要相互团结”“我们要相亲相爱”等积极正面的提示语。

2. 在以后玩过家家游戏的时候，父母可以再制造一些不同的“家庭冲突”，并有意识地强化这些提示语。

3. 在玩过几次游戏之后，父母就可以跟孩子商量，把常用的几句积极的提示语写在家庭愿景卡上（可以用图文并茂的方式记录，便于孩子识记），作为过家家游戏的家庭愿景使用。

4. 当孩子在过家家的游戏中逐渐适应了用这些提示语来管理他人，同时也适应了他人用这些提示语来管理自己的时候，就可以跟孩子商量，把这些提示语作为家庭愿景来管理真实的家庭生活了。

5. 在真实的家庭生活中，对这些愿景的说法保持一定的灵活性。如果在使用中发现有更好的说法，也可以像过家家一样，随时商量和修改说法。如果已经形成了大家都非常满意的说法，就可以把说法固定下来，长期使用。

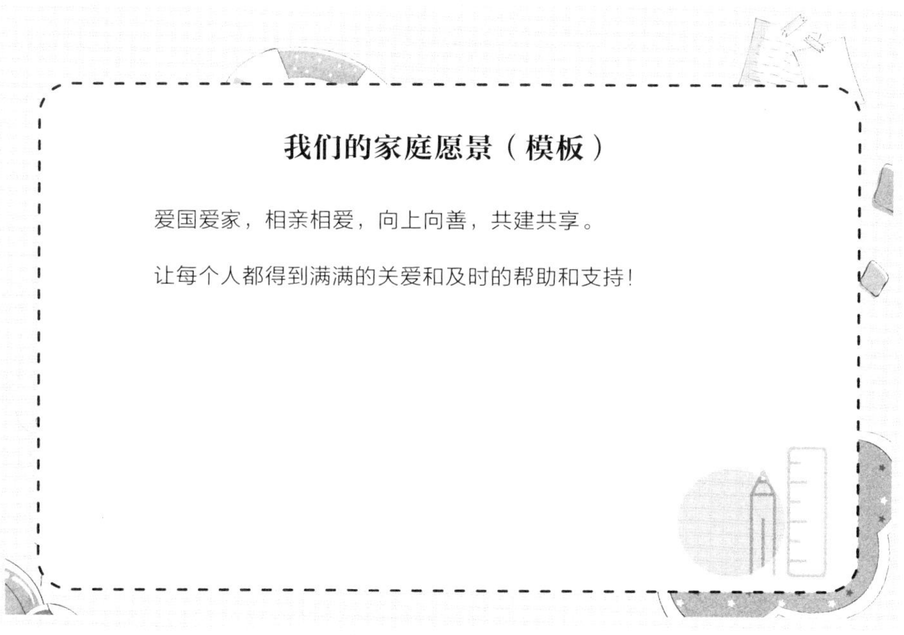

图5.10　家庭愿景卡

家庭愿景游戏能帮助孩子逐渐形成家庭主人翁的意识。如果玩得比较多，孩子从小就会变得积极主动，并且在乎别人的感受。

家庭守则游戏

家庭守则游戏跟家庭愿景游戏相比，主要有两点不同，一是家庭守则游戏中的规则多了一些，细了一些；二是家庭守则游戏中的游戏成分降低了，变得现实了一些。

在孩子开始上小学的时候，家长就可以跟孩子一起玩这个游戏了。

游戏的形式：现实版的过家家。

游戏的人数：全部家庭成员。

游戏的道具：家庭守则卡（如图5.11所示）和笔。

我们的家庭守则（模板）

在家：

孝敬长辈，爱护子女。温馨陪伴，亲子游戏。团结兄妹，睦邻友好。坦诚沟通，互帮互助。

共同商量，共担家务。作息规律，卫生健康。终身学习，按时作业。诚实守信，有错就改。

在外：

爱党爱国，遵纪守法。注重礼仪，入乡随俗。亲近贤能，远离低俗。放眼世界，和平友善。

图5.11　家庭守则卡

游戏的规则和流程：

1. 首先要明白游戏的目的，由于小学的规则和纪律要比幼儿园严格一些，如果家庭管理不相应提升严格程度，就必然会跟学校产生滞后和冲突，所以家庭管理规则必须在家庭愿景的基础上进行细化。

2. 父母可以以家庭守则卡为参照，邀请孩子一起来商讨和制订家庭守则。需要注意3点。首先，守则只是一种方向引导，不要太细。例如，“孝敬长辈”就是子女跟长辈的相处守则。其次，守则是针对已经出现家庭冲突的状况来制定的，并且以父母的建议为主。例如，孩子不愿意做作业，父母觉得不可以，就可以增加“按时完成作业”的内容。最后，守则不要只要求孩子，也要适当地对家长做一些要求。例如，要求孩子“孝敬长辈”，同时也要求父母“爱护子女”，以防止父母打骂孩子。这样有利于父母逐渐接纳孩子长大后平等和独立的诉求。

3. 为了便于家庭守则的制定，父母可以跟孩子一起用角色扮演的方式来模拟某些家庭冲突情境（可以参照第9章中的家庭模仿秀游戏）。

4. 家庭守则一旦制定好后，就需要放在或张贴在显眼的地方（一般放在门厅或客厅比较好），并开始使用。

5. 在使用家庭守则的过程中，如果发现有不合适或不合理的地方，可以进行再次或多次商讨，并修改内容。

6. 家庭守则的修改必须要经过全部家庭成员的讨论和认可才能进行，父母或孩子单方面修改是无效的。

7. 如果形成了大家都非常认可的守则，就可以把内容固定下来，长期使用。

这个游戏能帮助孩子逐渐理解规则的制定原理。如果玩得比较多，孩子从小不仅不会惧怕规则和权威，还能跟规则和权威和平相处。

家庭合约游戏

家庭合约游戏适合所有8岁以上的孩子玩。这个游戏就是跟孩子一起把家庭当成一个公司来经营。

游戏的形式：模拟公司运营。

游戏的人数：全体家庭成员。

游戏的道具：家庭合约卡（如图5.12所示）。

我们的家庭合约（模板）

1. 每天闹铃一响，按时起床、开始洗漱和上床睡觉。
2. 注意个人卫生，饭前便后洗手，早晚刷牙洗脸，勤换衣裤，整理好自己的衣橱，穿戴干净整齐。
3. 每个人每天至少需要分担一项家务劳动：买菜、做饭、刷碗、归整物品、洗衣、扫地、擦地、擦拭灰尘、倒垃圾、维护绿植等。
4. 父母每天都要履行对子女的养育、教育、情感沟通和娱乐陪伴的义务和职责。
5. 子女每天都要履行自主学习、完成作业、锻炼身体和接受父母管教的义务和职责。
6. 每个人使用电视、电脑、手机都需要接受监管：到了规定的时间，每个人都必须在1～3分钟内结束使用；每天晚上9点以后，禁止使用各种网络产品（特殊情况，需提前申请）；晚上睡觉期间，网络产品必须放在客厅里，不能带进卧室。
7. 任何人违反规定，都需要接受惩罚，并承认和改正错误。每天、每周、每月遵守家庭合约的可以在愿望清单上增加一条愿望，合理的日愿望、周愿望和月愿望将被尊重和实现。
8. 坚持以解决问题为导向：如果家庭成员犯了错误，即使经多次提醒仍未改正，也不要贬损和指责，而是要召开家庭会议来帮助他寻求解决问题的方案。

图5.12　家庭合约卡

游戏的规则和流程：

1. 当孩子满8岁以后，其自我意识开始建立，道德发展将进入规则内化的阶段。这时候孩子开始对父母制定的规则提出抗议和质疑，他们会要求平等，希望对父母的不良行为有所规范。为了保护孩子的自我发展，避免冲突，父母应该跟孩子共同协商，制定出比较平等、详细的家庭合约。

2. 父母可以以家庭合约模板为参照，邀请孩子一起来商讨和制定家庭合约内容。跟家庭守则相比，家庭合约更具体和实用。说白了，家庭合约是为了协调和避免某几种亲子冲突而设计的。

3. 为了便于家庭合约的制定，父母可以跟孩子一起用角色扮演的方式来模拟某些家庭冲突的情境（可以参照第9章中的家庭模仿秀游戏）。

4. 家庭合约一旦制定好后，就需要放在或张贴在显眼的地方（一般放在门厅或客厅比较好），并开始使用。

5. 在使用家庭合约的过程中，如果发现有不合适或不合理的地方，可以再次进行商讨，并修改内容。

6. 必须经过全部家庭成员的讨论和认可才能修改家庭合约，父母或孩子单方面修改是无效的。

7. 随着孩子的成长，可能有的问题已经不再发生，但是又会不断地产生一些新的问题。这时候，父母或孩子都可以提议召开家庭会议，对家庭合约进行修改，去掉那些已经过时的部分，增加一些新的条款。

家庭合约游戏能帮助孩子发自内心地理解规则制定的原理，也能帮助孩子逐渐学会一些谈判和制定合约的社交技能。如果玩得比较好，孩子从小就会喜欢规则和社交，并成为善于了解规则、运用规则和制定规则的人。例如下面案例中的瑞渊。

从瑞渊2岁半开始，他的父母就制定了“相互尊重，相亲相爱，给孩子安全感和满满的爱”的家庭愿景，并有跟瑞渊商讨一些跟他相关的事情的习惯。这使瑞渊很有安全感，他可喜欢上学了。

在第一天上幼儿园时，瑞渊不仅没有分离焦虑，还像个小大人似的，帮助老师哄别的小朋友。这可把老师高兴坏了，一看到瑞渊的父母就忍不住夸奖他。

瑞渊上小学后，他的父母又根据学校的建议，制定了家风家训。在家风家训的熏陶下，瑞渊也显得比一般的孩子懂事，每天都能按时完成家庭作业。

后来，随着年龄的增长，瑞渊有了自己的手机，可以随时上网了。这使得他有一段时间迷上了手机游戏，并常常因为玩手机而撒谎和不做作业。这样的情况使瑞渊和父母产生了不少冲突。

于是他们就一起商量并制定了一份家庭合约。在家庭合约里对使用手机和做家庭作业做了规定，并列出了详细的适用范围、奖励措施和惩罚方法。有了这份家庭合约之后，瑞渊家里的气氛变得轻松和睦了。

2019年，瑞渊不仅以优异的成绩考上了本地最好的高中，还当选了班长，学习成绩一直在全校名列前茅，连续两年荣获了“三好学生”和“优秀学生干部”的称号。

4. 梦想游戏

梦想游戏可以帮助孩子从小树立远大的梦想，并以此激发孩子内在的学习动力。梦想游戏主要有两种玩法，你可以根据孩子的实际情况，选择适合的游戏玩法。

个人梦想游戏

个人梦想游戏适合3岁以上的孩子玩。游戏的具体内容如下。

游戏的形式：讲故事。

游戏的人数：全体家庭成员。

游戏的道具：家庭梦想档案卡（如图5.13所示）。

游戏的规则和流程：

1. 大家一起读一本关于梦想的绘本，或者一本关于梦想的书籍中较精彩的一段。

2. 每个人设想自己的人生梦想，并形象地描述或表演出来。

3. 把每个人的梦想写到家庭梦想档案卡上，并时常用来提醒和激励自己。

4. 如果有了新的感悟和发现，随时跟家人分享，改变或重新设计自己的人生梦想。

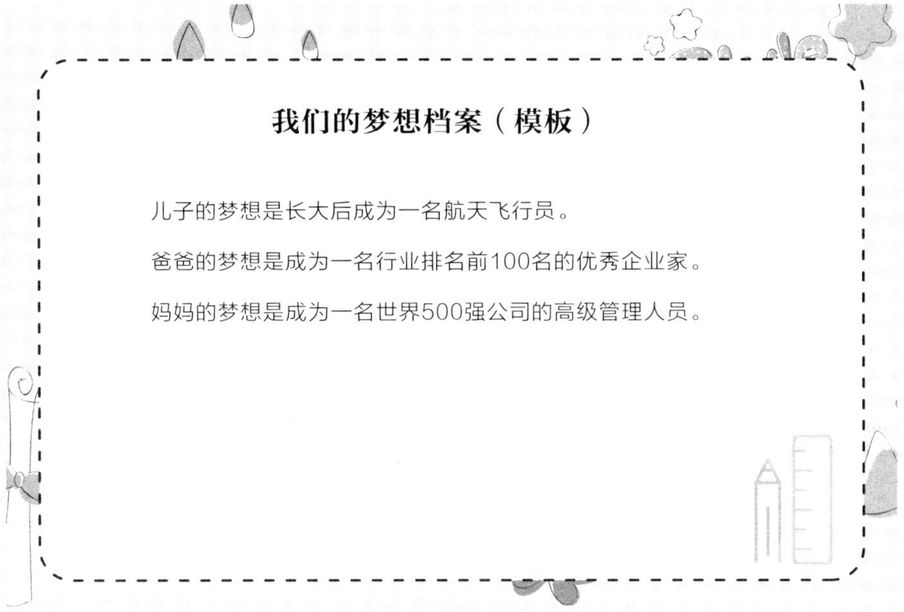

图5.13　家庭梦想档案卡

个人梦想游戏可以跟第6章中的奉献游戏结合在一起玩，能帮助孩子从小就拥有梦想，并向着梦想努力。例如下面案例中的耘涛。

耘涛从小就对飞机、火箭、宇宙飞船和航模特别感兴趣，他能说出世界各国设计的火箭和宇宙飞船的型号及性能参数，还画了很多相关的设计图纸。如图5.13所示就是他们一家三口的梦想档案。

因为从小就拥有人生梦想，所以耘涛学习一直都比较主动。偶尔贪玩不想做作业的时候，他的父母就故意搞怪地问他："你的梦想还在吗？"耘涛马上就主动去做作业了。

梦想飞行棋游戏

梦想飞行棋游戏适合4岁以上的孩子玩。这个游戏是通过机会牌上的内容，对孩子进行熏陶和强化教育，使孩子铭记自己的梦想，并让孩子知道什么是应该做的，什么是不能做的，帮助孩子养成良好的学习和生活习惯。详细介绍参见第2章中的游戏战。

5. 趣味学习游戏

《儿童时间管理：21天习惯养成训练营》的作者崔馨说："学习本来就应该是一件快乐的事情，这也是我们希望传递给家长的信心。我们通过视觉化、游戏化来把时间管理变成孩子喜欢玩的游戏，喜欢进行的挑战，让孩子获得价值感和归属感，获得自我管理的成就感。"

我觉得崔馨老师说的方法很好，我们设计的趣味学习游戏，就是要帮助孩子找回学习的乐趣，逐渐培养孩子主动学习的好习惯。

趣味学习游戏主要有两种玩法，你可以根据孩子的实际情况，选择适合的游戏玩法。

"问学夸"游戏

"问学夸"游戏非常简单，具体内容如下。

游戏的形式：对话。

游戏的规则和流程：

1. 问，父母问孩子一个问题。
2. 学，等孩子回答后，家长跟着孩子学习一遍。
3. 夸，家长夸奖和鼓励孩子。

例如，孩子放学回来，妈妈问孩子："宝贝，今天在学校学了什么呀？"孩子说："今天学了一个英文单词Apple，是苹果的意思。"妈妈就让孩子教自己，自己跟着孩子学说几遍英文单词Apple。然后妈妈夸孩子说："宝贝，你太棒了，不仅自己学会了英文单词Apple，还把妈妈教会了，谢谢你！”

如果仅仅从上面这个举例来看，似乎这个游戏只适合刚上幼儿园的小朋友玩。其实，根据我的实际经验，并非如此。因为我们问的内容是可以随着孩子知识水平的提升而变化的。

我的儿子现在已经上高中二年级了，我会经常问他一些物理、化学相关的问题，他都会特别开心地给我讲解，并且讲解起来特别有范儿，像一位科学家似的，每次都讲得我心服口服，发自内心地给他点赞。儿子也从我真诚的眼神中体会到了知识的价值和作用。

学习比赛游戏

学习比赛游戏通过让孩子展开知识比赛或者学习比赛，帮助孩子克服家庭作业中的一些难点。

游戏的形式：比赛。

游戏的规则和流程：

1. 发现问题，找出孩子家庭作业中的某个难点。
2. 友好邀约，父母友好地向孩子发出挑战的邀请。
3. 制定规则，跟孩子一起制定游戏的奖惩措施。
4. 开展比赛，游戏成员各自准备，开始比赛。
5. 兑现奖惩，比赛结果赢的发奖，输的受罚。

我们结合秋灵的案例来看。

秋灵上初三了，她很喜欢看书，但就是不喜欢学文言文，老师留的文言文背诵作业，她几乎不做，所以每次文言文考试她得分很少。

眼看就要中考了，秋灵的爸爸妈妈都有些着急。妈妈说：“女儿是爸爸的小棉袄，让爸爸想想办法帮助女儿突破一下。”爸爸憋了很久，想出了一个跟女儿比赛背诵的方法。

秋灵听说爸爸要跟自己比赛背诵文言文，觉得非常好笑，心想，自己再笨也不至于输给一个“大叔”吧。于是就欣然同意了。

他们商量后选了最难的一篇《出师表》来比赛，看谁能在最短的时间内背出来。如果秋灵赢了，爸爸就给她买一个她想要的耳机；如果秋灵输了，她就要再背两篇文言文。妈妈做背诵比赛的监督和裁判。

结果秋灵只用了57分钟就把《出师表》完整地背出来了。虽然爸爸输了，但是他非常高兴地给秋灵买了耳机，因为秋灵说：“通过这次比赛，她发现背诵文言文其实并不难。”

这样的比赛效果是很不错的。我家也经常使用这种学习方法，我儿子经常主动地找我们来和他比赛呢。

6. 实践游戏

实践游戏可以帮助孩子从小学会学以致用，随时把学到的知识在日常生活中实践，从而收获价值感，激发孩子的学习兴趣。实践游戏主要有3种玩法，你可以根据孩子的实际情况，选择适合的游戏玩法。

八面达人秀游戏

八面达人秀游戏在第7章中有详细的介绍。简单地说，八面达人秀游戏就是家长鼓励孩子在家里扮演老师（人际达人），把学到的知识内化。这种玩法能让孩子获得较多的成就感和价值感，并激发孩子主动学习的动力。

同时，根据学习金字塔原理，如图5.14所示，这种游戏玩法还会极大地提升孩子对所学知识的留存率。如果家长配合把“学生”当好，则不仅能提升孩子学习的主动性，还能帮助孩子提升学习效率和学习成绩。

这个游戏是过家家游戏的一种，孩子都很喜欢玩，从幼儿园的孩子到中学生，都适合玩八面达人秀游戏。

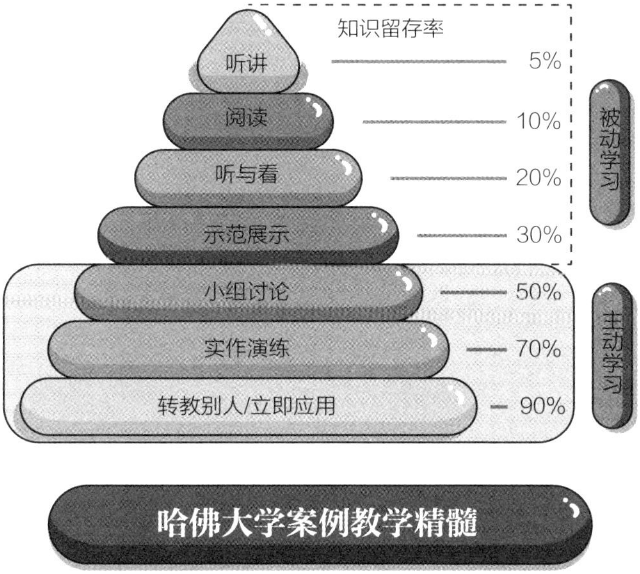

图5.14 学习金字塔

奉献游戏

奉献游戏，简单地说，就是家长多鼓励孩子用奉献者的身份帮助他人，而帮助他人需要运用各种学到的知识和技能。这种游戏的实践价值较高，能让孩子获得更多的成就感和价值感，并非常有利于激发孩子主动学习的动力。

不过，这个游戏对孩子的能力有一定的要求，适合小学以上的孩子玩。具体的介绍和玩法详见第6章中的内容。

实践游戏

实践游戏的目的是为孩子创造条件，鼓励孩子多实践，在日常生活中验证自己所学的知识。例如，孩子学了数数，就在切水果和分水果的时候让孩子帮忙数一下人数；在孩子学会一些汉字之后，就让孩子帮忙给老人读新闻或报纸；如果孩子学了化学和物理知识，就让孩子帮忙解释一些常见的化学和物理现象等。

这种实践游戏不仅能帮助孩子巩固所学的知识，还能让孩子帮助家长完成一些家庭事务，既能锻炼孩子的实践应用能力，又能激发孩子学习的积极性和主动性，效果非常显著。这个游戏适合小学以上的孩子玩。

我们结合思菱的案例来看一下。

思菱上小学五年级，她有不错的音乐天赋。

有一天，她想让爸爸妈妈给她买一个音乐打击垫。可爸爸妈妈十分犹豫，原因主要有两个。

一是现在思菱每天做作业就已经够磨磨蹭蹭的了，如果再给她买个音乐打击垫，她会不会就更不愿意做作业了呢？

二是音乐打击垫的价格不低，最便宜的也要2000多块。如果答应她，怕惯坏了孩子；如果不答应，又怕耽误了孩子的音乐才能。怎么办呢？

在家庭教育专家的指导下，思菱的爸爸妈妈给思菱布置了一项家庭作业，让思菱用自己所学的知识做一份采购申请书，并在申请书中说明购买的理由和为此应做出的承诺。

第2天，思菱就上交了一份Word文档的采购申请书。她的爸爸妈妈看完觉得不太满意，认为思菱应该货比三家，并考虑爸爸妈妈的心理感受。

第3天，思菱又上交了一份Excel表格的采购申请书。在这份采购申请书中，思菱不仅说明了音乐打击垫的用途，还列出了3个不同厂家的产品参数和价格，并建议购买性价比高且价格适中的品牌。

除此之外，思菱说通过这件事，明白了家庭作业的重要性，并做了一份新的作息时间表，承诺每天按时完成家庭作业，绝对不会因为玩音乐打击垫而影响学习。

爸爸妈妈看到这份申请书后，被女儿真诚的态度、写作的技能和处事的方式打动了，他们高兴得合不拢嘴，一直夸奖女儿太有才了，并立刻同意了女儿的采购申请。

从那以后，思菱学习的积极性增加了很多，每天的作业也不用别人催促完成了。

[CHAPTER 6]

第6章

孩子交际少，又跟仅有的好朋友闹翻了怎么办

——如何促进孩子的社交发展

人生的价值，在于贡献了什么，而不是获得了什么。

——爱因斯坦

好的人际关系会遵循真诚原则、交互性原则、交换性原则、自我价值保护原则和平等原则。其中，能否在精神上保持平等并为他人创造价值是获得友情的决定性因素。

第1节

几乎没有朋友的念瑶

念瑶是一个初中二年级学生。在念瑶小的时候，她的爸爸妈妈工作都很忙，很少照顾她，照顾和陪伴她的是奶奶。然而在念瑶上小学五年级的时候，奶奶去世了。

奶奶的去世对念瑶的影响很大，她经常默默地流眼泪，总是一副郁郁寡欢、闷闷不乐的样子。虽然她的爸爸妈妈很关心、迁就她，但是念瑶始终觉得爸爸妈妈不能像奶奶那样理解和疼爱自己，内心一直对他们有成见，也不愿意跟他们多说话。

上初中以后，念瑶很少跟同学交往，上学、放学都是独来独往。节假日里，同班同学和以前的好朋友约她出去玩，她都找各种借口躲避。一方面，她有些自卑，觉得自己不好；另一方面，她不愿意迁就别人，接受不了强颜欢笑地应付他人。她的爸爸妈妈也没有办法，只能想办法多抽出时间来陪她。

就这样，还没到初中一年级结束的时候，念瑶就撑不住了。因为她觉得自己跟同学格格不入，就像一个异类，这让她觉得很别扭，因此就不愿意继续上学了。

念瑶的爸爸妈妈赶紧想办法劝她、哄她，可念瑶死活都不愿意去上学。最后没办法，爸爸妈妈只好给她联系了一家国际学校，希望换到新环境后，念瑶能重新开始好好学习。

可是，初中二年级开学刚一个月，念瑶又不想去上学了。这可把爸爸妈妈着急坏了，他们想了各种办法，找老师、找念瑶的好朋友帮助开导，可念瑶不仅听不进去老师的话，更糟糕的是，她为此还跟自己仅有的好朋友闹翻了。

这个好朋友是从小跟念瑶一起长大的，她来劝念瑶，可念瑶偏偏不领情，说她不是真心喜欢自己，是觉得自己可怜才来的，结果直接把好朋友气走了。

念瑶的爸爸妈妈无可奈何，只好求助心理咨询师……

我们都知道，没有一个人可以脱离社会而单独生存。所以除了学习知识，每个孩子都必须学会与他人交往，学会交朋友和跟他人沟通合作。

念瑶的这种情况，如果不及时地寻找专业心理咨询师的帮助，发展下去不仅她学上不好，还会逐渐丧失面对生活的勇气和信心。

那么，念瑶为什么会变成这样呢？

第2节

孩子朋友很少的5个原因

要准确地找出原因，就需要有一个科学的分析工具。

发展良好的人际关系有5个原则，分别是真诚原则、交互性原则、交换性原则、自我价值保护原则和平等原则。这5个原则是一个科学的逻辑框架，我们用这个逻辑框架，结合念瑶的案例，就可以进行准确的分析和查找出孩子朋友少的原因。

1. 对人不够真诚

真诚是人际交往的重要品质。

心理学家安德森在调查研究中发现，在所有的性格品质中，受喜爱程度较高的品质依次是真诚、诚实、理解、忠诚和真实；受喜爱程度较低的排在倒数第2位和倒数第1位的分别是假装和说谎。

什么是真诚呢？真诚就是真心实意，坦诚相待，从心底感动他人而最终获得他人的信任。

前面案例中的念瑶就不够真诚。在家里，她始终对爸爸妈妈有成见，不愿意跟爸爸妈妈坦诚沟通。对同学和朋友就更不真诚了，她不相信别人，也不愿意付出，还找各种借口来躲避别人的邀请。

显然，念瑶这样的态度肯定会得罪朋友和失去朋友的。

2. 跟别人交往太少

交互性是人际关系的重要基础。交互就是要有交往、有交集、有互动。如果两个人之间没有交往、没有交集、没有互动，自然就没有任何关系。

图6.1展示的就是人际关系的紧密度与交互性的关系。从这张图上，我们可以直观地看到，要想跟他人发展亲密的人际关系，就必须增加交往和互动，而且这种交往和互动是一个逐渐发展的过程。

同时，对儿童来说，他们的人际关系发展还有一些特定规律，如图6.2所示。人在刚出生的时候，主要受抚养者（例如父母）的掌控，所以其人际交往的对象主要是父母。慢慢长大，会说话以后，就开始跟小伙伴产生人际关系，上幼儿园后，又跟老师和其他小朋友产生人际关系。

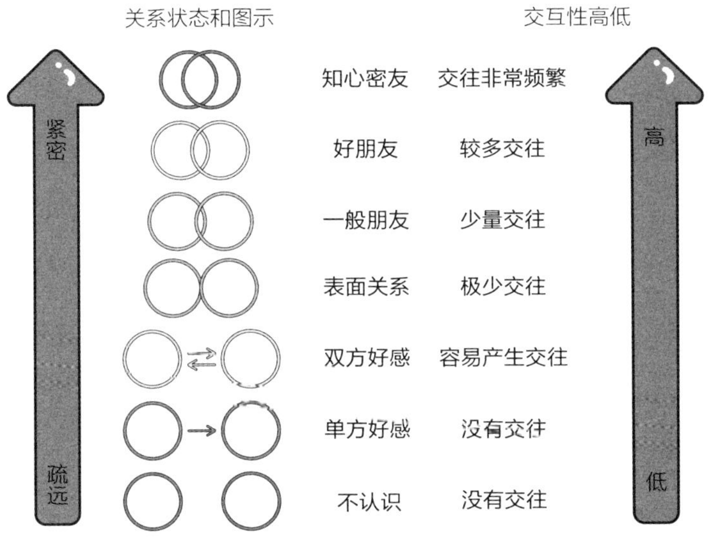

图6.1　人际关系的紧密度与交互性的关系

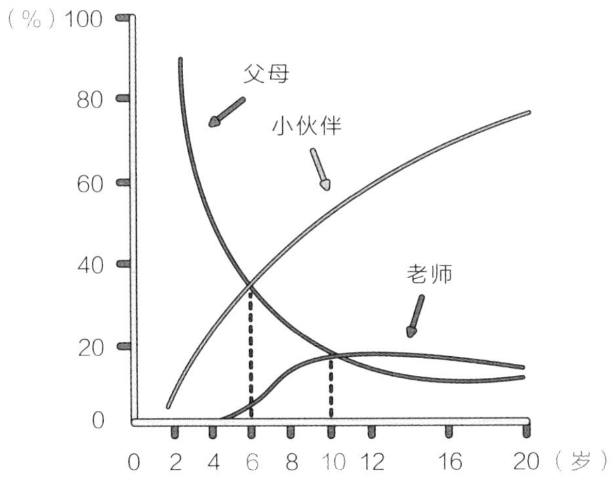

图6.2　儿童人际关系发展规律

一般来说，大约在6岁，孩子与小伙伴的关系就超越跟父母的关系了。在10岁左右，孩子与老师的关系就超越跟父母的关系了。这样的发展规律对孩子来说是非常有益的。因为他们可以随着自我意识的发展，逐渐形成独立的人格，并超越父母，成为自己想成为的人。

所以，《不管教的勇气——跟阿德勒学育儿》的作者岸见一郎认为，教育的目标就是自立。

对于家长来说，最科学的养育方法是，在孩子6岁以前，由于孩子的认知能力还很差，父母需要对孩子进行全面的掌控；在孩子6岁至10岁，父母要尊重孩子跟小伙伴和老师的交往，不能再像6岁以前那样掌控孩子了，有事要多跟孩子商量和探讨；在孩子10岁以后，他的认知能力逐渐提升，父母就应该放手了，要尊重孩子的想法，多让孩子自己做选择、做决定。

如果父母是按照儿童人际发展规律来培养孩子的科学型父母，那么孩子就会自然地发展出跟小伙伴和老师的友好关系，拥有很多的好朋友和知心密友。相反，如果父母是掌控型或者是失控型（或被控型）父母，孩子的社交关系主要是以父母为主，那么孩子的社交关系就得不到积极的发展。不同养育风格下孩子的社会交往如图6.3所示。

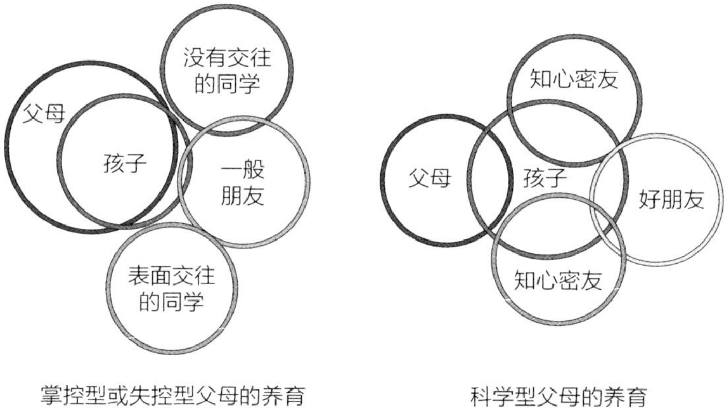

图6.3　不同养育风格下孩子的社会交往

在念瑶的案例中，念瑶的父母就属于失控型父母，他们被念瑶抓得紧紧的，念瑶自己不想出去交朋友，所以她几乎没有朋友。

3. 不能给别人带来价值

人际交往是一种价值交换的过程。彼此交换的价值可能是物质层面的，也可能是精神层面的。虽然在人际交往中，每个人不一定会明说，但是各自心里都会有一些评估、选择和取舍。

物质层面的价值交换比较简单，孩子从小就会交换玩具玩，所以这一点大家基本都能理解。对于精神层面的价值交换，社会心理学家舒兹认为，人们在社会交往中主要有3种基本的心理需求，如图6.4所示。

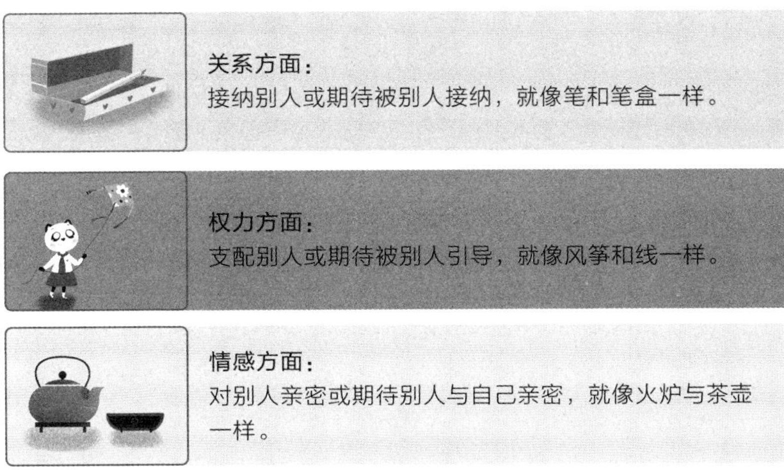

图6.4　人际交往的3种基本心理需求

心理学研究还发现了一个真实的现象，就是人们都会喜欢那些喜欢自己的人。也就是说，如果一个人主动向别人示好，给别人创造价值，满足别人的需求，那么，他就很容易得到别人的喜爱和回报。

所以，一个健康成长的孩子，只要他接纳别人，他就容易被别人接纳，例如，他跟同学成为好朋友；一个健康成长的孩子，只要会支配别人，他也就容易接受别人的引导，例如，孩子要求父母帮助自己和接受父母的指导建议；一个健康成长的孩子，只要会对别人亲密，他也就容易接受别人的亲密，例如，孩子组织同学聚会和应邀参加同学的聚会。

再回过头来看看前面案例中的念瑶，她内心对父母并不接纳，她听不进老师的指导建议，她不愿意接受同学和朋友的聚会邀请……这样她就很难给别人带来价值，朋友也就会越来越少，甚至她的朋友离她而去也是意料之中的事了。

4. 不会自我价值保护

自我价值保护是一种正常的自我防御，就是防止自我价值受到贬低和否定。因为在每个人的内心深处，都希望自己是有价值的，都渴望得到别人的肯定和赞美，这对我们维护良好的自我形象和稳定的人格很有帮助。

可是，在实际交往中，我们常常会拿自己跟别人做比较，别人也会拿我们跟他或其他人做比较。这一比较，就会引发贬低或否定我们的行为。这时候，如果我们不会自我保护和防御，就会导致我们的价值感降低、否定自己、对自己失去信心，甚至产生轻生的念头。

其实，我们每个人天生就具备这样的保护能力，这种保护能力首先启动的是我们的情绪。在第4章中说过，我们的情绪具有信号功能。

也就是说，当自我价值受到贬低和否定的时候，我们会本能地不舒服，产生一些不愉快的情绪，这些不愉快的情绪就是在给他人或自己发送信号，提示他人或自己要引起注意并做出改变。

这样的情绪有很多，最基本的分别是焦虑、嫉妒、羞耻和内疚。

焦虑是人们发现很多人都比自己强，并觉得自己不够好的时候，产生的由不舒服、不自然、紧张和害怕组成的复杂情绪。例如，当学习成绩中等的孩子跟那些比自己优秀的同学交往时，就会产生焦虑的情绪，生怕自己表现不好。

嫉妒是人们发现某个人比自己强很多、自己显得很差时，产生的由羞愧、愤怒、不甘心和怨恨等组成的复杂情绪。例如，当孩子发现之前跟自己成绩差不多的好朋友竟然考上了最好的学校时，就会觉得自己被比下去了，从而产生嫉妒的情绪。

羞耻是人们发现自己比很多人都差的时候，产生的由沮丧、自卑、自我怀疑、自我贬损和绝望等组成的复杂情绪。例如，学习成绩倒数第1、第2的孩子在跟同学交往时，就会产生羞愧的情绪。

内疚是人们在做了对不起某个人的事情时，觉得在道德上低人一等，产生的由不安、羞愧和负罪感等组成的复杂情绪。例如，如果孩子经常辜负父母的期望，就会产生内疚的情绪。

在这些社交情绪产生时，如果能及时发现，并主动做出相应的调整和改变，或者要求对方做相应的调整和改变，那么他就能很快地走出困境，重新获得良好的人际关系。

例如，学习成绩中等的孩子在跟学习成绩最好的同学交往时，如果能坦诚地说出自己的真实感受，获得对方的理解并建立友情，那么他就会变得轻松自信多了。

嫉妒好朋友考上了好学校的孩子，如果能把好朋友当成自己学习的榜样，或者客观地看到自己也有一些比对方好的地方，那么他就能很快地恢复自信。

学习成绩排名倒数的孩子，如果能知耻而后勇，发奋学习或者发扬自己在学习之外的其他特长，那么他就可以找回自己的价值感。

经常辜负父母期望的孩子，如果能跟父母坦诚地说出自己的内疚感，并做出一些小小的改变，哪怕只是诚恳地给父母道个歉，说几句感谢父母的话，那么他也会变得轻松很多。

可是，我们再回头来看看前面案例中的念瑶，在奶奶去世后，她不愿意跟父母多沟通，也不愿意跟朋友说出自己的焦虑；她在发现跟同学们格格不入时，没有做出积极的改变；她在面对老师和好朋友的帮助时，无动于衷，没有说一句道歉和感谢的话。

对照儿童成长彩虹图我们发现，念瑶奶奶的去世使念瑶在社交能力上受挫，加之念瑶不会自我保护，产生了心理问题，最终导致她的社交能力逐步退化。

需要特别提醒的是，像念瑶这样的情况在当今社会发生的概率还是很高的。我最近刚接到一个家庭的紧急求助，他家14岁的儿子总是有轻生的念头。通过沟通我发现这个男孩已经完全丧失了心理上的自我保护，他觉得爸爸妈妈、爷爷奶奶的所有批评都是对的，所有的问题都是因为自己不好，他觉得自己一无是处。所以，家长朋友们应该高度关注孩子的心理问题。

5. 不能在精神上保持平等

在现实社会中，交往双方的社会角色、地位、影响力、经验等方面常常可能是不相等的，这就会影响双方在交往中的话语权、选择权和决策权。这时候，最好的方法就是打破这些世俗的局限，建立精神上的平等，才能发展良好的关系。

例如，对婴儿来说，父母在各方面都具有压倒性的优势。即使孩子长大一些，到了上小学的年纪，情况也几乎如此。所以一个智慧的父母就要注意这一点，要刻意地与孩子在精神上保持平等，这对孩子的成长和发展很重要。

因为即使孩子长高了、长大了，他都不可能跟别人一样。例如，总有人会比他的家庭背景好，总有人比他的身体强壮，总有人比他好看，总有人比他聪明，总有人比他有权势等。也就是说，在客观条件上，他永远不可能跟别人一样，达到完全的平等。每个人唯一能实现的，只可能是精神上的平等。

所以在孩子小的时候父母就应该注意，不要总是用身份和权利去掌控孩子，而是要有意识地放低姿态，不断地发现孩子有哪些优势。

例如，婴儿虽然除了吃喝拉撒啥也做不了，但是能对照顾他的人百依百顺和百分之百地信任，这恐怕是任何一个成年人都做不到的；孩子虽然会的东西少，但是学起来可比成年人快很多；孩子适应新环境的能力和察言观色的能力也都比成年人强很多等。

如果父母能多发现孩子的相对优势，就会用辩证的眼光看待孩子的能力和身份，就越容易跟孩子进行平等的沟通，在这样的环境和氛围里，孩子就能学会与他人平等地交流并拥有精神上的平等。

我在第5章中提到，人的大脑有不同的逻辑层次，其中上层的逻辑会决定下层的逻辑。这种精神上的平等就属于上层逻辑中的愿景、身份和观念。

如果孩子从小就不断地接收这样的愿景、身份和观念，就会通过大脑中的神经元联结形成固定的思维，孩子也就具备了精神上的平等。

这样的孩子以后在跟别人交往的时候，就会不骄不媚、不卑不亢，就像孔子所说的“贫而乐道，富而好礼”。

相反，如果父母没有帮助孩子建立精神上的平等，孩子的内心就没有保持平衡的根基，他就很容易受到他人的影响。例如，孩子看到别人家里有别墅、豪车，就立刻觉得自己很卑微；看到电影明星风光无限，就立刻觉得自己平淡无奇；看到某个同学的学习成绩不如自己，就立刻觉得自己高人一等，自命不凡。

这样的孩子长大后，内心缺乏定力，很难经得住各种诱惑，容易被人利用而走上歧途。

前面案例中的念瑶显然也没有建立精神上的平等。她的内心是极其自卑的，这也是她躲避同学，并跟仅有的好朋友闹翻的主要原因之一。

第3节

帮助孩子拓展社交的原则和途径

根据儿童成长彩虹图可以知道，孩子的每一种能力都会经历5个阶段，交朋友也是一个逐渐提升的过程，父母需要用科学的方法来帮助孩子。

1. 帮助孩子建立5个原则

发展良好的人际关系的5个原则，是孩子进行社会交往的重要基础。

所以，家长首先要充分理解这5个原则，并在跟孩子的相处中，有意识地运用和遵守这些原则，然后再通过各种方式帮助和引导孩子，为社交打好“地基”。

2. 建立亲密友好关系的4种途径

促进人际关系亲密友好的途径有4种。

› 缩短空间距离。简单地说，就是尽量让孩子们在一起玩，不管是在自己家、同学家，还是在公共场所都可以。

› 提高交往频率。我们都知道，即使是亲人，如果长时间不交往，也会变得生疏起来。相反，为什么说远亲不如近邻呢？就是因为跟邻居打交道太多了。所以，家长要鼓励孩子多跟朋友玩。

› 增加彼此的相似性。俗话说“物以类聚，人以群分”，如果孩子们有相同的兴趣和爱好，自然就容易玩到一起。现在的孩子们有一个最大的共同爱好，就是打电子游戏。对孩子通过打电子游戏结交的朋友，家长需要特别留意。应该多鼓励孩子发展积极、正当的爱好，如运动、阅读、音乐、美术等。

› 实现需要的互补。图6.4展示了3种最常见的互补形式，它们能使双方都获得价值感，并增进彼此的友谊。

3. 社交游戏是最好的方式

游戏是帮助孩子成长的最佳方式。因为游戏是用假装的方式模拟生活中的场景，即使孩子犯了多次错误也没有关系。

社交游戏更是如此，因为社交场景是很容易模仿的，所以可以让孩子在游戏中轻松度过社交能力的爬坐期和蹒跚期，顺利达到较高的社交水平。

我根据实践经验，把前面讲到的5个原则和4种途径融合起来，放到6种亲子游戏里，如表6.1所示。你可以结合孩子的实际情况，找到他比较欠缺的能力，在表6.1中选择适合的亲子游戏，跟孩子一起玩，实现对应的训练效果。

表 6.1　6 种拓展社交的亲子游戏的功能列举和对比

	真诚原则	交互性原则	交换性原则	自我价值保护原则	平等原则	缩短空间距离	提高交往频率	增加彼此的相似性	实现需要的互补
点赞游戏	★★★★	★★★★	★★★★	★★★	★★★★	★★★★★	★★★★★	★★★★★	★★★★
感恩游戏	★★★★	★★★★	★★★★	★★★	★★★★	★★★★★	★★★	★★★	★★★★
奉献游戏	★★★★★	★★★★	★★★★★	★★★★	★★★★	★★★★★	★★★★★	★★★★	★★★★★
真诚反馈游戏	★★★★★	★★★★	★★★★★	★★★★★	★★★★★	★★★★★	★★★	★★★	★★
爱出爱返5部曲	★★★★★	★★★★★	★★★★★	★★★★★	★★★★★	★★★★★	★★★	★★★	★★★★★
八面达人秀游戏	★★★	★★★★★	★★★	★★★★★	★★★★★	★★★★★	★★★★	★★★	★★★★

说明：表中的★越多，表示游戏包含的相应原则或途径越多。

第4节

6种有效拓展社交的亲子游戏

1. 点赞游戏

点赞游戏的目的是帮助孩子发现他人的优点，并及时给予肯定和赞美。由于每个人都喜欢听好听的话，并喜欢那些喜欢自己的人，所以可以说，赞美是人际交往的润滑剂，是人际交往的一种必备技能。

根据点赞形式和内容深度的不同，点赞游戏可以分为两种玩法，你可以根据孩子的实际情况，选择适合的游戏玩法。

找优点游戏

找优点游戏比较简单，就是大家一起找优点，3岁以上的孩子都适合玩这个游戏。

例如，首先父母和孩子一起找孩子的优点，然后一起找妈妈的优点，最后一起找爸爸的优点，找的优点越多越好。父母也可以跟孩子一起找别人的优点，或者找不同的动物、植物的优点等。即使在外面玩，父母也可以跟孩子一起找陌生人的优点。

在玩找优点游戏时，父母可以根据孩子的年龄，从简单到复杂玩起来。例如，找一个人的优点，可以先找外貌和穿着的优点，再找言行举止的优点，最后找内在品质的优点。

为了增加游戏的趣味性，可以使用一些奖励贴纸。

赞美游戏

赞美游戏比找优点游戏要严谨一些，使用者需要具备一定的观察能力、逻辑思维能力和语言组织能力，所以这个游戏适合6岁以上的孩子玩。我们在第5章中教家长玩过一个用在孩子身上的点赞鼓励游戏，现在我们要教孩子如何用赞美游戏去欣赏和夸奖别人。

赞美游戏的玩法可以参考第5章中的图5.9，游戏的步骤有3步：第1步，肯定对方好的品格和好的身份；第2步，指出对方符合这种好品格和好身份的具体行为；第3步，表达自己的赞美、感恩和祝愿。我们来看看智杰的案例。

睡觉前，妈妈坐在儿子智杰的床边，看着他的眼睛，温和地说："宝贝，你是一个有毅力的（好品格）的好孩子（好身份）。虽然你今天的作业比较多，你做起来很费劲，但是你没有放弃，还是坚持做完了（具体行为）。所以，你真的是一个好孩子（赞美），谢谢你（感恩），妈妈觉得你长大后一定会很有出息的（祝愿）！”

智杰听到妈妈的话，特别开心，他坐起来，特别认真地对妈妈说：“妈妈，你也是一个特别有耐心（好品格）的好妈妈（好身份）。其实，我今天做作业写得特别慢，你都没有着急和生气，一直默默地在旁边陪着我，直到我写完作业（具体行为）。所以，你真是一个好妈妈（赞美），谢谢你（感恩），我会好好学习，让你每天都开开心心的（祝愿）！”

妈妈没有想到智杰会说出这样的话，一下子就感动了，她伸出手把儿子搂进了怀里……

赞美游戏还有不同的方式，例如，孩子可以用3个步骤给自己的好朋友做一张别致的贺卡，或者在节假日给老师写一封真诚的感谢信。看看下面案例。

因为父母的工作调动智杰转到了一所新的学校。入学一个星期后，智杰觉得他们班的班长挺好的，想跟他成为好朋友，于是，智杰就跟妈妈一起，给班长做了一张小卡片。

亲爱的班长：

你好！

我觉得你是一个特别负责任的好干部。前天我忘记带语文书了，没有办法做家庭作业，所以找你帮忙。你一听，二话不说，就用手机把书上的内容拍照片发给我，谢谢你帮助我完成了作业。

我特别喜欢你这样负责任的好干部。我想向你学习，跟你成为最好的朋友，你愿意跟我做好朋友吗？

班长收到卡片后，特别高兴，立刻答应要把智杰当成最好的朋友。

眼看教师节马上就要到了，智杰给班长建议，号召同学们给班主任老师写一封感谢信。智杰先给老师写了一封感谢信，感谢信的内容如下。

敬爱的王老师：

您好！

您是一位特别智慧的好老师。您知道我们贪玩，不喜欢写作文，就想了一个好办法。您上周让我们写了一篇作文，发在爸爸妈妈的微信朋友圈里，看看谁的作文获得的点赞数最多。您这样的方法一下子就让我们对写作文有了兴趣，让我们写的作文也比以前好多了。

我特别开心能遇到您这样有智慧的好老师，谢谢您，祝您节日快乐，永远年轻！

教师节那天，王老师收到同学们的感谢信后特别高兴。她不仅在班上感谢了全班同学，还在家长群里表扬和感谢了孩子们，说这是她收到的最好的教师节礼物。

后来，在班长的推荐下，经过老师和同学们的一致推举，智杰当上了班长助理。智杰一下子就成了班级的“小红人”，很多同学都抢着要跟他做好朋友。

其实，我们中国人大多比较含蓄，不擅长直接夸奖他人。不过，也正因为如此，一旦孩子这样做了，就会脱颖而出，成为深受大家喜欢的“小红人”。

2. 感恩游戏

感恩游戏是在点赞游戏的基础上，增加了比较庄重的社交仪式，使氛围更浓，产生的效果也更加深入人心，对加深游戏成员相互之间的情感和促进关系非常有帮助。

根据感恩的形式和对象不同，感恩游戏可以分为两种玩法。不过这两种玩法对孩子的能力都有一定要求，所以只适合7岁以上的孩子玩。你可以根据孩子的实际情况，选择适合的游戏玩法。

焦点人物感恩游戏

焦点人物感恩游戏是在聚会的时候，现场的所有人都按照仪式，逐一用科学赞扬法对某个人进行点赞。为了增加游戏的仪式感，同时便于你和孩子对游戏的掌握，我专门设计了一套角色牌。

这个游戏里的角色有3个，分别是主持人、恩人和感恩人。其中，主持人跟我们常见的司仪差不多；恩人是游戏中的焦点人物，是接受大家点赞的那个人；感恩人是游戏中点赞的人，现场的人都要轮流当一次。

这些人物角色的角色卡和技能卡如图6.5至图6.7所示。

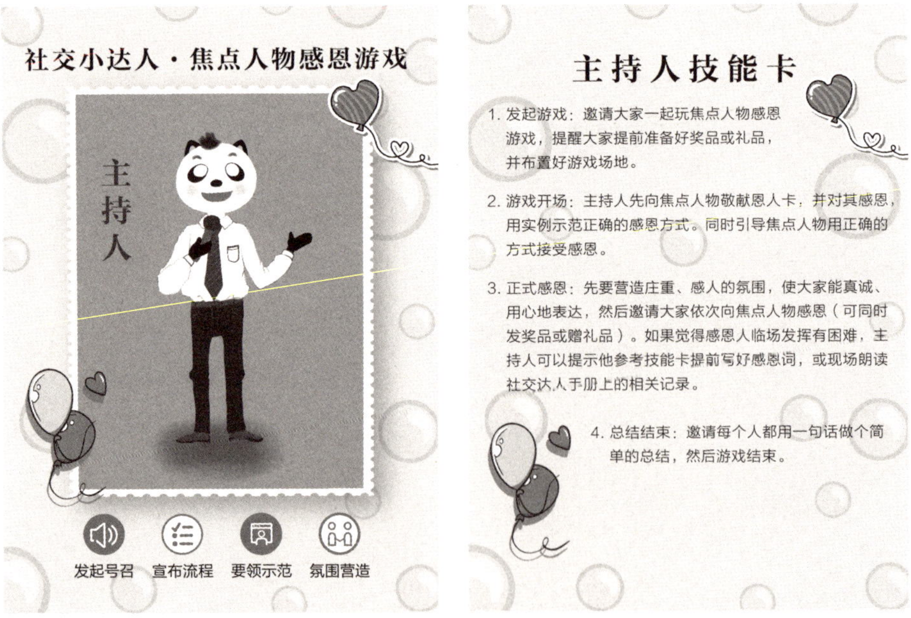

图6.5　焦点人物感恩游戏主持人角色卡和技能卡

图6.6　焦点人物感恩游戏恩人角色卡和技能卡

图6.7　焦点人物感恩游戏感恩人角色卡和技能卡

在实际应用的时候，考虑到如果参与游戏的人较多，大家容易出现紧张和慌乱的情况，我专门设计了简单实用的游戏简介卡和玩法流程卡，如图6.8所示。

另外，游戏里提到的社交达人手册是一个可以记录别人给自己恩惠的手册，如图6.9所示。

我们结合雅彤和丹蓉的案例来的看。

雅彤和丹蓉是一对无话不谈的好朋友。星期六是丹蓉12周岁的生日，雅彤想给丹蓉策划一个完全不一样的生日会。

丹蓉的父母是那种不苟言笑的人，平时对丹蓉的要求很高，经常批评和挑剔她。丹蓉觉得很委屈，可是也没有办法，只能偶尔跟雅彤诉诉苦。

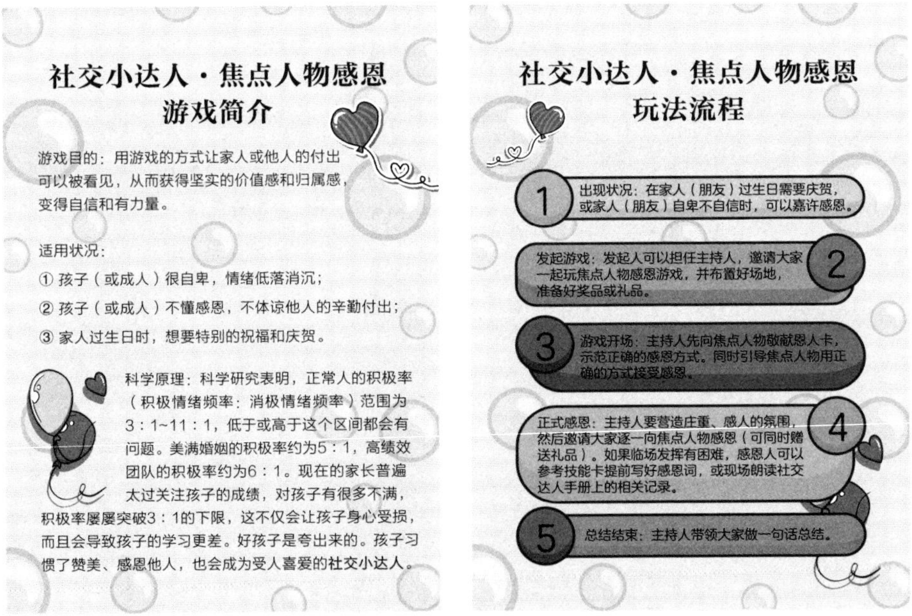

图6.8　焦点人物感恩游戏简介卡和玩法流程卡

我们感受到的爱（模板）

日期	人员	发现	觉得	感谢
2021年2月26日	爸爸	儿子给家人做好了午饭，有他独立蒸出的葡萄干馒头！	特别惊讶、开心、幸运和感动！	亲爱的儿子！你真是太能干了！太懂事了！赞！
2021年3月5日	妈妈	去社区打免费的新冠疫苗特别顺利，工作人员和医务人员想得很周到，服务特别好。	特别温暖、幸运和感动。	感谢党和国家！感谢社区工作人员和医务人员！
2021年3月7日	儿子	爸爸今天带我和表姐、表哥去玩蹦床，妈妈主动留在家里给我们做晚饭。	特别开心、兴奋和温暖。	感谢亲爱的爸爸和妈妈！我爱你们！

图6.9　社交达人手册里的恩惠记录卡

与丹蓉的父母相反，雅彤的父母特别擅长发现雅彤的优点并经常夸奖她，这就养成了雅彤自信、大方的性格。

雅彤的策划方案就是在丹蓉生日的那天，带领大家为丹蓉做一次焦点人物感恩游戏。

考虑到这种游戏对丹蓉的父母来说，可能会有难度，而且还有老人参加，雅彤就提前跟他们进行了沟通，让他们按照科学赞扬法，把夸奖和祝福丹蓉的话先写出来，如果在生日会现场说不好，就直接照着念。

在丹蓉生日的当天，丹蓉邀请了雅彤一家三口和其他两位女同学，她们在丹蓉家附近的一家中餐馆里跟丹蓉的父母和姥姥姥爷一同举办生日会。

生日会上，在吹蜡烛、切生日蛋糕之前，雅彤拿出了游戏卡，自己担任主持人，把恩人卡放到丹蓉的手里，邀请大家开始玩焦点人物感恩游戏。

雅彤先表达了对丹蓉的赞美和感恩，然后把感恩人卡递给自己的父母。因为雅彤一家三口经常玩这个游戏，所以比较熟练，一下子就把氛围带动起来了。

接着，两位女同学也完成了感恩。丹蓉的姥姥姥爷头一回看见别人这样夸奖自己的外孙女，高兴得合不拢嘴。轮到他们的时候，他们首先照着提前写好的内容说了一遍，然后觉得不够好，又临场发挥，重新说了一遍。丹蓉被感动得抱住姥姥姥爷哭了。

最后，轮到丹蓉的父母了。他们觉得特别不好意思，说自己不会夸人，让丹蓉受了不少委屈，在听到大家夸丹蓉的时候，才发现女儿的确有很多优点。丹蓉的父母夸丹蓉的时候，他们一家人都感动地哭着抱在了一起……

生日会结束的时候，大家一起感谢了雅彤，感谢她做了一件特别了不起的事情，让在场的每个人度过了人生中有意义的一个晚上。至于丹蓉，就更不用说了，她偷偷地跟雅彤说自己从来没有这么幸福过。

一个焦点人物感恩游戏，不仅让雅彤和丹蓉的关系变得更加亲密了，还让在场的大人们都对雅彤刮目相看，雅彤成了了不起的“小大人”。

互相感恩游戏

互相感恩游戏比焦点人物感恩游戏复杂一些，是参与游戏的每个人都要当一次焦点人物，并且游戏中的每个人都要接受大家的轮流感恩。

这个游戏里的角色跟焦点人物感恩游戏里的一样，包括主持人、恩人和感恩人。其中，恩人、感恩人的角色卡和技能卡是完全通用的。而主持人技能卡和游戏简介卡、玩法流程卡是不同的，如图6.10和图6.11所示。

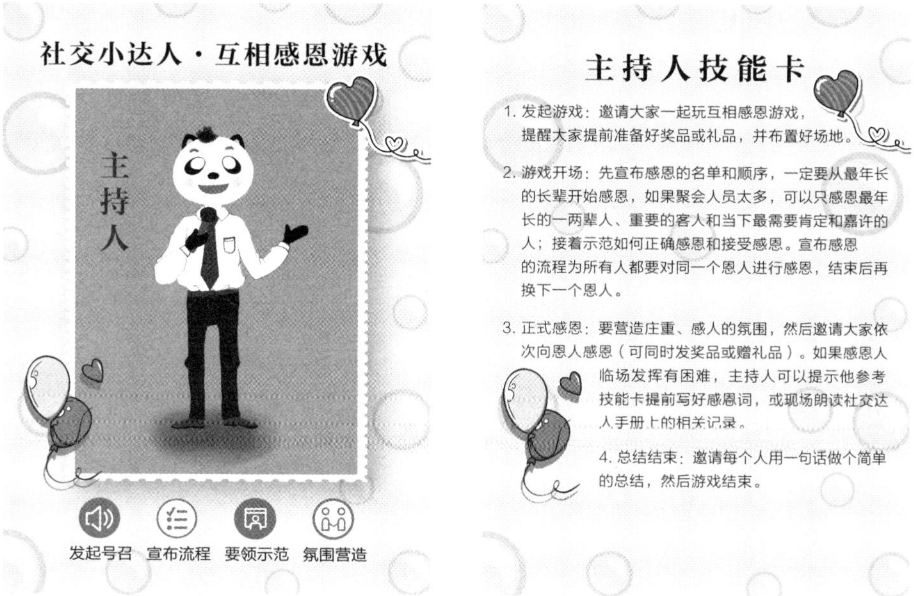

图6.10　互相感恩游戏主持人角色卡和技能卡

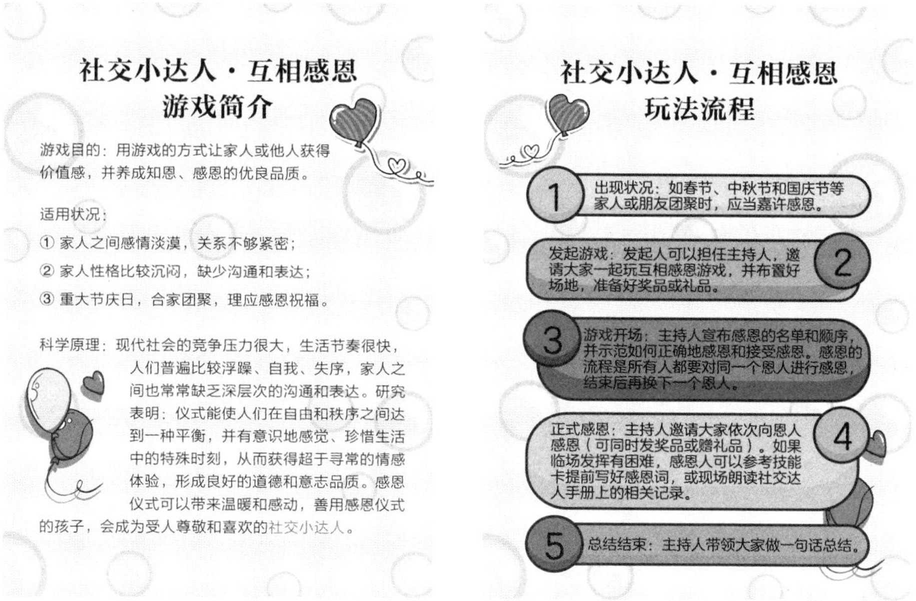

图6.11　互相感恩游戏简介卡和玩法流程卡

我们继续看雅彤和丹蓉的案例。

转眼雅彤和丹蓉就小学毕业了。她们没有被分到同一所学校。她们都有些伤感，互相舍不得对方。

在暑假里的一天，雅彤和丹蓉约了另外两个玩得较好的同学一起到公园里划船。在船上，她们4个人一起玩了互相感恩游戏，她们想用这个游戏来宣誓她们的友谊。

在她们相互之间真诚的夸奖中，每个人的心就像夏日里的湖水，洋溢着幸福而温暖的波浪。

一晃几年过去了，现在她们都已经上高中了，但是彼此还是那么亲密，经常聚会。不仅如此，她们还交了很多新的好朋友。雅彤更是当上了学校的学生会主席。

3. 奉献游戏

伟大的科学家爱因斯坦曾说："人生的价值，在于贡献了什么，而不是获得了什么。"

默娜博士和特里萨教授在《如何培养孩子的社会能力》一书中提出了一个理念叫"我能解决问题"。

奉献游戏的目的就是帮助孩子学会随时关注自己和他人的疾苦，并想办法解决这些问题，从而创造新的价值。

因为人际交往的本质就是价值交换，所以为别人奉献价值是社会交往的核心本质。如果一个孩子从小就善于发现别人的困难，并能想办法帮助别人解决困难，那么他一定会受人喜爱，并且成为一个成功的人。这就是奉献游戏设计的初衷和价值所在。

奉献游戏对孩子的观察能力、思维能力、创造能力和实践能力都有一定的要求，所以一般只适合7岁以上的孩子玩。

这个游戏里有主持人和奉献人两个角色，如图6.12和图6.13所示。

在游戏中，主持人要邀请大家充当奉献人。而充当奉献人的人可以说出自己想帮助的人是谁，并说出他面临的问题是什么，同时号召大家一起献计献策，并在这些计策或方案中选择最有效、最可行的去实施和帮助那个人。游戏简介卡和玩法流程卡如图6.14所示。

另外，游戏里提到的社交达人手册是一个可以记录自己想给别人做奉献的手册，如图6.15所示。

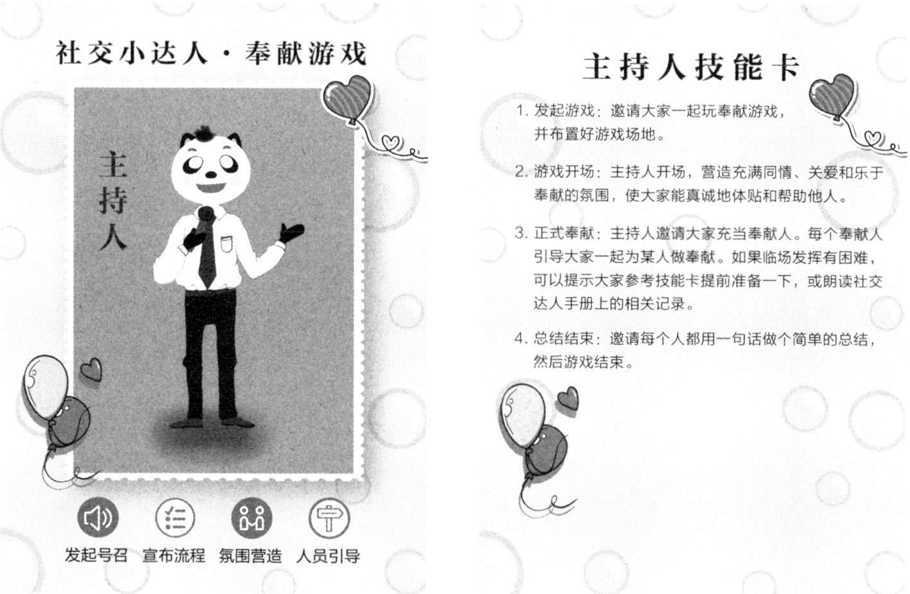

图6.12　奉献游戏主持人角色卡和技能卡

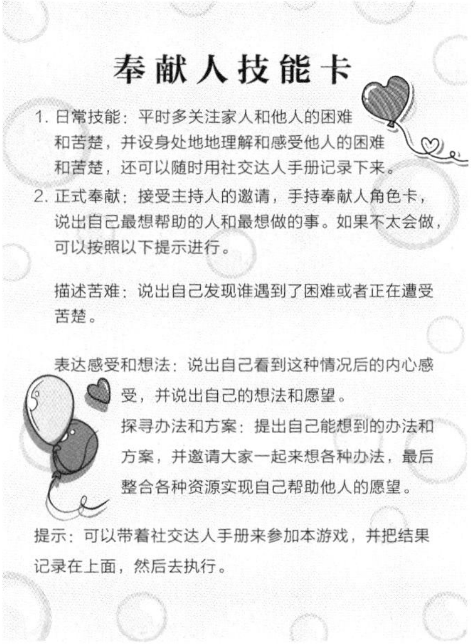

图6.13　奉献游戏奉献人角色卡和技能卡

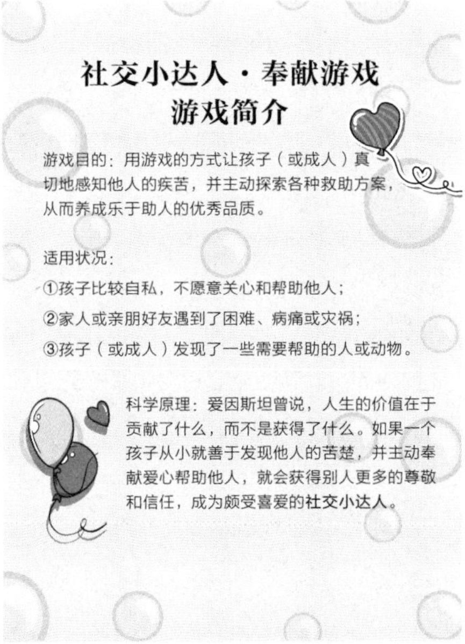

图6.14　奉献游戏简介卡和玩法流程卡

我们付出的爱（模板）

日期	人员	发现	觉得	就
2021年2月25日	儿子	爸爸在工作室录音时如果被人敲门打扰，就得重新录音。	有些遗憾和可惜。	设计了一个“工作中，请勿打扰”的牌子，挂在了门上。
2021年3月3日	爸爸	儿子在现实生活中缺少玩伴，喜欢玩电子游戏，总挨批评和抱怨。	有些不公平和心疼儿子。	决定要经常早点回家，陪儿子聊天、玩游戏。
2021年3月10日	妈妈	发现爷爷去钓鱼时，拎着水壶不方便。	有些心疼爷爷。	自己买毛线给，爷爷织了一个可以背的水壶套。

图6.15　社交达人手册里的奉献记录卡

我们看一下景浩的案例。

景浩上小学六年级，他的爸爸是一位心理咨询师，在小区里开了一家工作室。每天来找他爸爸的人很多，所以景浩的爸爸很忙。

在星期五这天，景浩的爸爸在吃饭的时候，说了一件最近比较让他头痛的事。有时候，他正在给别人做心理疏导或者正在录课程时，就会有人敲门或直接推开门闯进来，严重影响了他的工作，有时候甚至还得重新录制课程。

这样的情况已经发生过好多次了。景浩的爸爸非常理解来咨询的人的心情，理解他们都很着急，可是这样确实降低了自己的工作效率。

景浩的妈妈听到这里，就主动当起了奉献游戏的主持人，邀请景浩来做奉献人，想办法帮景浩的爸爸解决这个问题。景浩立刻开动脑筋开始想办法了。

第二天下午，爸爸做完一个咨询后走出工作室，看见门把手上挂了一张精致的小卡片，上面写着“咨询中，请稍后”。在工作室外面还安静地坐着一个前来咨询的人。

在旁边的桌子上，还放着两张卡片，分别写着“录音中，请保持安静”“休息中，请勿打扰”。

那位等着咨询的人说：“这是刚才一个孩子送来的，我猜是您儿子吧。您儿子真是太棒了！”

景浩的爸爸点点头，心里早已乐开了花。

4. 真诚反馈游戏

真诚反馈游戏的目的是帮助孩子在遭受别人不礼貌对待时，能用科学的方法提出别人乐意接受的反馈意见，从而有效地保护自己。通俗地说，就是在别人冒犯自己的时候，能巧妙、委婉地做出批评指正，这种批评指正不仅不会让对方讨厌，而且还会让对方乐于接受和改正。

我们都知道，在实际的人际交往中，总会有磕磕绊绊的时候。真正人脉通达、有智慧的人，既不是脾气火暴、直接批评和责怪别人的人，也不是逆来顺受、忍气吞声的人，而是会用别人能接受的方式，委婉地提出建议的人。真诚反馈游戏就可以把孩子逐渐培养成这样的社交达人。

不过，由于真诚反馈游戏对孩子的观察能力、思维能力和表达能力都有一定的要求，所以一般只适合6岁以上的孩子玩。

如图6.16所示，真诚反馈游戏采用了科学指正法，其主要有3个步骤。第1步，肯定对方的身份并表示欣赏。第2步，指出对方不符合其好身份的具体错误行为。第3步，建议对方做出符合其好身份的具体正确行为，并表达美好的祝愿。

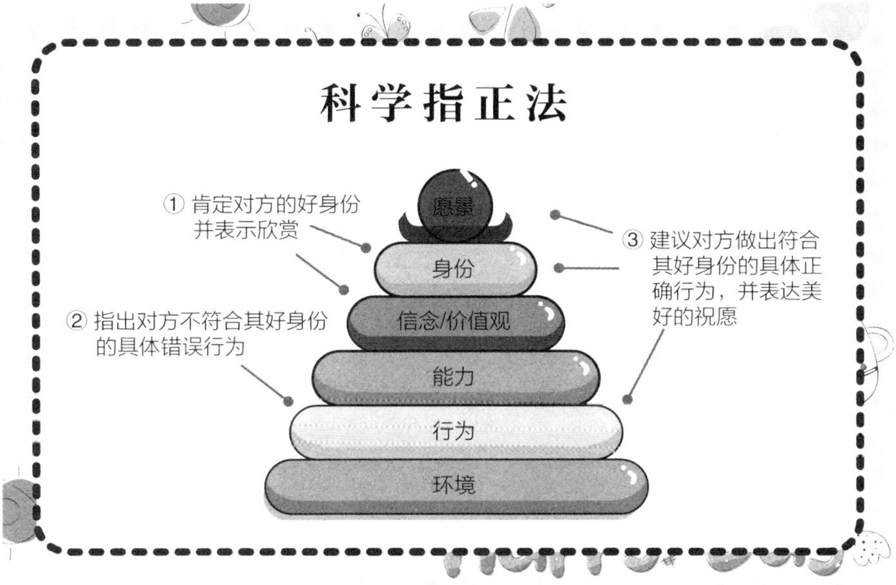

图6.16　科学指正法

大家对比一下就会发现，这种“批评”方法跟我们平时常说的批评不一样。我们平时一生气，就很容易把别人的身份、想法和行为彻底否定。例如，“你就不是个省油的灯！”“你就是故意侮辱我！”

科学指正法是在充分肯定对方好身份的前提下，仅仅指出行为人的哪个具体行为是错误的，顺便给对方建议具体的正确行为，让对方立刻有台阶下。所以，准确地说，这种方法根本就没有批评人（依然在肯定其好身份），而是对行为人的行为做了评判和建议（指正）而已。

当然，要做出这样的反馈，是需要花费功夫练习的。根据孩子的年龄发展，我设计了3种循序渐进的玩法，你可以根据孩子的实际情况，选择适合的游戏玩法。

假装反馈游戏

假装反馈游戏就是当事人并不是孩子或家长本人，而是绘本、漫画、电影中的人物或其他与自己不相关的人。例如下面曼凡的案例。

爸爸跟6岁的女儿曼凡一起读绘本，绘本中的熊二把熊大的蜂蜜偷走了，熊大很生气。

爸爸问曼凡："如果你是熊大，你会怎样用友好的方式给熊二提出批评、建议，并帮助它改正错误呢？"

曼凡说："我不知道，爸爸，你告诉我吧！"

爸爸就学着熊大的样子对曼凡说："熊二，你是我的弟弟，我一直挺喜欢你的。可是，你却没有经过我的同意，就偷偷地把我的蜂蜜拿走了。这样可不是好弟弟应该有的行为哟！我觉得你可能是想跟我开个玩笑吧，那你就赶紧把我的蜂蜜送回来，我们可是要做一辈子好兄弟的哟！"

曼凡认真地听着，一直点头，并把绘本往爸爸边放边说："好吧，我给你送回来了！"

然后，曼凡又扮演熊大，把爸爸刚才说的话重复了一遍。爸爸也学着曼凡的样子，把绘本当成蜂蜜还给曼凡。

父女俩玩得可开心了。

在假装反馈游戏中，因为孩子和家长都不是当事人，游戏中的场景是虚构的，这样即使孩子不会说或说得不对，家长也不会生气和着急，非常有利于培养和锻炼孩子的情绪管理能力。

假装反馈游戏也是一个非常好的暖场游戏。即使孩子已经长大了，也可以用这种游戏的方式来暖场。

往事反馈游戏

往事反馈游戏是拿那些已经过去了的，并且孩子和家长都不会再为此而生气的事情来做游戏和练习。例如下面昆锐的案例。

昨天儿子昆锐一直玩手机，妈妈一生气把儿子的手机摔坏了。今天一早就跟儿子一起到维修店把手机修好了。

中午吃饭时，昆锐的爸爸说：“如果回到昨天晚上的情景，你们会用什么样的方式提出对方能接受的批评、建议呢？”

昆锐说：“妈妈，我知道您是爱我的。可是每次当您冲我发疯似的吼叫的时候，您的样子特别恐怖，而且声音特别刺耳，那一刻我会特别害怕，因为您看起来根本不像爱我的好妈妈。如果您换个方式跟我说，可能我就不会再玩手机了，您也许也不用那么生气了。”

妈妈听了，眼睛立刻湿润了。她沉默了一会儿说：“昆锐，妈妈知道你是一个懂事的好孩子。可是当妈妈跟你说话，你假装听不见，只顾着埋头玩手机的时候，就不像一个懂事的好孩子了。如果妈妈跟你说话的时候，你能抬头看看妈妈，跟妈妈说句话，哪怕就是还想接着玩会儿游戏，妈妈也不一定反对呀！”

昆锐一听，立刻觉得不好意思了，他赶紧给妈妈夹了她最爱吃的菜，认真地对妈妈说：“妈妈，您放心，下次如果您这么跟我说话，我肯定就不玩了。”

昆锐的妈妈有些感动地往昆锐的爸爸那边一靠，爸爸顺势搂住了妈妈，家里的氛围一下子温暖了很多。

在玩往事反馈游戏的时候，常常也会由游戏中的这件事情引出双方心里还没有放下的事情来。

这时候，大家不要回避，可以顺势用科学指正法来处理一下。如果实在觉得很费劲，说不下去，也不要太勉强，可以再退回到往事反馈游戏或假装反馈游戏中。等彼此的心情好一些了，再尝试反馈一下。

其实，这样的反复和练习是非常有效的。因为一旦成功，彼此的沟通就深入了一大步。

当场反馈游戏

跟前两种游戏相比，当场反馈游戏就像军训中的实弹射击，在实际生活中，当别人做出不当行为时立刻给予反馈。例如下面鸿哲的案例。

晚上10点，鸿哲正准备上床睡觉。他的手机微信铃声响了起来，原来是小学同学在呼叫他，想邀请他再玩一局游戏。

鸿哲的爸爸妈妈用厌恶的神情看了鸿哲一眼，鸿哲赶紧拿起手机，直接拒接了语音通话。

鸿哲的爸爸说："你给同学说一声吧，以后如果这么晚了就别再邀请你玩游戏了。"

鸿哲说好，就赶紧给同学发了一条微信。

微信的内容是，"你还是我哥们儿吗？这么晚了，你又不是不知道我家的规矩。都10点了，你还打语音来，这不是让我难堪吗？以后不能做坑害哥们儿的事哈！洗洗睡吧，周末再玩!"

微信刚发出去，立刻收到对方的回复："诺！晚安！"

鸿哲给爸爸做了个OK的手势，开心地睡觉去了。

在生活中，鸿哲经常给他的朋友做这样的真诚反馈，大家并没有因此而讨厌和疏远他。相反，大家觉得他很真诚，反而更喜欢他了。

在人际交往中，很多时候，对朋友说"不"要比说好话难得多。所以孔子在其倡导的"友直、友谅、友多闻"中，把"友直"放在了第一位，这说明真诚反馈真的非常重要。

如果孩子从小就学会给朋友做真诚的反馈，能守住边界，那么不仅能有效地保护自己，还能帮助他人，从而获得朋友深厚的友谊。

5. 爱出爱返5部曲

爱出爱返5部曲可以让孩子反复练习用恰当的方式对待他人，并得到他人的喜爱，这是一个非常好的社交游戏。详情请见第2章自我管理战中的介绍。

6. 八面达人秀游戏

八面达人秀游戏可以让孩子们充分地展示各自的优势和特长，彼此欣赏、彼此认可，并形成强强联合或优势互补的伙伴关系。详情请见第7章的相关介绍。

[CHAPTER 7]

第7章

自己选的兴趣班，没几天就不想去了怎么办

——如何发掘孩子的天赋和培养特长

你兴趣所在的地方，也就是你能力所在的地方。——卡耐基

孩子上兴趣班就跟爬山一样：在山外面看到山顶上的人会十分羡慕，也想爬山，可是一旦进到山里就会看不到山顶，兴趣很快就消失了。

所以，跟爬山一样，家长要想办法用游戏保持住孩子的乐趣，才能培养出孩子真正的能力。

第1节

只有三分钟热度的泽洋

泽洋的父母都是外企的财务职员，他们常常觉得自己没有什么特长和爱好，平时除了工作，别的几乎不会。所以在培养孩子时，特别想给孩子创造最好的成长环境，让孩子多一些爱好和特长，别跟自己似的生活得很枯燥。

在计划生孩子之前，夫妻俩就开始做各种设计和规划。泽洋在妈妈肚子里时，他的父母就开始音乐胎教。泽洋出生后，他的父母就带着他参加各种早教班。从泽洋上幼儿园到现在上小学，他的父母几乎没有闲下来过。

泽洋先后上过的兴趣班有认字班、钢琴班、绘画班、舞蹈班、英语班、围棋班、武术班、游泳班、篮球班等。可是，到现在，泽洋一个兴趣班也没有坚持下来，可以说是什么也没学成。

最让他父母生气的是，每次在报新的兴趣班的时候，他们都会谨慎地问泽洋，泽洋都说很喜欢，并承诺会好好学并努力坚持下来。而实际情况是，好几个兴趣班泽洋都学不到一个月就不去了，学习时间最长的也没有坚持超过半年。

在报这些兴趣班的时候，这些兴趣班几乎都约定了不能退费，如果孩子不想学了，只能在同一机构里转到其他的兴趣班。刚开始，泽洋的父母还觉得无所谓，不想因为心疼几千元就逼迫孩子学下去。

可是，他们万万没想到的是，泽洋这么没常性！换了近10个兴趣班，报名费加上买钢琴的钱近10万元，他一个也没有坚持学下来。

泽洋最近又上了两个兴趣班，他的父母跟泽洋商量好了：一旦泽洋选择了，无论如何也要坚持学下去，绝对不能半途而废。

结果泽洋还是没有坚持学习超过半年！不仅如此，他还变得越来越叛逆，所有的兴趣班都不愿意去了。这可把他的父母气坏了。

泽洋就更委屈了，他觉得在父母眼里，自己就是一个实现某种数据和指标的工具，即使自己生病了、身体不舒服了，也不能缺席一次兴趣班。这使得他选择的任何一个兴趣班，最终都被父母搞得兴趣全无、痛苦不堪。所以，他彻底死心不学了。

在我们辅导的家庭中，像泽洋这样的情况不是少数，很多孩子都有类似的情况。而这样的情况一旦多次发生，不仅浪费钱财和精力，还会引发亲子冲突和家庭矛盾，最终直接影响亲子关系。

第2节

孩子上兴趣班没有常性的5种原因

为什么很多孩子上兴趣班没有常性呢？

为了便于你理解，我会以爬山来做形象的比喻，如图7.1所示。其实，孩子要上好兴趣班，跟爬山有很多相似的地方。简单地说，兴趣班和爬山都对孩子的身体素质和心理素质有一定的要求，都有一定的难度。

下面我结合泽洋的案例，来分析孩子上兴趣班的过程，并找出孩子上兴趣班没有常性的5种原因。在看这些分析时，你需要随时想起如图7.1所示的这张爬山的图片。

图7.1 孩子上兴趣班就像爬山一样

1. 缺乏天赋，提升太难

你可以想象一下，同样是爬山运动，对于出生在山区的孩子们来说，会比较轻松；相反，对于出生在平原地带的孩子们来说，会困难很多。

原因很简单，这点跟自然选择和基因遗传有关。我是四川人，出生在川北的大巴山区，我家那边的人每天都要上山干农活，爬起山来都很轻松，速度也很快。我到北京以后，有时候跟在平原地区长大的朋友一起去爬香山，他们爬起来就很困难，走几步就气喘吁吁的。而香山的海拔高度跟我家乡的山的海拔高度相比，就像一个小山坡一样。

其实孩子上兴趣班也是一样的，跟遗传和天赋有关。例如，姚明之所以身材高，篮球打得好，是因为他的父母就是篮球运动员，姚明从父母那里获得了优势基因和篮球天赋，学起来自然就轻松多了。

虽然到目前为止，遗传基因与天赋之间的关系还没有得到科学的验证，但是却存在一种关于天赋的客观现象，那就是有天赋的人跟没有天赋的人相比，有天赋的人只需要轻松付出20%～30%的努力，就能达到没有天赋的人付出80%～90%努力才能达到的效果。

还有一些才能依赖于天赋，在某些方面没有天赋的人即使在某些领域努力一辈子，也可能没有机会学会和掌握。例如，很多的科学研究和技术发明等才能都依赖于天赋。

对于前面案例中的泽洋来说，因为他的父母没有什么特长，所以泽洋可能也缺乏优势基因和天赋，他学起来就会比较困难而难以坚持。

2. 缺少同伴，没有互动

在理解了天赋以后，这一条就很容易理解了。你可以想象一下，在平原地区长大的朋友会经常一个人去爬香山吗？估计可能性不大，因为他本来就不擅长爬山，爬起来又费劲、又痛苦，所以一个人坚持下来的可能性几乎为零。

因此，一般都是好几个人约好了一起去爬山，才能顺利地爬到山顶。

孩子上兴趣班，跟爬山的道理一样。像泽洋这种情况，他虽然在兴趣班里有同学相伴学习，但是如果他在下课后很少跟同学一起进行练习和交流的话，那么就会很难坚持学下来。

3. 实用性差，没有价值

我相信你一定有过爬山的经历，所以还是以爬山为例。现在你可以仔细地回忆一下，你当时是为了爬山而爬山呢？还是为了别的目的去爬山的呢？

其实，通常我们去爬山都有其他的目的，例如，锻炼身体、减肥、朋友聚会、家人团聚、约会、谈生意、锻炼自己的毅力或打发无聊时间等。也就是说，因为爬山会给我们带来其他的价值或意义，所以我们才选择了爬山。

孩子上兴趣班跟爬山的道理一样，就是孩子学的特长一定要给他带来某种实用的价值，孩子才会有兴趣，才会愿意长期坚持学下去。

我在给儿子选择兴趣班的时候，就会遵循这个原则，要看这个兴趣班学的特长和技能能否在日常生活中随时用到。如果用不到，我就不建议孩子选择。如果学的特长和技能在日常生活中能经常用到，我们就会鼓励孩子考虑和选择。

例如，在游泳班和篮球班中，我会建议孩子选择篮球班，因为篮球相对于游泳有4个方面的优势。

- 打篮球对环境和设施的条件要求比较低，几乎到处都有篮球场，所以日常锻炼的价值高很多。
- 打篮球的人很多，很容易找到玩伴，有利于孩子结交朋友，发展友谊。
- 篮球相比游泳来说，更需要团队配合，更能培养孩子的合作精神和协作能力。
- 篮球有更强大的文化氛围和影响力，例如，美国的职业篮球联赛和球星、中国的职业篮球联赛和球星，这些都会给孩子提供精神激励和聊天话题，从而增加孩子学习篮球技能的自信心及学习的趣味性、吸引力。

如果家长忽略了兴趣班在当下的实用价值，只寄希望于将来产生的价值，这就等于舍近求远，相当于为了爬山而爬山，学习自然就会变得枯燥无味，孩子想要放弃，也就是情理之中的事了。

前面案例中泽洋的父母给他报的兴趣班都是为了将来的价值，而没有考虑到当下的实用性，所以泽洋就会觉得上兴趣班没有意思。

4. 缺少机制，没有乐趣

记得小时候有一次姥姥生病了，父母带着我去姥姥家。那时候的交通设施还很落后，我们需要走20多公里的山路才能到达，并且一路上需要不断地上山和下山。

那时候我只有六七岁，走不了多久就走不动了。我父亲就一路上给我讲故事，还把总路程分成了很多小段，不断地用前面的一个山坡、一棵树或一幢房屋作为小目标，和我进行爬山比赛。

结果父亲成功了，我也成功了。因为我人生第一次独立走完了20多公里的山路。父母一到姥姥家就跟他们分享这个好消息，大家都夸我很厉害。在他们的夸奖下，我感到特别兴奋和自豪，还没等休息，又一口气帮姥姥扒了一大堆玉米。

从那以后，我再也没有畏惧过任何的走远路和爬高山。在我的这个经历中，不畏惧的根本因素就是机制的设计。父亲设计的机制，不仅使我克服了走远路带来的身体上的痛苦，还让我获得了一种无形的精神力量。

非常有趣的是，2009年，我们一家人带着不满4岁的儿子去焦作的青天河景区，我也用了类似的激励机制。在我的鼓励下，我儿子独立走完了2公里多的山路。

孩子上兴趣班跟爬山的道理一样。父母需要给孩子设计一些机制，让这些机制给孩子带来乐趣和额外的收益，使孩子能够以苦为乐，并把这种刻苦升华成精神层面的价值和意义，促使孩子把兴趣班坚持学下去。

我曾经在中国工艺集团工作过3年，在这3年中，我有幸拜访过一些国家级的工艺美术大师，例如，铜雕工艺美术大师朱炳仁先生和云锦工艺美术大师金文先生等。

我真切地发现，他们的作品无一例外，都远远超越了工艺和特长技能本身，他们把对生活、对人生的某些深刻的体会和感悟，融入了作品中。

他们在创作中进入“心流”的状态，他们的艺术特长才融入了真正的灵魂、生命力和个性，他们的作品才拥有极强的感染力和影响力，给观赏者带来美感。也因此，他们的作品具备了艺术价值、社会价值和经济价值。

在现实生活中，人们最不缺少的是有苦楚的东西；人们最需要的是那些能帮助他们超越现实苦楚的精神力量。

用一句话总结就是，如果没有好的机制，孩子展现出来的才艺就是苦涩的，孩子既难坚持下来又没有价值；如果有了好的训练机制，孩子展现出来的才艺就是甜美的，孩子既容易坚持下来又很有价值。

前面案例中泽洋的父母就没有设计出好的机制，而是喜欢用干巴巴的、无情的数据去要求泽洋，导致泽洋对上兴趣班感到绝望并放弃。

5. 违背规律，破坏体验

我们在爬山的时候，都会有这样的感受，那就是刚开始看到山顶时会有一种莫名的兴奋劲儿，就会开心地往上爬。不过，每往上爬一步，都需要付出一份努力，而这种努力会逐渐消磨我们的兴奋劲儿。

当我们的这种兴奋劲儿被消磨完以后，我们就会重新开始评估爬山的价值和意义了。

往往糟糕的是，这时候的我们一般已经爬到半山腰，根本看不到什么好风景，甚至连爬山之前能一眼看到的山顶也看不见了。这时，怀疑和迷茫就会悄然地占据我们的内心，如果缺乏意志力，我们很快就会改变路线。

我们可能会说："爬山不是目的，目的是为了出汗锻炼身体，现在我们已经出了很多汗了，就没有必要爬到山顶了，我们爬到前面那棵树那里，休息一会儿就下山吧。"于是，这次爬山行动就半途而废了。

孩子上兴趣班的过程，跟爬山的过程非常相似。

孩子刚开始听机构的宣传，看到那些已经学完了的同学，就像爬山前看到的山顶一样，会很受鼓励、很兴奋，于是就开心地报了名。在进入兴趣班开始上课之后，孩子会发现学习的过程很痛苦，需要不断地努力和练习，就跟爬山时向上走的每一步一样。等孩子学到中间的时候，那种感觉也会跟爬山的感觉一样看不到希望，并且开始怀疑和迷茫了。

不仅如此，特长还是个"可恶"的比较级，不是你的孩子学会了就行，而是他要比别的孩子学得更好才行。就像爬山一样，即使他已经爬得很高了，但是因为四周都是比他爬的山更高的山，他还是被挡住了，四周啥都看不到。所以只有他具备顽强的意志力，能坚持爬得更高，把周围的山比下去，他才会感觉到一览众山小，从而获得满满的优越感、成就感和价值感。

这就是孩子上兴趣班的一般规律。除了上面讲到天赋、同伴、实用价值和机制，孩子的意志力也是一个必要的条件。

关于意志力，我们在第3章的内容中讲指责型管教风格时提过，人的意志力是一种有限的资源。对于孩子来说，因为他们的大脑前额叶还没有发育完全，他们的基础条件比大人更差，所以意志力就更加有限了。

不过，意志力还有个特点，就是每个人在做自己喜欢的事情时，几乎不会消耗意志力。例如，如果你特别喜欢爬山，那么就很少会半途而废。与之相反，如果你不喜欢爬山，那么在爬山的过程中就很容易放弃，半途而废。

这里需要注意的是，这个"做自己喜欢的事情"是相对的，而不是绝对的。例如，你平时很喜欢爬山，可是最近因为工作特别劳累，导致你的体力有些透支。这时候，如果你还要强迫自己去爬山的话，就会消耗意志力，可能在你还没有爬到一半时就放弃了。

另外，意志力跟体力一样，经过休息就可以恢复。例如，如果在爬山的过程中，累到坚持不下去，只要休息一会儿，就又会生出一些想继续前进的意志力。

孩子上兴趣班也是这样的。如果孩子最近的学习强度大、作业多，或者身体不好、心情不好、睡眠不好，或者他临时有别的更喜欢的事情，都会导致他的意志力被消耗得过多。如果父母还要逼着孩子去上兴趣班，就好像让一个患了感冒、浑身乏力的运动员跟正常的运动员一起去参加爬山比赛一样。

这时候，孩子仅存的一点儿意志力很快也会被消耗殆尽，他的内心开始滋生出纠结、委屈、痛苦和绝望的情绪。有的孩子还会开始质疑父母让自己上兴趣班的目的到底是什么。

如果这样的情绪和心态逐渐强化，在提到某个兴趣班时，孩子就会本能地觉得不舒服，想起那些不愉快的场景（在心理学中叫“情绪唤醒”）。如果父母逼迫孩子去上兴趣班，孩子就会开始叛逆，甚至跟父母形成对抗关系。

所以，虽然从总体来说，孩子上兴趣班可以锻炼意志力，但是也要看具体的情况。如果某一天或某一段时间内发现孩子的意志力已经被消耗得差不多了，一两次或几次不去上兴趣班，可能对孩子保持对这门课程的良好印象和意志力恢复反而是有利的。

这个原理用儿童成长彩虹图来解释，也是一样的。

孩子任何一种特长的发展，都会经历平躺期、爬坐期、蹒跚期、跑跳期和舞蹈期。在刚开始的时候，孩子都会兴致很高，就跟躺着的孩子想坐起来一样。最困难的就是中间的蹒跚期，因为在这个时期，想放弃又回不到平躺期，继续做又做不好，总是犯错。如果这时孩子受到的批判和打击太多，容易形成心理问题，导致孩子退步和放弃。这时候，只有父母少批判、多包容、多接纳、多鼓励，孩子的特长发展才能顺利地度过蹒跚期，接下来，一旦进入跑跳期，孩子的特长就可以体现出来了。

前面案例中的泽洋，就是由于他的父母不懂得孩子上兴趣班的科学规律，也不知道孩子意志力的分配和消耗过程，导致泽洋不仅不想上兴趣班，还让他对兴趣班产生了对抗心理。

第3节

兴趣班的关键是有趣

爱因斯坦说："兴趣是最好的老师。"杨振宁说："成功的秘诀在于兴趣。"

孩子上兴趣班，顾名思义，就是上能让孩子感兴趣的课程。当孩子在做感兴趣的事情时，他的大脑神经系统就会被充分激活，孩子就可以发挥出更多的潜能，从而表现出超强的技艺或技能。

所以，上兴趣班的关键就是要让孩子一直觉得有趣。那么，怎样才能让孩子保持长久的兴趣呢?

综合前面提到的孩子没有常性的5个原因，我们得出5项可以让孩子上兴趣班时觉得有趣的措施。

- 辨别天赋，减小难度。
- 发展同伴，增加互动。
- 选对项目，实用常用。

› 建好机制，好玩有趣。

› 遵照规律，循序渐进。

在这5项措施中，第1项措施需要采用简单快速的测试来实现，其余4项措施可以通过亲子游戏来帮助实现。

1. 快速评估孩子保持兴趣的难易程度

评估孩子保持兴趣的难易程度，主要是看孩子的天赋跟兴趣班的匹配程度。而要知道这个匹配程度，首先要知道孩子的天赋是什么。

自古以来，中国人主张按照天赋来培养孩子的兴趣爱好，所以有因材施教和扬长避短的说法。在过去，为了尽早测试孩子的天赋，人们会给满1周岁的孩子举行一个抓周仪式。

抓周就是在孩子面前放置各种各样的东西，然后让孩子去抓。孩子抓到了什么就证明他在这个方面有天赋。在《红楼梦》里，贾宝玉在周岁那天抓到了胭脂钗环。这种说法从现在的脑科学知识来看，也许是有一些科学道理的，这跟孩子早期的神经元之间的联结的形成有关，关于神经元之间的联结我们在第4章的内容中讲过一些。

此外，现在也有一些学者或机构宣称可以通过基因检测或手指纹来检测孩子的天赋，并推出了一些检测产品。为此，我专门请教了中国科学院心理研究所的几位教授，他们都认为这些技术和产品还缺乏翔实的科学依据，并对此持否定态度或保留意见。

为了便于家长对孩子的天赋做一些简单的评估，我推荐多元智能评估。多元智能理论是发展心理学家、教育学家霍华德·加德纳教授提出的，这套理论打破了应试教育中唯分数论的培养方式，为孩子的各种特长培养提供了全新的理论基础。

霍华德·加德纳的多元智能理论对美国的教育改革产生了空前的影响和推动，使美国的教育和文化在全球的影响力剧增，霍华德·加德纳也因此被誉为“教育领域的哥白尼”，他的理论也很快在全世界传播开来。我国也在21世纪引入了这一理念，霍华德·加德纳的新书《多元智能新视野》被“十二五”教育科研重点课题指定为参考书。

霍华德·加德纳把人的天赋分成了8类，你现在就可以仔细地看一下，并测试一下你的孩子可能具备哪些方面的天赋。不过需要特别说明的是，这些测试只能作为一种简单的参考，不能准确断定孩子一定具备或不具备哪些天赋。

语言智能

语言智能是指能有效地运用口头语言及文字的能力，例如，听、说、读、写能力，拥有语言智能的人能够顺利而高效地利用语言描述事件、表达思想并与人交流。拥有这种天赋的孩子的主要表现如下。

- 对口头语言和书面语言敏感，如写作能力好。
- 学习语言的能力强，如外语的学习能力强。
- 运用语言实现一定目标的能力强，如谈判能力好。

语言智能型的典型代表有作家、诗人、相声演员、演说家、文案写手、播音员、律师、教师、心理咨询师、谈判家等。

你可以根据以下内容快速给孩子做一个简单的测试。

1. 很擅长跟别人聊天。
2. 能轻松地把自己看到的、听到的和想到的东西用文字写出来。
3. 能听懂并模仿很多不同地方的方言，学习外语也很容易。
4. 特别能说，很多人都说不过他。
5. 很擅长演讲和辩论。

选项的得分规则为完全符合得4分，比较符合得3分，不好说得2分，不太符合得1分，不符合得0分。

根据表7.1的得分评估孩子的语言天赋。

表7.1 语言天赋测评结果

题号	1	2	3	4	5
得分					
得分合计					
说明	17～20分：超高天赋；13～16分：高天赋；9～12分：中等天赋；5～8分：天赋较低；0～4分：没有天赋				

逻辑数学智能

逻辑数学智能是指有效运用数字和推理的智能。拥有这种天赋的孩子的主要表现如下。

› 对问题进行逻辑分析的能力强，如推理快。

› 对数学进行逻辑运算的能力强，如擅长做数学题。

› 用科学方法调查分析问题的能力强，如擅长做科学实验。

逻辑数学智能型的典型代表有数学家、逻辑学家、科学家、发明家、工程师、侦探家、会计师等。

你可以根据以下内容快速给孩子做一个简单的测试。

1. 特别擅长象棋、围棋、推理和破案等这样逻辑严密的游戏，甚至还获过奖。

2. 特别擅长对各种事物（人、动植物、吃的、用的等）进行分类和总结。

3. 特别擅长数学，数学成绩特别好，甚至还获得过数学竞赛奖。

4. 特别擅长发现问题，并通过思考找到规律和答案。

5. 特别擅长做科学实验和各种调查分析。

选项的得分规则为完全符合得4分，比较符合得3分，不好说得2分，不太符合得1分，不符合得0分。

根据表7.2的得分评估孩子的逻辑数学天赋。

表 7.2　逻辑数学天赋测评结果

题号	1	2	3	4	5
得分					
得分合计					
说明	17～20分：超高天赋；13～16分：高天赋；9～12分：中等天赋；5～8分：天赋较低；0～4分：没有天赋				

空间智能

空间智能是指对色彩、线条、形状、形式、空间及它们之间关系的敏感性很高，感受、辨别、记忆、改变物体的空间关系，并借此表达思想和情感的能力比较强。拥有这种天赋的孩子的主要表现如下。

- 辨认、运用广阔空间中的物体的能力强，如擅长航海。
- 辨认、运用有限区域内的物体的能力强，如擅长空间设计。

空间智能型的典型代表有航海家、飞行员、雕塑家、外科医生、国际象棋手、画家、建筑设计师等。

你可以根据以下内容快速给孩子做一个简单的测试。

1. 不管走到哪里，不用看地图，能凭直觉分出东南西北。
2. 方向感特别强，从来都没有迷路过。
3. 空间感特别强，擅长画画，还能把三维的空间画出来。
4. 特别喜欢拼乐高，能用积木搭成几十种不同的模型。
5. 特别擅长空间布局，能在很小的纸片上画画，或者在很小的东西上雕刻。

选项的得分规则为完全符合得4分，比较符合得3分，不好说得2分，不太符合得1分，不符合得0分。

根据表7.3的得分评估孩子的空间天赋。

表 7.3　空间天赋测评结果

题号	1	2	3	4	5
得分					
得分合计					
说明	17～20分：超高天赋；13～16分：高天赋；9～12分：中等天赋；5～8分：天赋较低；0～4分：没有天赋				

肢体运动智能

肢体运动智能是指善于调节身体运动及用双手巧妙地改变物体的技能，能较好地控制自己的身体，对事件能够做出恰当的身体反应并善于利用身体语言来表达自己的思想。拥有这种天赋的孩子的主要表现是，使用整个身体或身体的某个部位（如手或嘴）来解决问题或创造产品的能力强，如擅长雕刻等。

肢体运动智能型的典型代表有运动员、舞蹈家、演员、工匠、外科医生、高级机械工人、武术家 、雕刻艺术家等。

你可以根据以下内容快速给孩子做一个简单的测试。

1. 特别擅长一项或几项体育运动，而且参加比赛就能获奖。
2. 特别擅长一项或几项舞蹈，而且参加比赛就能获奖。
3. 特别擅长一项或几项武术，而且参加比赛就能获奖。
4. 自己能动手做很多东西，如折纸、雕刻、裁剪、揉捏、拆装等。
5. 特别擅长模仿别人的动作，别人都说学得特别像。

选项的得分规则为完全符合得4分，比较符合得3分，不好说得2分，不太符合得1分，不符合得0分。

根据表7.4的得分评估孩子的运动天赋。

表7.4　运动天赋测评结果

题号	1	2	3	4	5
得分					
得分合计					
说明	17～20分：超高天赋；13～16分：高天赋；9～12分：中等天赋；5～8分：天赋较低；0～4分：没有天赋				

音乐智能

音乐智能是指能敏感地感知音调、旋律、节奏和音色等的能力，拥有这种智能的人对音乐的节奏、音调、音色和旋律特别敏感，并有通过作曲、演奏和歌唱等表达音乐的能力。拥有这种天赋的孩子的主要表现如下。

- 对音乐的表现力强，如擅长唱歌。
- 对音乐的创作能力强，如擅长作曲。
- 对音乐的欣赏能力强，如可以当音乐表演评委。

音乐智能型的典型代表有音乐家、歌唱家、作曲家、钢琴师、吉他手、DJ、音乐老师等。

你可以根据以下内容快速给孩子做一个简单的测试。

1. 唱歌特别好，还参加过比赛获过奖。
2. 会演奏一种或几种乐器，而且一参加比赛就能获奖。
3. 自己可以谱曲，创作新的音乐。
4. 学新歌、新曲特别快，听一两遍就能哼出来或弹出来。

5. 在听音乐时，立刻能听出别人唱错或弹错的地方。

选项的得分规则为完全符合得4分，比较符合得3分，不好说得2分，不太符合得1分，不符合得0分。

根据表7.5的得分评估孩子的音乐天赋。

表 7.5 音乐天赋测评结果

题号	1	2	3	4	5
得分					
得分合计					
说明	17～20分：超高天赋；13～16分：高天赋；9～12分：中等天赋；5～8分：天赋较低；0～4分：没有天赋				

人际交往智能

人际交往智能是指能够有效地理解人及相互关系，并擅长与人交往的能力。拥有这种天赋的孩子的主要表现如下。

› 理解他人的目的、动机和愿望的能力强，如可以有效地激励下属。

› 与他人一起有效工作的能力强，如管理员工的能力强。

人际交往智能型的典型代表有政治家、企业家、高管、社会活动家、销售精英、教师、主持人、演员等。

你可以根据以下内容快速给孩子做一个简单的测试。

1. 特别擅长揣摩别人的心思，而且还特别准确。

2. 很多人都说他特别会来事儿，情商高。

3. 父母、老师和同学们都特别喜欢他，人缘特别好。

4. 特别擅长协调人际关系，不管谁跟谁发生了矛盾，他一出面都能协调好。

5. 特别擅长管理他人，一直都是学生干部。

选项的得分规则为完全符合得4分，比较符合得3分，不好说得2分，不太符合得1分，不符合得0分。

根据表7.6的得分评估孩子的人际交往天赋。

表7.6 人际交往天赋测评结果

题号	1	2	3	4	5
得分					
得分合计					
说明	17～20分：超高天赋；13～16分：高天赋，9～12分：中等天赋；5～8分：天赋较低；0～4分：没有天赋				

内省智能

内省智能是指认知自己的能力。拥有这种智能的人大脑前额叶非常发达，能敏锐地洞察自己的情绪、意向、动机和欲望，会通过各种反馈了解自己的优势和劣势，特别擅长学习他人的长处。他们自信、自尊、自律，能够自主地规划自己的人生，并随时根据外在的环境进行调整，以实现自己的目标。拥有这种天赋的孩子的主要表现如下。

- 理解自己的能力强。
- 找到符合自己特点（包括愿望、弱点、才华等）的有效工作模式，并据此调节生活的能力强。

内省智能型的典型代表有思想家、哲学家、教育学家、心理学家、教练等。

你可以根据以下内容快速给孩子做一个简单的测试。

1. 特别清楚自己的优点和缺点是什么。
2. 非常清楚自己的情绪起伏，也清楚为什么会有这样的情绪起伏。
3. 特别擅长通过扬长避短来实现自己的目的。

4. 每当犯错时，会自我反思、认真总结和积极改正。

5. 自我调节能力特别强，不管遇到什么新情况，或者到了任何一个新地方，都能很快地适应。

选项的得分规则为完全符合得4分，比较符合得3分，不好说得2分，不太符合得1分，不符合得0分。

根据表7.7的得分评估孩子的内省天赋。

表 7.7　内省天赋测评结果

题号	1	2	3	4	5
得分					
得分合计					
说明	17～20分：超高天赋；13～16分：高天赋；9～12分：中等天赋；5～8分：天赋较低；0～4分：没有天赋				

自然探索智能

自然探索智能是指能认识植物、动物和其他自然环境的能力。拥有这种天赋的孩子的主要表现如下。

- 辨别某个个体是否为某个群体（物种）中的一员，如达尔文写《进化论》。
- 识别一个物种内的成员，发现与物种相近的其他物种的存在，并用图表揭示出几个物种之间正式或非正式的关系，如李时珍写《本草纲目》。

自然探索智能型的典型代表有植物学家、动物学家、生物学家、医药学家、旅行家等。

你可以根据以下的内容快速给孩子做一个简单测试。

1. 对于常见的植物，能说出其所属的界、门、纲、目、科、属、种。

2. 对于常见的动物，能说出其所属的界、门、纲、目、科、属、种。

3. 对于很多物种，能说出跟它们类似或相近的物种有哪些。

4. 特别擅长观察和研究一些动植物，并能发现很多它们的生长规律或作息规律。

5. 擅长用图表把某些物种之间的相互关系画出来。

选项的得分规则为完全符合得4分，比较符合得3分，不好说得2分，不太符合得1分，不符合得0分。

根据表7.8的得分评估孩子的自然探索天赋。

表7.8　自然探索天赋测评结果

题号	1	2	3	4	5
得分					
得分合计					
说明	17～20分：超高天赋；13～16分：高天赋；9～12分：中等天赋；5～8分：天赋较低；0～4分：没有天赋				

做完上面的测试后，你就可以快速地评判一下，看看你给孩子报的兴趣班，哪些兴趣班和他的天赋相符程度较高，哪些兴趣班和他的天赋相符程度较低。然后，根据以下指导原则做一些调整和取舍。

- 原则1：超高天赋的，孩子学起来没有难度，一定要保持。
- 原则2：高天赋的，孩子学起来难度较小，最好保持。
- 原则3：中等天赋的，孩子学起来有些难度，应该谨慎选择。
- 原则4：天赋较低的，孩子学起来难度较大，应该停止。
- 原则5：没有天赋的，孩子学起来难度太大，最好停止。

要评估孩子对兴趣班保持兴趣的难易程度，除了看孩子的天赋跟兴趣班的相符程度，还需要看发展这种兴趣的实用性。如表7.9所示。

表 7.9　发展兴趣的实用性评估表

兴趣项目	项目的长久性和稳定性（0～5分）	项目从业者数量和受众数量（0～5分）	项目所需场地或装备的便捷性（0～5分）	项目在生活中的实用性或可用性（0～5分）	培训机构的便利性和通用性（0～5分）	合计得分
例：篮球	5	5	4	5	5	24

在填完表7.9之后，你就可以快速地评判一下，看看在你给孩子报的兴趣班中，哪些兴趣班实用性比较高，哪些兴趣班的实用性比较低，然后根据以下指导原则做一些调整和取舍。

- 原则1：实用性总得分在20分（含）以上，实用性高，一定要保持。
- 原则2：实用性总得分为15（含）~20分，实用性较高，可以保持。
- 原则3：实用性总得分为10（含）~15分，实用性一般，应该谨慎选择。
- 原则4：实用性总得分在10分（含）以下，实用性差，最好停止。

2. 用亲子游戏来激发兴趣

我们在第2章里介绍游戏养育力时讲过，游戏是帮助孩子成长的最佳方式，能快速地陪伴孩子度过各种能力的平躺期、爬坐期、蹒跚期和跑跳期。如果家长经常跟孩子在生活中玩孩子擅长并且感兴趣的游戏，孩子就能不断地获得优越感和价值感，从而保持对游戏的兴趣。

考虑到家长比较忙，不一定有时间研究孩子的兴趣班，为了方便家长运用游戏，我根据实践经验，把前面提到的另外4项能使孩子上兴趣班时觉得有趣的措施放到了3种亲子游戏里，如表7.10所示。

表7.10　3种兴趣游戏展现的措施列举和对比

	发展同伴，增加互动	选对项目，实用常用	建好机制，好玩有趣	遵照规律，循序渐进
家庭PK游戏	★★★★★	★★★	★★★★★	★★★★
八面达人秀游戏	★★★	★★★★★	★★★★★	★★★★★
比赛升级游戏	★★★	★★★	★★★	★★★★★

说明：表中的★越多，表示游戏可展现的相应措施越强，好处越多。

家长可以结合孩子的实际情况，在表7.10里选择符合孩子兴趣的游戏，跟孩子一起玩，就可以达到效果。

第4节

3种保持常性的兴趣游戏

1. 家庭PK游戏

家庭PK游戏是指家长和孩子一起玩比赛游戏，比赛的内容是孩子兴趣班所学的内容，例如，画画、围棋和篮球等。

因为这个游戏需要家长参与，所以更适合心态比较开放和学习能力比较强的家长玩。

游戏的形式：比赛游戏。

游戏的人数：2～4个人或更多。

游戏的道具：根据孩子的兴趣班内容而定。

游戏的规则和流程：

1. 家长邀请孩子充当老师或教练，孩子把自己在兴趣班所学的最新内容传授给家长或其他参加比赛的家人。如果内容太多，或者难度太大，则只需传授其中一两个比较简单的知识点就行。

2. 参加比赛的人开始练习和排练，并多向孩子请教，孩子也要多给参赛者提供必要的指导。

3. 大家根据家长和孩子的实力差距确定比赛的规则和获胜的标准。谁的水平高，就把谁获胜的规则定得高一些，最理想的结果是把双方获胜的概率控制在50%左右，也就是说，双方都需要全力付出才能获胜。

4. 开始比赛，判定胜负。

5. 总结颁奖。比赛结束后，双方可以一起做一个简单的总结，并举行一个简单的颁奖仪式。奖品可以选用大拇哥贴纸或获奖贴纸。

我们结合昊伟的案例来看。

昊伟是一个特别聪明的男孩，他在幼儿园大班时开始学习围棋。

每次下课回家后，昊伟都很兴奋，会得意地问父母一些有关围棋的知识和技能。例如，昊伟问他的父母："爸爸，你知道下围棋有哪些基本规则吗？""妈妈，你知道围棋吃子有哪些吃法吗？""爸爸，你知道围棋中的气和眼分别是什么吗？"……

昊伟的父母都是教师，他们明白学习金字塔的原理（如图5.16所示），知道这时候顺势让孩子教自己就是他巩固知识最好的方式。

所以，每当这时候，昊伟的父母会说："我们不知道呀，你给我们讲讲吧!"于是昊伟就像一个小老师一样，拿出围棋的棋盘和棋子，认真地给父母讲起来。

讲完后，昊伟的父母就会提议进行比赛。昊伟就会非常开心地跟父母玩上几把，在玩的过程中，他还时不时地给父母做一些指导和建议，昊伟的架势还真的像个围棋高手一样。

这样一来，昊伟的棋艺有了非常显著的提升，很快就在兴趣班里脱颖而出。上小学后，昊伟还代表学校参加了本市的小学生围棋比赛，并获得了男子丙组（1至2年级）的一等奖。

更有意义的是，围棋也逐渐成了昊伟家里最常玩的家庭游戏。他们还制定了一些有趣的规则，例如，谁输了谁就要做仰卧起坐或多做家务等。他们一家三口把围棋玩出了很多花样，开心得不得了。

不过，有时候昊伟状态不好，不想去上兴趣班的时候，他的父母也不会强迫他。而昊伟也挺机灵的，只要发现父母的棋艺追上来了，他就特别盼望赶紧上新课程，好跟老师学更多的技巧来战胜父母。

在昊伟家的案例中，当昊伟回到家兴致勃勃地问父母问题的时候，父母的做法很关键。如果父母对孩子提出的问题不感兴趣，或者消极地对待，那么就会不利于孩子保持兴趣和学习。而昊伟的父母处理得非常科学，他们还经常跟昊伟玩家庭PK游戏，所以取得了非常好的效果。

由此可以看出，家庭PK游戏不仅拥有如表7.10中所示的好处，也能帮助孩子有效地巩固所学的知识和技能，还可以逐渐发展父母和子女之间的共同兴趣和爱好。

此外，这样的亲子游戏如果能长期地保持下去，不仅可以使孩子对上兴趣班长期保持浓厚的兴趣，还能保持通畅的亲子沟通，有利于减少孩子的叛逆行为，帮助孩子平稳度过青春期。

2. 八面达人秀游戏

八面达人秀游戏是指家长和孩子经常一起玩才艺展示的游戏。

孩子展示的内容主要是孩子在兴趣班所学的知识和技能。在才艺展示的过程中，孩子不仅可以巩固知识，锻炼技能，还能获得家人的赞许，获得价值感和成就感，从而激发和保持兴趣。

家长展示的内容既可以是家长的特长，也可以是一个专题研究分享。例如，学习方法分享、青年人早恋的利弊研究、性教育知识分享等。专题研究分享其实就是家长最想给孩子灌输的某种道理和价值观，只不过采用了游戏的方式展示出来而已。

为了增加游戏的趣味性和科学性，我在八面达人秀游戏中设计了9个角色。1个角色是主持人，另外8个角色是拥有8种天赋（前面提到过的多元智能）的达人。

主持人的主要任务是组局、串场、掌控时间、点评和总结。各种达人的主要任务是准备才艺和展示才艺。

八面达人秀游戏的游戏介绍卡、玩法流程卡和角色牌如图7.2至图7.7所示。你可以和孩子一起用彩笔和纸片照着这些卡片做一套游戏卡。

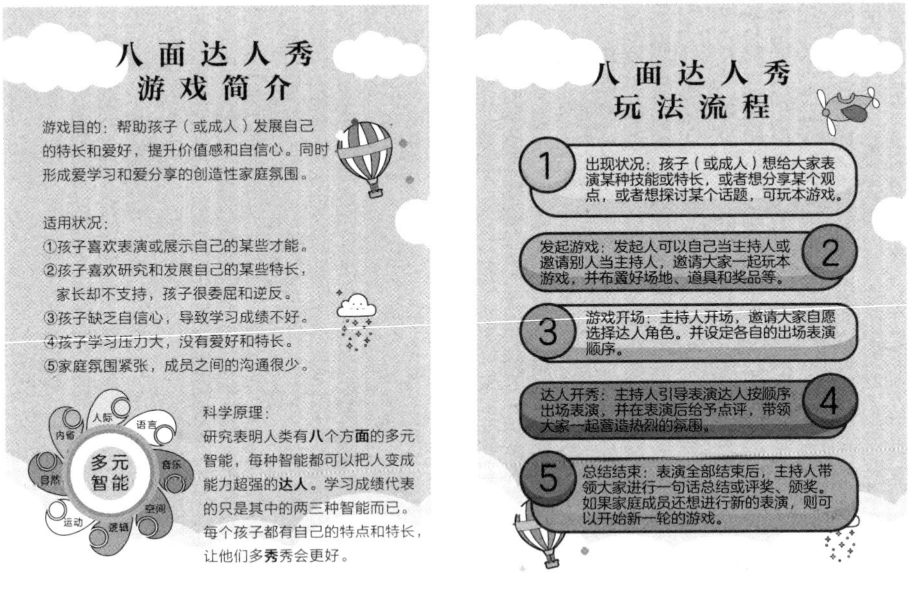

图7.2　八面达人秀游戏简介和玩法流程

图7.3　八面达人秀游戏主持人角色卡和技能卡

图7.4　逻辑达人和语言达人角色卡

图7.5　空间达人和运动达人角色卡

图7.6　音乐达人和人际达人角色卡

图7.7　内省达人和自然达人角色卡

根据参加者的不同，这个游戏有3种基本的玩法。

- 在自己家里跟孩子一起玩。
- 在家族聚会时大家一起玩。
- 在同学或朋友的家庭聚会时一起玩。

我们结合美伊的案例来看。

美伊上了初中二年级，她从小就一直上着两个兴趣班，分别是钢琴和写作。美伊的爸爸是一位设计师，画画特别好；美伊的妈妈是一位行政主管，并没有什么特长。

两年前，他们家开始玩八面达人秀游戏。

刚开始玩这个游戏的时候，美伊的妈妈觉得自己没有什么特长，就扮演了主持人。不过，在她扮演主持人的时候，把氛围烘托得特别好，让美伊和爸爸有大牌明星出场的感觉。

美伊扮演的最多的是音乐达人和语言达人。她的钢琴弹得很好，每次她都会先完整地弹一首自己最擅长或最喜欢的曲子。有时候爸爸会故意挑战一下美伊，随便点一首曲子，让美伊即兴演奏。可美伊真的很厉害，即使是她从来没有弹过的曲子，只要听一遍，或者直接跟着播放的乐曲，她都能马上弹出来。

美伊有时候还会扮演语言达人，用配音软件现场表演配音秀，不管是经典动画片，还是现代热播剧，她的配音都特别好。不仅声音好听，而且情绪的运用和把控也特别到位，简直跟原声一样。

爸爸扮演的最多的是空间达人和逻辑达人。在扮演空间达人的时候，爸爸会让美伊的妈妈和美伊摆个造型，然后拿出绝活，几分钟就把美伊和妈妈画出来，而且还画得特别像。爸爸有时候还会扮演逻辑达人中的科学家，分享一些对社会焦点问题的解析，例如，新冠病毒防控、孩子青春期为什么会叛逆、怎样辅导早恋的孩子等问题。他的分享每次都会引发一些家庭探讨和学习，效果很不错。

后来，大家都觉得妈妈的主持特别好，而且主持也成为妈妈的一种特长，就是人际达人。这让妈妈的信心大增，开始发展自己的其他特长。她在美伊的伴奏下，逐渐练了几首歌，而且越唱越好。除此之外，她还跟着美伊学会弹几首简单的钢琴曲，这让美伊的妈妈感觉一下子年轻了很多，似乎又回到了充满激情的青春时代。

由于经常玩这样的游戏，美伊一家人的才艺水平逐渐提升。每逢节庆日需要表演节目的时候，他们就成了单位或学校的“明星”。

美伊也因此颇受同学们的喜爱，她后来把八面达人秀游戏介绍给了同学们，大家经常在班里玩，她还因此获得了学校的最佳文艺组织奖。

从美伊家的案例可以看出，八面达人秀游戏不仅能让孩子随时发挥自己的特长、展示自己的才艺，也能增加孩子的自信，促进孩子的社会交往，获得更多的价值感和成就感，还能营造有文化品味的家庭氛围。

3. 比赛升级游戏

比赛升级游戏是鼓励孩子多参加比赛或升级考试，用这些比赛和考级来以赛促练、以赛代练，并不断激发孩子的兴趣和动力。

例如，学围棋的，就多参加各种围棋比赛；学花样滑冰的，就多参加各种花样滑冰比赛；学机器人编程的，就多参加中国电子学会的等级考试；学钢琴的，就多参加全国钢琴演奏考级等。

不过，这种比赛升级的游戏并不适合所有的孩子，而更适合那些好胜心比较强、自主性比较高的孩子，因为这些孩子本来就喜欢比赛和竞争，喜欢那种压力感和紧张感，这是竞技类游戏的魅力。

家长需要做的就是，帮助孩子搜索和留意各种比赛的信息，然后给孩子做好辅助和后勤工作就行。

我们结合旭鹏的案例看下。

旭鹏从小嫉妒心比较强，只要看到别的孩子学什么，他就要学什么。旭鹏的父母拗不过他，只好硬着头皮给他报兴趣班。可是报的班太多了，以致他一个也学不好。

于是旭鹏的父母就跟他商量，让他少报几个兴趣班，而且只要报了的就要学好。旭鹏问父母怎样做是学好呢？

旭鹏的父母就告诉他，学好就是去参加比赛、去考级，在比赛中赢得的奖项越多、考的级别越高，就是学得越好。父母还给旭鹏看了很多奖状、奖杯和考级证书。

在父母的引导下，旭鹏的嫉妒心慢慢变成了好胜心。在父母的支持下，他开始积极地参加各种比赛和等级考试。

在旭鹏小学毕业的时候，他已经获得了许多的奖项和证书。例如，全国青少年科技创新大赛一等奖、外研社杯全国英语大赛一等奖和二等奖、市级青少年跆拳道比赛冠军、中国电子学会青少年机器人3级证书、英国伦敦三一学院英语口语4级证书、中国跆拳道协会3级证书等。

2020年8月，旭鹏作为特长生，被当地最好的中学录取了。

在现实生活中，像旭鹏这样的孩子有很多，如果家长引导得好，就可以帮助孩子把“见不得别人好”的嫉妒心，变成“我接受别人的好，同时我可以变得更好”的进取心，从而激发孩子的内在动力，主动发挥出更多的特长和技能。

[CHAPTER 8]

第8章

配偶不学习，还老是讥讽你小题大做怎么办

——如何化解分歧，统一夫妻育儿观念

我们常说，家和万事兴。

如果夫妻的育儿理念不合并经常吵架，会对孩子产生各种消极影响。例如，孩子的精神和心理出现病态的概率急剧增大；孩子的放纵行为增多，自制力逐渐下降；孩子的道德瑕疵日益增多等。

第1节

“老有理”和“小题大做”

佳蕊6岁，她的弟弟2岁半。佳蕊的爸爸是山东人，她的爷爷奶奶都是政府干部。佳蕊的妈妈是上海人，姥姥姥爷都是知识分子。

佳蕊的爸爸在单位是一个不大不小的领导，有些大男子主义，虽然平时照顾佳蕊和她弟弟的时间不多，但是他却一直看不惯佳蕊妈妈教育孩子的很多做法，觉得佳蕊妈妈教育孩子的方式有问题。

佳蕊妈妈总是听一些育儿课程，看一些育儿书；佳蕊的爸爸觉得佳蕊妈妈有点育儿焦虑和知识焦虑，应该少听少看才对。

佳蕊妈妈认为孩子的早教很重要，要给孩子多报几个兴趣班；佳蕊爸爸却认为根本没有必要，担心那样会夺走孩子的快乐，还认为所谓的早教都是商业机构弄出来的概念和噱头，目的就是要赚家长们的钱。

佳蕊妈妈认为隔代养育的孩子问题很多，最好是亲自带孩子；佳蕊爸爸认为佳蕊妈妈常常小题大做，反而对孩子不好，亲自带孩子可能还没有爷爷奶奶带得好。

佳蕊妈妈认为在家里要讲究民主，要多跟孩子商量和沟通；佳蕊爸爸认为不应该迷信西方的教育观念，他认为孩子从小就应该懂规矩、尊敬长辈，父母在孩子面前应该树立威信，不然孩子就会表现得没大没小、缺乏教养。

…………

由于在育儿方面分歧很大，所以佳蕊的爸爸妈妈经常为了她和弟弟的教育问题争吵，而且一吵起来就谁也不让着谁，吵得久了两个人还都给对方取了绰号。佳蕊的爸爸绰号为“老有理”，佳蕊的妈妈绰号为“小题大做”。

每当他们吵架的时候，佳蕊和弟弟都吓得抱住妈妈哇哇直哭，把佳蕊的爷爷奶奶气得够呛。

在平时的生活中，每当孩子犯错时，“老有理”就会趁机抓住把柄，说这都是因为“小题大做”教育方法不当而产生的后果。“小题大做”知道自己说不过对方，就在“老有理”不在家的时候，在孩子们面前挑“老有理”的毛病，来证明自己的教育方法是对的。

有一次夫妻俩又因为孩子的教育问题吵起来，结果佳蕊和弟弟都拿起苹果去砸爸爸，这一下让“老有理”暴跳如雷，要不是佳蕊的奶奶及时赶到，可能“老有理”就要动手打人了……

孩子的父母是基于婚姻法结成的夫妻关系，而夫妻关系是一切家庭关系的起点和基础，家庭中的其他关系都是在夫妻关系的基础上产生的。所以，夫妻关系不仅会影响婚姻的稳定性，影响家庭氛围，还会对孩子的成长造成巨大的影响。

苏联社会学家瑟先科在《夫妻冲突》一书中总结了夫妻吵架可能会对孩子产生的6种消极影响。

- 孩子生活在充满矛盾的环境中，缺少心理健康发展的条件。
- 孩子的精神和心理出现病态的概率急剧增大。
- 孩子的放纵行为增多，自制力逐渐下降。
- 孩子的适应能力逐渐降低。
- 孩子的道德瑕疵日益增多。
- 孩子对父母的反感增加，甚至对一方怀有怨恨。

最可怕的是，夫妻冲突会影响亲子关系，亲子关系又会影响孩子的一生。所以樊登老师在《陪孩子终身成长》一书中说：“你必须成长，才能帮助孩子成长，一个人和父母的关系，就是他和整个世界关系的投射，亲子关系决定了我们与世界的关系。”

可是，在现实生活中，夫妻因为教育观念不一致而吵架的情况很普遍，很多人还因为这方面的分歧开始完全否定对方，认为两个人三观不合，并直接选择离婚。所以，统一育儿观念的确是一个难点，也是一个重点。

前面案例中佳蕊家的情况已经很严峻了，如果不及时加以调整，缓和父母双方的关系，可能就会导致更严重的情况发生。

第2节

育儿观念难统一的5种原因

我们都知道，夫妻关系相对于其他关系来说，是一种比较亲密的人际关系。可是为什么在有了孩子之后，有些夫妻会在育儿观念上存在巨大的分歧，并且很难统一呢？

为了便于理解，我们还是用一个形象的比喻来解释。

我相信你一定吃过柚子、橘子和橙子。在这三个物种中，柚子树最高大，结出的果也最大，果皮很厚，味道最酸；橘子树相对矮小，结出的果也比较小，果皮很薄，味道比柚子甜一些；橙子树大小适中，结出的果比柚子小一些，比橘子大一些，果皮比柚子皮薄，比橘子皮厚，味道比柚子和橘子都甜很多。

告诉你一个冷知识，橙子是由柚子和橘子杂交形成的，也就是说柚子和橘子分别是橙子的“爸爸”和“妈妈”。

虽然橙子跟柚子、橘子有一些相似性，但是橙子是一种全新的水果，它比柚子和橘子都甜很多、好吃很多。

如果我们用柚子的生长标准去衡量橙子，会觉得橙子个儿不够大、皮不够厚，认为橙子不够好，担心橙子长偏了、长坏了。同样，如果我们用橘子的生长标准去衡量橙子，会觉得橙子个儿有些大、皮不够薄，也认为橙子不够好，担心橙子长偏了、长坏了。

其实，这与父母养育孩子的观念如出一辙。如果我们不懂其中的自然规律和心理规律，父母双方就会产生不同的育儿观念，出现很多分歧。接下来我会结合前面的案例，对育儿观念难统一的5种原因做进一步的解释和说明。

1. 彼此的成长经历不同

柚子和橘子是两个不同的物种，即使长在同一块地里，它们的生长方式和吸收的养分也是不同的。

对于人的成长来说，也是如此。即使在一个家庭里长大的兄弟姐妹，他们也会形成不同的性格和观念。

对于夫妻来说，更是如此。因为夫妻双方各自在不同的家庭中长大，所以他们的成长经历一定是不同的。有的人在严格、保守的家庭环境中长大，有的人则在轻松、开放的家庭环境中长大。有的人经历过严重的心理伤害，有的人经历过严重的病痛，有的人经历过亲人的早逝，有的人犯过无法弥补的过错等。

例如，在前面的案例中，佳蕊爸爸是山东人，爷爷奶奶都是政府干部；佳蕊妈妈是上海人，姥姥姥爷都是知识分子。他们的成长经历明显不同。而不同的成长经历产生不同的记忆和经验，并形成不同的且根深蒂固、难以改变的观念。

2. 彼此的思维方式不同

我们先来看柚子和橘子这两个物种的进化策略。

简单地说，因为柚子树比较高，柚子的个儿又很大，刮风对柚子的影响很大，所以柚子生存和进化的策略就是树干和树枝必须要强壮。

相反，对于橘子来说，因为橘子树比较矮，橘子的个儿又比较小，而且容易被动物破坏，所以橘子生存和进化的策略就是树干和树枝上一定要长刺。

植物的进化策略可以类比为人类的思维方式。对于前面案例中的佳蕊爸爸来说，他的思维方式显然就比较保守和传统，而佳蕊妈妈的思维方式就相对开放一些。

这些不同的思维方式，就是产生不同育儿观念的底层逻辑。而这些底层逻辑通常是由大脑神经元细胞的联结方式决定的，所以很难改变；要想改变，只有进行长时间的刻意练习。这就增加了统一育儿观念的难度。

3. 缺乏共同认可的标准

在前面的内容中提到了，如果仅用柚子或橘子单方面的成长标准来衡量橙子，都会觉得橙子不够好，担心橙子长偏或长坏了。

前面案例中佳蕊爸爸妈妈的表现就十分典型。佳蕊爸爸以自己成长的经历和思维方式来衡量，就会觉得佳蕊妈妈的教育方式有问题，觉得她太冒进，是“小题大做”。佳蕊妈妈以自己成长的经历和思维方式来衡量，就会觉得佳蕊爸爸的教育理念太落后，觉得他很顽固，是“老有理”。

那么在这种情况下，到底应该怎么办呢？

其实，橙子的故事就已经给了我们很好的答案。

为什么人们要用柚子和橘子来杂交出橙子呢？就是因为橙子比柚子和橘子更甜、更好吃，有更好的食用价值、经济价值和社会价值。

所以，每一对夫妻，也应该像柚子和橘子一样，不能只以自己的成长经历和思维方式去衡量和要求孩子，而是要把孩子看成跟橙子一样，是一个不同的“新物种”。

对孩子这个“新物种”来说，像谁不像谁不重要，用了谁的方法或者没有用谁的方法来教育也不重要，真正重要的是，孩子的身体是否健康，孩子的精神是否愉悦，孩子将来能否创造出较大的社会价值。

父母走出个人的认知局限，发现对孩子的教育观念并不能简单地由自己的主观意识来判定，而应该遵循比较科学、客观和公认的标准。

例如，生理学提供了身体健康的评价标准，发展心理学提供了心理健康的评价标准，社会主义核心价值观和人才观提供了个人社会价值的评价标准。

可是，很多父母在教育孩子的问题上都很难做到非常理性，再加上平时被各种事务缠身，就更难理性了。

4. 缺乏有效的沟通机制

佳蕊的爸爸妈妈因为缺少有效的沟通机制和方法，所以他们也会像柚子和橘子一样，看不到或者意识不到在彼此的成长经历和思维方式上存在不同，也看不到科学的、客观的养育孩子的标准，所以他们会经常争吵。

其实，他们所有的争吵都源于理念不同，而理念不同源于认知局限，认知局限又源于他们掌握的信息不对称。

拿柚子跟橘子杂交出橙子来说，我们是高维度的生物，能掌握它们的信息，所以我们不会对柚子、橘子和橙子产生偏见，认为它们都是在按照各自的规律生存和发展，没有对错和好坏之分。

可是，当我们在养育孩子的时候，就很难获得全部的信息了，特别是不能充分获取配偶和孩子的信息。一旦不能获取全部的信息，就只能根据自己获得的少量信息来评判对错和好坏，这样就产生了认知局限和认知偏见，从而导致夫妻双方产生分歧。

例如，如果佳蕊妈妈不了解佳蕊的爷爷奶奶养育佳蕊爸爸的过程，就不会理解佳蕊爸爸相对传统、保守的个性。同样，如果佳蕊爸爸不了解佳蕊的姥姥姥爷养育佳蕊妈妈的过程，那么他也就不会理解佳蕊妈妈相对开放的个性。

如果你能让自己像看柚子和橘子一样，仔细地去看一下佳蕊爸爸妈妈的观点，就会发现他们说的都是很有道理的。同时，又都是不全面的，是不完全符合客观现实情况的。

怎么办呢？

别忘了，人类是有思维能力的，特别是有抽象思维的能力。只要我们能建立有效的沟通机制，加上使用恰当的方式，就可以获得比较全面的信息。

例如，如果有一种机制可以帮助我们把配偶看成柚子或橘子，把孩子看成橙子，我们就可以通过类比的方式，发现自己的成长经历和思维方式给自己带来的认知局限，同时也可以理解配偶的成长经历、思维方式和由此给他带来的认知局限。

这时候，我们可以跳出对自己以及对配偶的各种评判，用以终为始的观念来思考，那么就很容易得到比较科学、客观和公认的养育孩子的标准，从而实现育儿观念的统一。

5. 夫妻间积怨太多、太深

众所周知，夫妻之间除了养育孩子的问题，还有很多摩擦和碰撞，这些摩擦和碰撞如果没有得到梳理和解除，就会造成误解，并由误解变成怨恨，再由怨恨变成排斥。

一旦夫妻之间产生了误解、怨恨和排斥，就会让双方产生心理上的不安全感，这种不安全感会让双方产生一种本能的防御和对抗。

因为孩子在家里属于弱势群体，也是家长最容易拉拢的群体，所以夫妻双方就会有意或无意地提出与对方不同的观点，来争取得到孩子的更多认同。这时候，夫妻双方的分歧就会变得越来越大，越来越不可调和了。

第3节

游戏是统一观念的好方式

基于以上的原因，如果夫妻双方有不同的育儿观念，那么用一般的方法是很难统一的。

事实上，正如儿童成长彩虹图所示，不只是儿童，成年人的每一种能力的发展，也会经历类似于平躺期、爬坐期、蹒跚期、跑跳期和舞蹈期5个阶段，而且每个阶段都有相应的成长表现和成长心理。

夫妻双方的沟通更是如此，如果尝试多次沟通都失败了，他们就会变得消极，不想再跟对方沟通了。

但是，如果我们跟孩子一样，采用游戏的方式来沟通，反而会收到意想不到的良好效果。

1. 游戏是虚假的，避免直接碰撞

对于成年人来说，游戏跟现实相比，最大的区别就是游戏是虚假的，是对现实的假想和假扮。游戏的这种虚假性不会让人感到特别紧张、特别在乎，不会让人自动对号入座。

在现实生活中，我们可能都会用游戏的方式来处理一些摩擦和碰撞，只不过自己没有意识到而已。例如，在跟别人直接沟通有困难的时候，我们就会用幽默或调侃的方式来委婉地表达和提示对方，这就是一种典型的思想游戏或文字游戏。

前面案例中佳蕊爸爸妈妈的关系其实还不算特别糟糕，因为他们经常用“老有理”和“小题大做”这样的绰号来称呼对方。你可以想象一下，如果双方用其他含有侮辱性的绰号来称呼对方，那么争吵就很难结束，甚至可能会大打出手。

当然，如果双方能用“大领导”和“牛专家”这样调侃的称呼进行沟通，可能效果会好很多。

对于那些积怨太多、太深的夫妻来说，采用思想游戏和文字游戏是化解矛盾的一种很好的方式。

2. 游戏体验感强，利于沟通，容易让人产生共鸣

跟讲道理、劝说和写信等沟通方式相比，游戏的方式具有极强的情境感和体验感。在游戏中，受统一目标和规则的影响，参与者很容易就能统一思想和标准，并产生共鸣。

例如，如果佳蕊的爸爸妈妈都喜欢玩升级的扑克牌游戏，那么他们

就会在打牌的时候形成共同的目标，并遵守相同的规则。如果你一边打牌，一边很自然地讨论一些育儿的观念，这时候大家就会比平时更容易达成共识。

如果再进一步，我们专门设计一种用来统一观念的游戏，效果就会更好。

3. 经常玩游戏，能够改变思维方式

我们在前面说过，人的思维方式跟大脑的神经元之间的联结形式有关，很难改变，除非有长时间的刻意练习才行。

如果把一些特殊设计的、有趣的游戏作为一种家庭休闲活动，经常在家里玩，玩得多了形成一种长时间的刻意练习，就可以不知不觉地改变人的思维方式。

例如，一个人原来总是喜欢单打独斗，如果让他经常玩需要跟别人配合才能完成的游戏，那么他的思维方式就会逐渐发生改变。

4. 游戏可以设计得既巧妙又有效

为了帮助家长实现育儿理念的统一，我给大家设计了7种实用的家庭游戏，如表8.1所示。你可以根据自家的实际情况，选择适合的游戏种类。

表 8.1　7 种实用的家庭游戏的功能列举和对比

	化解积怨	增加了解	改变思维	统一标准	改善沟通
情绪阴转晴游戏	★★★★★	★★★★★	★★★★★	★★	★★★★★
家庭感恩游戏	★★★★★	★★★	★★★★★	★★	★★★★★
家庭故事会游戏	★★★	★★★★★	★★	★★	★★★★★

续表

	化解积怨	增加了解	改变思维	统一标准	改善沟通
思维拓展游戏	★★★★★	★★★★★	★★★★★	★★★★★	★★★★★
家庭模仿秀游戏	★★★	★★★★★	★★★	★★★	★★★★★
育儿扑克牌游戏	★★	★★★★★	★★★★★	★★★★★	★★★★★
家庭管理游戏	★	★★★	★★★	★★★★★	★★★★★

说明：表中的★越多，表示游戏包含的相应功能越强。

第4节

7种实用的家庭游戏

1. 情绪阴转晴游戏

情绪阴转晴游戏是一个释放情绪、处理情绪和改变看法的综合性游戏。它对夫妻统一育儿观念的帮助很大，所以我把它排在了第一位。

育儿观念分歧大的夫妻，也往往是彼此积怨很深的夫妻。在这种情况下，别说统一育儿观念了，很多夫妻连话都不想多说一句。所以，释放情绪、化解积怨是打开彼此心扉的第一步。

在实际应用的时候，如果你跟配偶的积怨比较深，为了避免一上来就“擦枪走火”，我建议你可以按照下面的步骤来玩。

› 第1步：先跟配偶熟悉的其他家长玩几遍，例如，跟也有孩子的好朋友玩。

› 第2步：如果孩子的年龄大于7岁，再跟孩子玩几遍。

› 第3步：在适当的时间，约与配偶熟悉的家长跟配偶一起玩这个游戏。

› 第4步：在适当的时间，跟配偶和孩子（年龄大于7岁）一起玩这个游戏。

情绪阴转晴游戏的具体玩法在第4章中有详细的介绍。因为这个游戏会用到情绪识别、情绪表达、共情和转变看法等技巧，建议家长先把第4章的内容完整地看一遍，然后再玩，效果可能会更好一些。

2. 家庭感恩游戏

家庭感恩游戏是指主动发现家人的优点，并通过一定的形式或仪式表达出来的互动游戏。这种游戏的“威力”巨大，如果玩得好，是开启夫妻双方深度沟通的最佳方式之一。

关于游戏的种类，我推荐两种：点赞游戏和感恩游戏。如果有需要，你可以翻到第6章阅读相应内容并学习。

3. 家庭故事会游戏

家庭故事会游戏是指家长和孩子在一起讲各自的成长故事的游戏。这是一种很好的家庭沟通方式，在彼此陪伴和娱乐的同时，也增加了相互理解。

游戏的形式：轮流讲故事。

游戏的人员：所有3岁以上的家庭成员。

游戏的道具：我们的成长故事卡（如图8.1所示）。

游戏的规则和流程：

1. 大家先一起在故事卡上指定一个内容，每个人都按照这个内容轮流讲一个自己的故事。

2. 每个人在故事卡上选择一个自己最想讲的内容，轮流讲一个自己的故事。

3. 第一个讲故事的人自选内容，讲完后有权指定下一个讲故事的人和他要讲的内容。

4. 大家一起商量并确定每个人要讲的内容，然后每个人按照确定的内容轮流讲一个自己的故事。

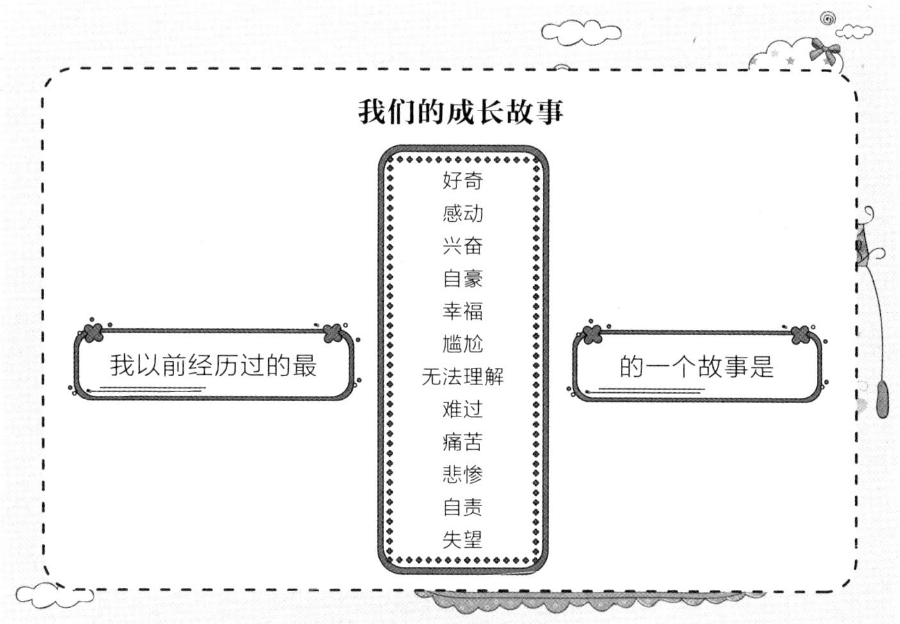

图8.1　我们的成长故事卡

下面我们结合星然的案例具体看一下。

星然出生后，星然的爸爸妈妈经常为了他的养育问题吵架。

星然的妈妈认为养育孩子自始至终都是夫妻两个人的事，需要两个人同时付出。星然的爸爸则坚决反对，他认为在孩子小的时候，丈夫的主要任务是赚钱养家，带孩子是妻子的事，等孩子长大一些了，丈夫才有管教孩子的任务。

由于两个人的育儿理念不同，而且谁也说服不了谁，所以他们家经常会出现一种奇怪的场景：一边是星然出了状况哇哇大哭，星然的妈妈忙得晕头转向，腰酸背痛；另一边是星然的爸爸“瘫”在沙发上或躲在书房里悠闲地看电视或刷手机。

因为这种情况，星然的爸爸也没少挨骂。不过，他一直都不认为自己有错，还是坚持自己的观点。

有一次，有几个朋友来家里玩，大家无意中聊起了小时候的成长故事。从聊天中得知，原来在星然爸爸小的时候，星然的爷爷一直在外地工作，星然爸爸是由妈妈和奶奶带大的，而且当时他身边的家庭几乎都是一样的情况。这就使星然的爸爸误认为所有的家庭都是这样的，并形成了上面提到的育儿观念。

有一个朋友的经历跟星然爸爸的经历不一样，他从小主要是由爸爸带大的，他在讲述自己的成长故事时，流露出对爸爸的喜爱和感激。

这次聊天对星然的爸爸妈妈触动很大。星然的爸爸逐渐意识到了自己对育儿的理解有一些误区；星然的妈妈也意识到丈夫并不是存心想偷懒，因而减少了对他的责怪。

后来，夫妻两个人逐渐达成了共识，那就是养育孩子自始至终都是夫妻两个人的事，双方要同时付出，互相配合。

4. 思维拓展游戏

思维拓展游戏是帮助家长发现各自的认知盲区，从而改变看法，并达成认知一致的游戏。根据形式和内容的不同，我设计了3个小游戏，你可以根据自家的情况选择适合的游戏。

“你胡说”游戏

游戏的形式：模拟体验。

游戏的人数：2～4个人（3岁以上的孩子可一起参与）。

游戏的道具：新华字典或任何一个六面体的盒子。

游戏的规则和流程：

1. 参加游戏的人按东南西北4个方向面朝内坐下，使每个人都能看到其他的人。

2. 在游戏参与者的中间放上一本新华字典或一个盒子。

3. 从第1个人开始，第1个人向其他人描述自己看到的字典或盒子的样子。例如，“我看到，在字典的封面上面写着‘新华字典’4个金色的大字。

4. 一旦第1个人说完，第2个人就要立刻用嘲笑的口吻说：“你胡说！绝对不是这样子的！”然后开始描述自己看到的字典或盒子的样子。

5. 如果有第3个人参与游戏，那么在第2个人说完后，也要用嘲笑的口吻说：“你们都在胡说！绝对不是这样子的！”然后也开始描述自己看到的字典或盒子的样子。

6. 如果有第4个人参与游戏，做法跟第3个人的一样。

7. 其他人都说完后，第1个人要用“你们才是在胡说”假装气急败坏地反驳。其他人也可以模拟那种有理说不清的痛苦状态和无可奈何的样子。

8. 在大家都被气得“半死”的时候，游戏参与者可以走到其他人的位置上，或者把其他人拽到自己的位置上，大家会惊奇地发现原来别人说的也是正确的、真实的，但是没有一个人说的是完整的、全部正确的。这时游戏结束。

9. 游戏结束后，大家随意发表一些感悟和联想。

这个游戏看起来非常简单，甚至有点儿“弱智”。不过，你可不要想当然地认为它没什么用，你要放下身段和怀疑，投入地玩一次，一定会有很大的收获。

孩子和钻石游戏

游戏的形式：角色和场景扮演。

主要的角色：智者、父母。

游戏的人数：2个人以上（年龄在10岁以上的孩子可一起参与）。

游戏的道具：代表钻石原石的物品和代表娃娃的物品。

游戏的规则和流程：

1. 智者问父母：“你们觉得钻石和孩子哪个珍贵？”父母回答：“当然是孩子珍贵啦！”

2. 智者给父母发一块钻石原石，并问：“你们拿到这块钻石原石后，打算怎么做？”

3. 父母要假装真的得到了一块钻石原石，然后仔细地思考如何才能加工出最值钱的钻石，并认真地回答问题，说得越多、越仔细越好。

4. 智者给父母发一个娃娃，并问：“你们有了孩子后，打算怎么做？”

5. 父母要实事求是地说出自己是怎样养育孩子的。

6. 智者听完父母的话以后，要夸张地哈哈大笑，并嘲讽父母说：“你们嘴上说孩子比钻石珍贵，可是你们的实际做法是什么呢？”

7. 父母恍然大悟，赶紧向智者承认错误。最后，大家一起庆祝，游戏结束。

8. 游戏结束后，大家可以随意发表一些感悟和联想。

这个游戏很有趣、很有内涵，也有很大的想象空间和发挥空间。建议你一定要和配偶以及亲友们玩一下，这会对你和配偶建立共同的育儿标准有直接的促进作用。

两全其美游戏

游戏的形式：头脑风暴。

游戏的人数：1个人或多个人（年龄在6岁以上的孩子可参与）。

游戏的道具：两全其美策划卡（如图8.2所示，以雁桃家为例）。

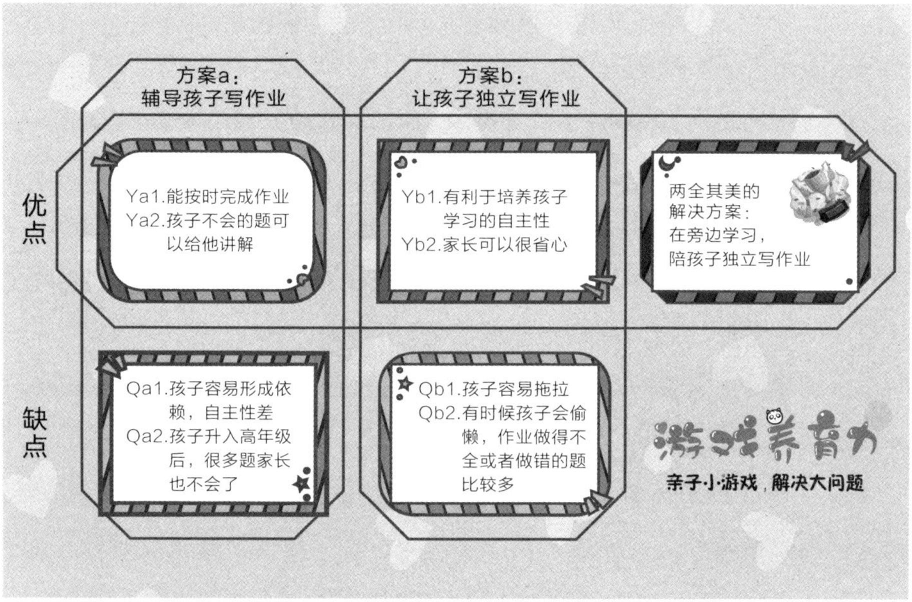

图8.2　两全其美策划卡

游戏的规则和流程：

1. 找出一件有争议的事情。

2. 写出自己提出的解决方案a，一起找出解决方案a的优点和缺点，并写在策划卡上。

3. 让有不同意见的人写出他的解决方案b，一起找出解决方案b的优点和缺点，并写在策划卡上。

4. 把两个解决方案的优点合在一起，缺点都擦掉，然后开启头脑风暴，找出一些两全其美的解决方案，它们既含有解决方案a和b的所有优点，又没有解决方案a和b中的任何一个缺点。

5. 把想出来的两全其美的解决方案进行对比和优化，选择其中最可行的一个解决方案来作为行动计划。

我们结合雁桃的案例来看一下。

雁桃正在上小学四年级，雁桃的妈妈几乎每天都要辅导她做作业。有时候如果妈妈回家晚了，雁桃就会磨磨蹭蹭地等妈妈回来再做作业，这样通常很晚才能上床睡觉。

雁桃爸爸对雁桃妈妈的这种教育方式意见非常大，他觉得这样会让雁桃形成依赖的习惯，不利于雁桃以后的学习和生活。雁桃爸爸建议让雁桃养成独立做作业的习惯。

雁桃妈妈觉得丈夫是“站着说话不腰疼”，他对孩子的学习不上心，还成天指手画脚、说三道四。

他们两个人虽然经常争执，但是一直没有形成统一的观点。

有一次，雁桃同学的家长跟雁桃的爸爸妈妈分享了两全其美游戏，雁桃的爸爸妈妈就通过这个游戏做了一次家庭讨论，并得出了一个相对两全其美的解决方案，如图8.2所示。

后来，雁桃的妈妈改变了主导式的辅导方式，选择在雁桃做作业时在旁边看书学习。如果雁桃碰到了难题，雁桃妈妈不是直接告诉女儿答案，而是告诉她应该在哪里找答案，或者应该怎样去找答案。雁桃爸爸也主动地给雁桃提供一些建议和帮助。

1个月以后，雁桃逐渐养成了主动做作业的习惯。在碰到难题时，她会自己去翻书，或者去找同学问，或者直接上网查找相关资料。

雁桃的爸爸妈妈都很开心，也很有成就感。他们还约定，为了孩子，以后要多玩两全其美游戏来化解争议并形成统一行动。

5. 家庭模仿秀游戏

家庭模仿秀游戏可以帮助家庭中的每个人看到家人眼中的自己是什么样子的，从而发现彼此的认知盲区，有利于消除误解、达成共识。

家庭模仿秀游戏的具体介绍和玩法详见第9章中的内容。

6. 育儿扑克牌游戏

育儿扑克牌游戏是以扑克牌的形式，给家长提供一套简单易懂的育儿知识体系。这套知识体系不仅可以缓解家长的育儿焦虑，还能提升他们的认知水平，促进育儿观念的统一。

由于这套体系吸取了中科院心理所的儿童发展与教育心理学相关课程的精华，参考了中国家庭教育学会的多项课题研究成果，综合了多本家庭教育学教材和众多育儿畅销书中的实践经验，所以具有较高的实用性、专业性、科学性和系统性。

育儿扑克牌由两副标准的扑克牌组成。其中一副是育儿规律牌，另一副是育儿技能牌。在每一张扑克牌上，都用文字讲述了一个育儿知识点。

育儿规律牌列出了家庭教育中最重要的54个科学规律。其中总体性的规律在大小王牌上，决定性的规律在A牌和K牌上，身体发育的规律在红桃牌上，大脑发育的规律在方块牌上，心理发展的规律在梅花牌上，社交发展的规律在黑桃牌上。其他不同的点数牌对应不同的年龄段。如表8.2所示是每张育儿规律牌的内容。

表 8.2　育儿规律牌的内容

大王 **儿童成长规律** 影响人生的因素很多，其影响规律也各不相同，有的是线性影响，有的是非线性影响		小王 **儿童生长规律** 主要有一般发展、神经系统、淋巴系统和生殖系统4条生长规律发展曲线，详见斯卡蒙生长模式图	
红心A **教育观念：幸福观** 积极心理学研究发现，人的总体幸福指数≈50%基因遗传+40%后天教养+10%个人努力	方块A **教育观念：人才观** 人生的价值在于贡献，而不在于获得（爱因斯坦）；人类有8种不同的多元智能；三百六十行，行行出状元	梅花A **教育观念：儿童观** 儿童是个独立的主体，有不同层次的需要，跟马斯洛的需要层次一样	黑桃A **教育观念：教育观** 人的大脑逻辑有6个层次，上层决定下层，从上到下的大脑逻辑分别是愿景、身份、信念、能力、行为和环境
红心K **教育观念：亲职观** 家庭教育是私事也是公事。家长有两项主体作用：依法履行家庭教育职责和严格遵循少年儿童成长规律	方块K **教育观念：子职观** 《弟子规》曰：首孝悌，次谨信；泛爱众，而亲仁；有余力，则学文。现代教育追求德、智、体、美、劳	梅花K **教育观念：亲子观** 儿童人际交往关系变化图：孩子与父母交往随年龄增加而减少，孩子与同伴交往随年龄增加而增加	黑桃K **教育观念：家校观** 家庭教育是根，重在育身、育心、育德，学校教育重在育智。二者必不可缺，合作共育才能赢
红心Q **0～1岁身体发育** 生长发育快，营养需求高；各器官发育不完善，功能不成熟；免疫功能低下，防御机制差，易患病	方块Q **0～1岁大脑发育** 大脑耗能占50%～60%，各种感觉神经元迅速联结，脑重从25%增至50%；生理脑基本发育完全，情绪脑开始发育	梅花Q **0～1岁心理发展** 认知发展处于感知运动阶段，出现基本情绪，主要发展任务是获得信任感、克服怀疑感；良好的人格特征是希望	黑桃Q **0～1岁社交发展** 婴儿的先天气质类型：容易抚养型（40%）、混合型（35%）、发动缓慢型（15%）、抚养困难型（10%）
红心J **1～3岁身体发育** 体格发育仍迅速，比婴儿期稍慢，自身免疫力仍较差，容易发生急性传染病，易发生意外	方块J **1～3岁大脑发育** 大脑的感觉、运动、语言、记忆区域迅速发育，神经突触数量和密集程度是成人的2倍，理智脑也开始发育	梅花J **1～3岁心理发展** 认知发展仍处于感知运动阶段，出现复合情绪，主要发展任务是获得自主感、克服羞耻感；良好的人格特征是意志	黑桃J **1～3岁社交发展** 幼儿有4种依恋类型：安全型50%～70%、回避型10%～20%、矛盾型10%～20%、混乱型5%～10%

续表

红心10 3~6岁身体发育 运动能力增强，但呼吸系统易患病，易患免疫性疾病，关节易脱臼，易发生各种意外，6~7岁开始换乳牙	方块10 3~6岁大脑发育 大脑的情绪联结变强，理智脑网络生长迅猛，负责感觉统合的顶叶发育，有益于记忆的颞叶也继续发育	梅花10 3~6岁心理发展 认知发展处于前运算阶段，可以用心理符号思考，主要发展任务是获得主动感、克服内疚感；良好的人格特征是目标	黑桃10 3~6岁社交发展 处于语言敏感期，道德情感开始建立，自我意识萌发，对秩序敏感；喜欢假装游戏；友谊发展是短期游戏伙伴关系
红心9 6~9岁身体发育 由四肢的远端向躯干发育，平衡和协调能力提升，容易发生近视、龋齿、骨骼畸形和溺水等	方块9 6~9岁大脑发育 大脑处于显著变化阶段：顶叶皮层发育完成，所有感觉器官的感觉联系在一起，使抽象思维可以发展	梅花9 6~9岁心理发展 认知发展处于具体运算初期，开始理解抽象概念，主要发展任务是获得勤奋感、克服自卑感；良好的人格特征是能力	黑桃9 6~9岁社交发展 道德情感强化，道德认知处于他律阶段，兼具友好行为和攻击行为；喜欢规则性游戏；友谊发展是单向帮助关系
红心8 9~12岁身体发育 免疫器官发育成熟，免疫力增强；男孩和女孩的性器官都开始发育，女孩的发育比男孩早1~2年	方块8 9~12岁大脑发育 理智脑趋于成熟，记忆的速度和效率提升，批判思维和解决问题的能力增强，推理能力增强，情绪管控能力提升	梅花8 9~12岁心理发展 认知发展处于具体运算阶段，能够进行抽象思维，主要发展任务是获得自我感、克服迷失感；良好的人格特征是反省	黑桃8 9~12岁社交发展 道德认知发展到自律阶段，开始参与规则和纪律的制定；友谊发展为双向帮助关系，同伴之间产生较强的影响力
红心7 12~15岁身体发育 进入生长高峰期和青春期；性器官发育成熟，出现第二性征，长青春痘，男孩出现遗精，女孩出现月经	方块7 12~15岁大脑发育 理智脑前额皮质的“执行”功能增强，包括控制、组织、计划、决策等，对冲动控制的能力增强	梅花7 12~15岁心理发展 性心理萌动但受到压制，情绪波动较大，主要发展任务是获得自我稳定性、防止自我迷失；良好的人格特征是独立	黑桃7 12~15岁社交发展 友谊发展为亲密持久的共享关系，同伴影响力逐渐超越父母；自主意识增强，开始要求独立自主权，出现逆反心理
红心6 15~18岁身体发育 身体逐渐发育成熟，身高、体重与成年人相似；第二性征更加明显，男孩长出胡须，女孩月经规律	方块6 15~18岁大脑发育 理智脑前额皮质的“执行”功能持续增强，但受激素大量分泌的影响，其控制功能反而表现出不稳定性	梅花6 15~18岁心理发展 智力接近或超越父母，出现逆反心理，主要发展任务是获得角色同一性、防止角色混乱；良好的人格特征是诚实	黑桃6 15~18岁社交发展 开始有挚友；逆反心理增强，希望独立和展示个性；跟社会接触增多并易受影响；早熟和晚熟的差距显著

续表

红心5 18～25岁身体发育 身体全部发育成熟，与成年人一样；此年龄段女孩已停止发育和生长，男孩还会继续生长直至成熟	方块5 18～25岁大脑发育 大脑发育完成，神经元联结趋于固定，气质和人格相对稳定；理智脑随时会受到性激素分泌的影响	梅花5 18～25岁心理发展 智力达到顶峰，求偶和就业压力较大，主要发展任务是获得社会认同感、避免疏离感；良好的人格特征是付出	黑桃5 18～25岁社交发展 独立自主性日益增强，学习和工作的交际圈逐渐扩大；开始恋爱、结婚等，开始建立自己的社会角色
红心4 25～30岁身体发育 身体的各项机能都处于高峰期和稳定期，抗病能力也逐渐增强，是最佳生殖期，尤其是女性	方块4 25～30岁大脑发育 随着记忆和思考的增多，大脑神经网络联结变得越来越通达；大脑的机能处于巅峰状态，思维敏捷，反应迅速	梅花4 25～30岁心理发展 受职业、婚恋和育儿等影响，心理波动较大，主要发展任务是获得亲密感、避免孤独感；良好的人格特征是爱	黑桃4 25～30岁社交发展 完全独立自主，组建自己的家庭，拥有自己的工作圈、生活圈、爱好圈，开始在各个社会角色中转换
红心3 30～65岁身体发育 身体各项机能从高峰期逐渐回落；在压力、遗传、饮食、作息、环境和外伤的作用下，出现各种病变	方块3 30～65岁大脑发育 大脑的神经网络变得越来越复杂；在每天约有10000个神经元细胞死亡的同时，大脑也表现出一定的可塑性	梅花3 30～65岁心理发展 智力开始下降，生活压力较大，主要发展任务是获得繁衍感、避免停滞感；良好的人格特征是关心	黑桃3 30～65岁社交发展 经历各种人际关系，扮演各种社会角色，有的成功，有的失败，有的不好不坏
红心2 65+岁身体发育 随着下丘脑、垂体、性腺轴的功能减退，各种激素水平快速降低，身体逐渐老化、病变直至死亡	方块2 65+岁大脑发育 神经系统活性降低，神经递质减少，神经元细胞死亡加剧，记忆力逐渐下降，大脑逐渐萎缩	梅花2 65+岁心理发展 智力显著下降，出现衰老心理，主要发展任务是获得完善感、避免厌恶感；良好的人格特征是智慧贤明	黑桃2 65+岁社交发展 绝大部分人逐渐淡出大众视野，只有极少数人因其巨大的社会贡献而被世人铭记

育儿技能牌列出的是顺应每一个科学规律应该采取的育儿技能，也就是说，这两副扑克牌中的每一张牌都是一一对应的。例如，育儿规律牌中梅花10讲的是3～6岁儿童的心理发展规律，那么育儿技能牌中梅花10讲的就是3～6岁儿童的心理建设技能。

如表8.3所示是每张育儿技能牌的内容。

表8.3 育儿技能牌的内容

大王 **智慧养育** 厘清影响成长的因素：哪些是因果关系，哪些是相关关系，哪些是辩证关系。智慧养育，轻松高效		小王 **科学养育** 高度重视儿童早期教育（0~6岁）和青春期引导（12~18岁），父母的陪伴养育对孩子的成长最有利	
红心A **教育方式：幸福力培养** 父母过得幸福、给孩子创造幸福的成长环境是孩子幸福的基础和源泉。父母才是孩子真正的起跑线	方块A **教育方法：才智培养** 参考学习金字塔原理，鼓励孩子学以致用，鼓励孩子多分享，提高学习效率	梅花A **教育方法：儿童发展** 育儿境界：德者本也，财者末也。三流父母养身，二流父母养心，一流父母养志，超一流父母养德	黑桃A **教育方式：教学相长** 家风、家训和家教是顶层设计，设计得好，孩子从小就有远大的梦想和良好的习惯，育儿就会很顺利
红心K **教育能力：父母必备** 了解孩子的能力、教育选择与规划的能力、自我反思和调控的能力、亲子沟通的能力	方块K **教育任务：5个方面** 德、智、体、美、劳全面培养，使孩子在5个方面全面发展。详见《家长家庭教育基本行为规范》	梅花K **教育方式：5种方式** 家长榜样示范、家庭环境熏陶、语言说服教育、适应奖惩教育、生活实践锻炼	黑桃K **教育方式：家校共育** 积极参与家校合作，尊重教师，理性表达合理诉求，用好学校教育资源，在家校协同育人中发挥作用
红心Q **0~1岁身体养育** 母乳喂养，保证辅食营养，做好疫苗接种；做好疾病预防和护理；做好定期体格检查、疾病筛查和发育筛查	方块Q **0~1岁智力培养** 保证营养；提供丰富的环境刺激，如各种颜色、声音、气味刺激，常做抚触；避免刺激过度	梅花Q **0~1岁心理建设** 重点是培养安全感和信任感；及时响应婴儿的各种需求，多抱婴儿并进行语言、表情和情感互动	黑桃Q **0~1岁社交培养** 可参照《0~6岁儿童发育行为评估量表》和《中国4~8个月婴儿气质量表》评估和引导孩子发展
红心J **1~3岁身体养育** 保证食物营养，做好疫苗接种；培养良好的生活习惯；防止意外伤害；做好疾病预防；定期体格检查	方块J **1~3岁智力培养** 多关爱，不威胁；鼓励孩子多活动、玩玩具、少看电视；多用短语、催眠曲和优美的音乐；演示简单的数数和因果关系	梅花J **1~3岁心理建设** 重点是培养孩子安全感和自主感；多陪孩子玩；可用宝宝情商卡引导孩子做情绪识别和情绪表达	黑桃J **1~3岁社交培养** 可参照《0~6岁儿童发育行为评估量表》和《中国1~3岁幼儿气质量表》评估和引导孩子发展

续表

红心10 3~6岁身体养育 保证食物营养，做好疫苗接种；培养良好的生活习惯；防止意外伤害；做好疾病预防；多陪孩子做游戏和运动	方块10 3~6岁智力培养 创造有丰富的听、看、闻、动等元素的文化环境；鼓励孩子多接触人、多读绘本、多玩家庭模仿秀游戏	梅花10 3~6岁心理建设 重点是保护和培养孩子的主动感；少限制孩子；多用宝宝情商卡引导孩子做情绪表达和情绪转换	黑桃10 3~6岁社交培养 培养是非、对错等道德观念；培养性别意识和自我保护意识；可参照《3~7岁儿童气质量表》引导发展
红心9 6~9岁身体养育 保证食物营养，做好疫苗接种；培养良好的生活和学习习惯；防止近视、龋齿、骨骼畸形、溺水意外等，多做游戏和运动	方块9 6~9岁智力培养 保护和激发孩子的好奇心；培养勤思好问的习惯；根据学习金字塔原理，多跟孩子玩八面达人秀游戏	梅花9 6~9岁心理建设 重点培养勤奋感；少打压孩子；多用情绪魔法箱、情绪阴转晴游戏引导孩子做理性分析和情绪转换	黑桃9 6~9岁社交培养 多用食指变拇指、社交小达人等游戏和家风传承手册等提升孩子的规则感、道德感；发展同伴关系
红心8 9~12岁身体养育 养成良好的生活习惯和学习习惯；多参加体育锻炼，预防肥胖；预防性早熟，需特别留意性早熟的女孩	方块8 9~12岁智力培养 增加阅读量，多读课外书；启发思维，扩大知识面；用八面达人秀游戏强化家庭学习分享	梅花8 9~12岁心理建设 重点培养自我感；多鼓励孩子；多用情绪阴转晴、家庭模仿秀等游戏做情绪转换和自我认知	黑桃8 9~12岁社交培养 多用食指变拇指、爱心合聚变游戏和家风传承手册等内化规则和道德；深化同伴关系
红心7 12~15岁身体养育 保证食物营养，做好疫苗接种；巩固良好的生活和学习习惯；多进行体育锻炼，预防肥胖；做好性教育和青春期护理	方块7 12~15岁智力培养 培养自主学习能力、计划能力、组织能力，以及提出问题、分析问题和解决问题的能力；用八面达人秀游戏做家庭分享	梅花7 12~15岁心理建设 帮助孩子强化自我感；多用情绪阴转晴游戏做情绪化解；多用社交小达人游戏对孩子进行肯定和嘉许	黑桃7 12~15岁社交培养 鼓励孩子多跟积极向上的伙伴交往；多用家风传承手册和食指变拇指、家庭模仿秀游戏进行家庭管理
红心6 15~18岁身体养育 保证食物营养；巩固良好的生活和学习习惯；多进行体育锻炼；预防肥胖和非理性节食；做好性教育和青春期护理	方块6 15~18岁智力培养 避免与异性同伴私下接触（容易引发激素水平上升而降低理智）；多用八面达人秀游戏做家庭分享和兴趣引导	梅花6 15~18岁心理建设 帮助获得角色的同一性；多用情绪管理游戏、规则游戏和角色扮演游戏进行角色转换练习和规则适应练习	黑桃6 15~18岁社交培养 尊重孩子的好友；提取家风传承手册和食指变拇指、家庭模仿秀游戏的精髓，参与班级和学校的管理

续表

红心5 **18～25岁身体养育** 保证食物营养；巩固良好的生活和学习习惯；多进行体育锻炼；预防肥胖和非理性节食；避免不洁性交和意外怀孕	方块5 **18～25岁智力培养** 培养适应能力，和了解自己、控制自己、调整自己、理解别人的能力；处理各种人际关系	梅花5 **18～25岁心理建设** 鼓励和支持孩子去创造和拼搏，帮助其获得社会认同感；必要时点拨孩子进行角色转换和适应规则	黑桃5 **18～25岁社交培养** 鼓励孩子独立自主，尊重孩子的选择；促使孩子全面融入社会，提供的支持或帮助以不干扰其主体性为前提
红心4 **25～30岁身体养育** 避免不良的生活和工作习惯；多锻炼；女士不做或少做人流，最好利用这段最佳生殖期育儿	方块4 **25～30岁智力培养** 培养批判性思维、创新能力、开拓能力、执行能力、自我管控能力、亲和能力和社会交往能力	梅花4 **25～30岁心理建设** 鼓励和支持孩子去追、去爱并建立自己的小家庭；少批评、少指责，少催促、少告诫；把自己的婚姻经营得幸福美满	黑桃4 **25～30岁社交培养** 鼓励孩子独立自主，尊重孩子的选择；支持或帮助孩子的学业或事业，但以不干扰其主体性为前提
红心3 **30～65岁身体养育** 保持规律的作息和饮食；避免不良的生活和工作习惯；坚持周期性的锻炼和体检；发现病患尽早诊治	方块3 **30～65岁智力培养** 培养规划能力、组织能力、执行能力、反思能力、调整能力、总结归纳能力、学习能力、接纳能力和平衡能力	梅花3 **30～65岁心理建设** 逐渐淡出孩子的日常生活，让孩子成为家族的领导力量；学会示弱，逐渐学会接纳孩子的回馈、帮助和关心	黑桃3 **30～65岁社交培养** 尊重孩子的生活方式和生活理念；让自己过得幸福；不断地提高自己的德行和社会价值；给孩子精神力量
红心2 **65+岁身体养育** 保持规律的作息和饮食习惯，少食多餐；多学习和研究养生知识；接纳身体的各种病患并与之和谐相处	方块2 **65+岁智力培养** 接纳病痛的长期相伴，接纳身体的逐渐衰老，接纳死亡的临近；懂得用信仰和哲学等追求人生的升华	梅花2 **65+岁心理建设** 帮助子女人格升华，懂得孝敬的4个境界：小孝孝身、中孝孝心、大孝孝志、至孝孝德	黑桃2 **65+岁社交培养** 品味《道德经》有无相生的奥妙，践行“善利万物而不争”的水德，追求“死而不亡者寿”的境界

你可以买两副新的扑克牌，然后把这些内容写在扑克牌正面的空白处。如果扑克牌空白处不够，或者看着不舒服，也可以用涂改液把每张扑克牌的正面涂成白色，再书写内容，如图8.3所示。

有了这些扑克牌之后，根据家长对家庭教育重视程度的不同，我设计了5种不同的玩法，你可以根据自家的情况选择适合的游戏玩法。

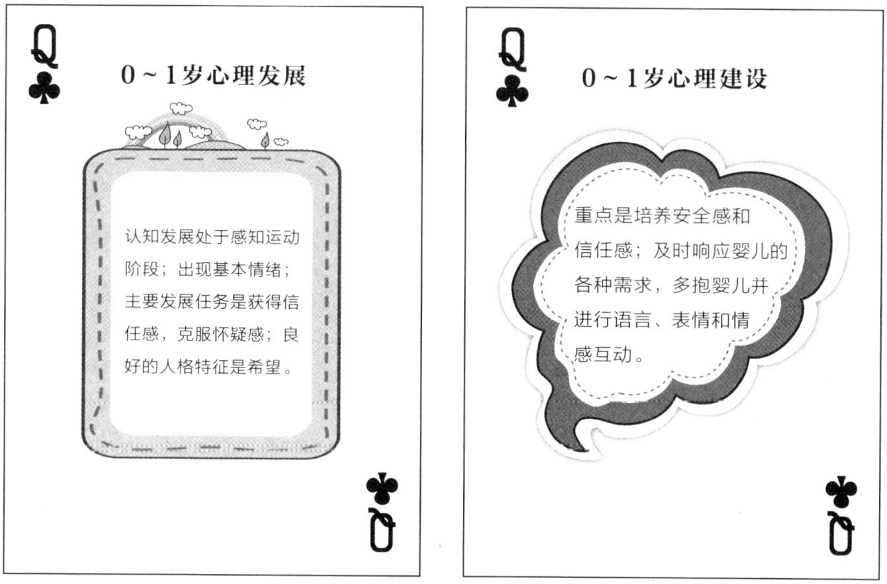

图8.3　规律牌和技能牌示例

普通扑克牌的玩法

这种玩法适合对家庭教育重视程度不太高，或时间、精力不够，或文化水平不太高的家长。

玩法很简单，直接当成普通的扑克牌来玩就行。例如，打升级、斗地主等玩法都可以。在玩的过程中，或许在某个时刻，某张扑克牌上的文字就会给家长带来一些有益的启发或提示。

趣味学习法

这种玩法适合对家庭教育重视程度比较高，或时间、精力较充足，或文化水平较高的家长。

这种玩法也很简单，就是把这两副扑克牌当成两本特殊设计的书，按照你喜欢的顺序来阅读和理解就可以了。

娱乐学习法

这种玩法适合对家庭教育重视程度比较高，而且喜欢跟孩子一起玩游戏的家长。如果孩子的年龄在6岁以上，就可以全家一起玩这个游戏。

具体的游戏规则和玩法如下。

某个人先从一副扑克牌中任意抽出一张扑克牌，接着让另一个人从另外一副扑克牌中找出同样的扑克牌，然后各自朗读扑克牌上的内容。

例如，你抽到的是规律牌中的红桃10，那让孩子把技能牌中的红桃10找出来，你们分别朗读扑克牌上的知识点给大家听。读完后，再重新抽牌。

系统学习法

这种玩法适合对家庭教育重视程度较高，而且喜欢跟孩子一起玩游戏的家长。如果孩子的年龄在6岁以上，可以全家一起玩这个游戏。

具体的游戏规则和玩法如下。

每个人任意抽出一张扑克牌，然后分别把与这张扑克牌点数相同的扑克牌上的内容都讲出来，或者把与这张扑克牌同花色的扑克牌上的内容都讲出来。

例如，如果你抽到的是技能牌中的黑桃8，就把技能牌中的红心8、方块8、梅花8都找出来，与大家分享这4张扑克牌上面的内容，再把技能牌中所有的黑桃找出来，分享黑桃2至黑桃A上面的内容。

第1个人分享完后，可以指定其他人任意抽1张扑克牌，按照上面的规则接着玩。

竞赛讲授法

这种玩法适合对家庭教育重视程度非常高，并想成为专家型家长的家长。

具体的游戏规则和玩法如下。

每个人任意抽出一张扑克牌，然后让其他人讲扑克牌上的内容。

例如，你和朋友两人在玩这个游戏。你抽到了方块9，她抽到了黑桃K，你要说出黑桃K上的内容，你的朋友要说出方块9上的内容。在说的时候要像专家讲课一样，既要专业，又要生动有趣、简单易懂。

讲得好的人可以得到某种趣味奖励，讲得不好的人要受到某种趣味惩罚。

7. 家庭管理游戏

家庭管理游戏可以帮助家庭成员通过友好协商达成共识，并积极参与家庭的事务管理。具体的介绍和玩法详见第9章中的内容。

[CHAPTER 9]

第9章

你一批评孩子，老人就“护犊子”怎么办

——如何化解隔代养育的矛盾

《中华人民共和国家庭教育促进法》第十七条第一项规定：亲自养育，加强亲子陪伴。

《中华人民共和国民法典》第二十七条规定：父母是未成年子女的监护人。未成年人的监护权排序是父母、祖父母、外祖父母、兄、姐。

现代家庭中的很多问题源于家庭管理秩序的紊乱，只要厘清家庭管理秩序，很多问题就会迎刃而解。

第1节

让人难堪、纠结的雪琴奶奶

雪琴4岁多了，正处在执拗期，比较情绪化。雪琴的妈妈准备休产假生二宝了。

雪琴的妈妈本来想请雪琴的姥姥过来帮忙，可是姥姥最近身体不好，不能过来。雪琴的妈妈没有办法，只好勉强同意了雪琴爸爸的建议，请雪琴的奶奶过来帮忙一段时间。

雪琴的奶奶小时候家里很穷，读的书不多，而雪琴的爷爷读的书更少，所以雪琴奶奶在家里做主的时候比较多，脾气也比较大，还很有主见。雪琴的妈妈和奶奶彼此的生活方式和生活观念差别很大，而且只要奶奶一来，雪琴的爸爸就会向着奶奶，所以雪琴妈妈对雪琴奶奶的到来还是感到挺紧张的。

雪琴奶奶的内心也比较矛盾。一方面，她很乐意去雪琴家帮忙，每次刚到雪琴家的时候都特别积极，不仅对雪琴特别好，还生怕自己干活少了，对不起儿子和儿媳。不过，时间稍微一长，雪琴奶奶就会觉得，自己的付出并不被儿子和儿媳认可，这让她感到有些委屈和寒心。

这次又是这样，奶奶做的家乡风味菜，雪琴妈妈没吃几口就找借口倒掉了；奶奶在早市上买的便宜的驱蚊药，还没用就被雪琴爸爸直接扔掉了；奶奶讲的用来吓唬雪琴让她听话的老故事，也被雪琴的爸爸妈妈直接打断，不让她再讲了……

奶奶本来就是一个很要强的人，她偷偷跟儿子说自己住不惯、想回家，可是被拒绝了。于是，奶奶逐渐变得烦躁起来。

昨天，正在玩玩具的雪琴说饿了，跟奶奶要吃的，奶奶递给她饼干，爸爸让雪琴先洗手再吃，雪琴不洗手，爸爸说不洗手就不能吃饼干，雪琴哭了。孙女这一哭把奶奶惹急了，她冲着雪琴爸爸一顿数落："你为什么偏要跟孩子较真儿！不干不净，吃了没病！你不也是这样长大的吗？孙女，别听他的！来，奶奶给你吃！"

雪琴的爸爸妈妈当时就傻眼了。雪琴爸爸本来还想犟嘴，但还没等说出口就被雪琴妈妈捅了一下，只好灰溜溜地躲进卧室去了。

规定的时间过了，雪琴还在看动画片。雪琴妈妈说了几次都没有用，就直接过去把电视机关了。雪琴又哇哇哭了起来，还一直喊："奶奶！奶奶！我还要看！我还要看！"

奶奶又着急了，她冲着雪琴妈妈嚷："你们也真是的，孩子看电视怎么啦？你们不也总是拿着手机看吗？"然后对雪琴说："来，奶奶给你打开，我看有谁敢不让你看！"

雪琴妈妈顿时无语了，她回到卧室，眼泪哗哗地掉。

虽然雪琴妈妈真心感激奶奶能在她需要的时候过来帮忙，但又真的受不了奶奶这样的行为。自己是孩子的妈妈，同时也是这个家里的女主人，这样下去，她以后怎么管教孩子呀……

雪琴家的情况是隔代养育的典型案例。隔代养育在我国比较常见，随着二胎、三胎政策的陆续开放，隔代养育将来可能还会不断增多。

其实隔代养育有很多优势。老人的时间充裕，有满满的慈爱之心，当他们参与隔代养育时，孩子能得到更多亲人的陪伴，老人也能享受天伦之乐，年轻的父母既省心又省钱，还能兼顾工作。

同时，隔代养育也有非常明显的弊端。老人的养育观念比较落后和保守，容易溺爱孩子。更麻烦的是，当父母在教育孩子的时候，他们会跳出来“护犊子”并揭孩子父母的短，就像案例中雪琴奶奶一样。

孝敬老人是中华民族的优良传统，遇到这种情况，几乎所有的年轻父母都会觉得非常难堪和纠结。忍着吧，会影响父母的正当教育，不仅不利于孩子养成良好的习惯，还容易使孩子形成任性等不良性格；不忍吧，会驳老人的面子，不仅影响家庭关系的和睦，还会给孩子留下顶撞父母的坏印象。

因此，我们非常有必要深入地了解隔代养育，仔细分析老人的心理活动，找到最好的、最有效的沟通方式和解决办法。

第2节

老人爱“护犊子”的5种原因

在父母管教孩子的时候，老人喜欢“护犊子”并揭父母的短，一般有5种原因。我们现在结合前面案例中雪琴家的情况来进行分析和梳理。

1. 吃苦较多，性格决定

常言道，“江山易改，本性难移”。老人跟我们所处的年代不一样，他们从小吃的苦较多，所以总是想让后辈少吃点儿苦，于是就容易溺爱孩子。再加上他们从小受到的家庭教育比较简单粗暴，所以在看到父母批评孩子时，就容易情绪冲动，开始“护犊子”，揭孩子父母的短。

例如，案例中雪琴的奶奶小时候家里穷，吃的苦很多，所以不想让雪琴和自己小时候一样吃苦，就会溺爱雪琴，同时她本来就是一个性子直的人，所以很容易出现“护犊子”的情况。

2. 观念不同，沟通不够

生活在不同年代的人，不管你愿不愿意，都会被打上属于自己那个年代的印记，这就是所谓的代沟，其主要体现在生活习惯、生活方式和生活观念方面。

在代沟客观存在的现实下，如果年轻的父母不能跟老人有效地沟通，就不可能统一观念。这时候，一旦老人看不惯年轻父母的做法，“护犊子”、揭短的情况就在所难免了。

雪琴一家就是这样，从奶奶做菜、买驱蚊药和讲故事这些事都能看出来，他们之间缺乏沟通。一方面，雪琴的爸爸妈妈没有给予老人足够的理解；另一方面，老人也觉得自己的很多付出没有得到儿子和儿媳的认可。

3. 价值感低，捍卫尊严

因为缺乏体验，很多年轻的父母会忽略一个问题，那就是老人在离开自己的家住到孩子的家里以后，都会存在安全感低和价值感低的问题。

原因很简单，因为他们在自己家里做主惯了，突然到子女的家里，万事由不得自己，自然会感到不习惯和不知所措。

对于老人来说，他们最不喜欢的就是变化。虽然去儿子或女儿家住，变化不大，但是居住的环境变了，用的东西变了，作息规律也变了，还多了有些“生分”的儿媳或女婿。所以，老人会感到紧张，他们需要非常努力才能适应新的环境和生活。

在这种情况下，几乎所有的老人都有一种本能的想法，就是不断地证明自己是有价值的。同时，他们还会对儿媳或女婿的态度特别敏感。

如果年轻的父母对老人的认可度比较低，老人就会觉得憋屈和压抑，并逐渐萌生退意。如果他们一直在这种环境里走不出来，可能就会出现情绪爆发。

跟现代年轻的父母相比，拥有抚养过几个孩子的经验是老人的优势，所以在孩子的教育问题上他们比较容易发生情绪爆发。这就是老人爱“护犊子”的主要心理原因。

前面案例中，雪琴奶奶的情绪爆发就经历了这样的心理过程。

4. 关系微妙，被孩子“利用”

在家庭生活中，由于身体和能力都处于劣势，所以孩子会处于弱势地位，需要服从父母的各种管理和支配。当老人来到家里后，孩子就会敏锐地捕捉各种信息来发展对自己有利的“生存策略”。

例如，孩子首先会发现爷爷奶奶或姥姥姥爷都喜欢看到自己高兴的样子，一旦自己不高兴或者哭了，他们就会变得像做错事情一样紧张和害怕，并立刻想各种办法来安抚自己。于是，孩子马上会利用这一点来“操控”老人，这样一老一幼就形成了紧密的依恋关系。

其次，孩子还会发现爷爷奶奶或姥姥姥爷都比爸爸妈妈好说话。自己的一些需求，爸爸妈妈不会同意，但他们会同意。有些时候，即使他们最初不同意，但只要自己一撒泼打滚儿，他们很快就同意了。于是，孩子就学会了在爸爸妈妈面前卖乖、在老人面前撒泼打滚儿的不同策略。这样的策略会进一步提高孩子跟爷爷奶奶或姥姥姥爷的亲密度，有的孩子跟爷爷奶奶或姥姥姥爷的关系甚至会超过跟爸爸妈妈的关系。

此外，有些孩子还会发现，自己的爷爷奶奶或姥姥姥爷在家里的话语权比较重，只要他们开口，爸爸妈妈都会礼让三分，不会直接驳斥。

于是孩子又学会了一种策略，就是利用老人在场的时候提出一些父母不愿意满足的需求，或者在父母拒绝、干预自己的时候立刻向老人求救，以此来摆脱父母对自己的“不利掌控”。

反过来看，孩子的这些“生存策略”对老人是有好处的。因为老人的主要目的就是帮忙带孩子，而且大部分的老人在子女家里属于话语权不多的弱势群体，所以他们觉得只要孩子喜欢自己，自己就不是“孤军奋战”了，就有了足够的安全感和价值感。所以，有时候老人即使已经看穿了孩子的“伎俩”，还是会“上当”，做出“护犊子”的行为。

很显然，前面案例中的雪琴就是这样。她会不顾爸爸的反对，不洗手就向奶奶要吃的，在妈妈不让看动画片时，立刻向奶奶求救，奶奶也十分配合地上演了“拔刀相助的好戏”。

5. 职责不明，秩序紊乱

任何一个正常运营的单位都有管理制度，有相对明确的职责分工和工作流程。即使是两家不同的公司展开合作，也会在合作前明确地罗列双方的权利和义务。否则，就会出现各种推诿、越级、扯皮和抱怨的不良现象。

同样，想让家庭和谐幸福，一些简单的管理和经营是必不可少的。至少需要明确家庭中每个人的主要职责和行为底线，并通过家庭会议商量出一个相互协作的机制和调节冲突的方法。

可能很多家庭跟前面案例中的雪琴家一样，没有家庭经营管理的意识，也没有家庭管理、家庭会议、协作机制和调解冲突的方法。在这种情况下，隔代养育的各种弊端，就会越发凸显。

第3节

游戏是跟老人沟通的好方式

孩子为什么喜欢玩游戏呢?

根据儿童成长彩虹图的原理可知，在现实生活中，孩子的很多能力处于平躺期、爬坐期和蹒跚期。

游戏的场景是虚假的，这就可以为孩子们提供多次犯错、失败、重新开始和练习的机会，这样他们就可以摆脱现实生活中的无力感和无用感，在游戏中得到自主感、掌控感和价值感。

对于老人来说，其处境跟孩子有相似的地方。一方面，他们的身体素质和能力都在逐渐降低，他们在现实社会中的自主感、掌控感和价值感也在逐渐降低，这就是俗话说的“老还小”。

另一方面，当老人帮忙照看孩子的时候，年轻的父母需要老人与时俱进，不断地面对新的问题和新的状况。这样就会使老人的一些能力处于蹒跚期和爬坐期。

在这种情况下，如果年轻的父母不关注老人的身心发展规律，不能包容他们的弱点和缺点，就很容易让老人有失败感，觉得没有尊严，从而产生本能的自我保护和防御行为,“护犊子”就是他们的典型表现之一。

同时，对于年轻的父母来说，他们既要工作，又要养育孩子，压力很大。他们在跟老人沟通的时候，会缺乏耐心，沟通能力常常处于爬坐期或蹒跚期。他们会害怕说错话，伤害了老人。

所以，玩游戏就是最好的沟通方式。它可以用假装的方式模拟一些有挑战性的生活场景，让年轻的父母、老人和孩子都参与进来，在模拟的游戏情境中试错和磨合。

这样不仅可以帮助老人提升对现实生活的自主感、掌控感和价值感，同时可以提升彼此的陪伴和沟通质量，促进互相理解和信任，也能消除隔代养育的一些弊端。

用家庭游戏的方式来跟老人沟通，具体地说，有6个好处。

1. 游戏适宜用来与尊者沟通

为什么玩游戏可以改变老人，同时不伤害老人的尊严呢？

我带你破译一个经典游戏——扑克牌游戏，你就明白了。

扑克牌的大小是有顺序的。在西方国家，扑克牌从大到小顺序一般是大小王、A、K、Q、J、10、9、8、7、6、5、4、3、2。在我国，很多地方把2放在A的前面，常用的大小顺序是大小王、2、A、K、Q、J、10、9、8、7、6、5、4、3。

可是，你有没有注意过，扑克牌的大小顺序为什么是这样的呢？

从扑克牌10到扑克牌3不用说了，比较好理解，就是按点数的多少排列。K代表国王，Q代表王后，J代表武士，所以K的排序在Q和J的前面也好理解。可是大小王就是小丑（Joker）啊，怎么会比国王还大呢？扑克牌2为什么比扑克牌A大呢？扑克牌A又是什么，为什么它比K大呢？

我以前也不知道，后来在一家德国公司工作时，一位同事告诉了我其中的奥妙。

原来扑克牌A就是Ace，翻译成中文就是王牌，或者是最好的、最顶尖的人。所以，在打网球时发出的别人根本接不到的球就是Ace。要成为国王的人在成为国王前--般都要向厉害的顶尖选手学习，所以扑克牌A比K大，扑克牌A是最早的王牌。

后来，大臣们发现国王有时候会犯一些严重的错误，而且国王犯错误，根本没有人敢站出来提示和批评国王，因为那样就会被杀头。这可怎么办呢？

于是，大家经过很多次尝试，终于发现了一个好办法，那就是请小丑到宫里去表演，把国王犯的错误用玩笑或游戏的方式表演出来。一方面，小丑的表演很滑稽，会使国王的心情比较愉快；另一方面，这样国王可以从小丑的表演中发现自己的问题或错误，从而保住自己的威严和面子。

所以小丑的表演有两个显著的作用：一是巧妙地隐喻国王的错误；二是警示国王，权力是暂时的，快乐才是永恒的。

在家庭生活中，我们也可以运用这种智慧，把老人当成国王，不要直接跟老人反驳和对抗，而要通过游戏的方式来跟他们巧妙地沟通。这样既可以维护老人的尊严，又能帮助他们快速地适应新的生活环境。

2. 游戏可以打破固定的特权

我们知道每一个游戏都有规则，而且在游戏规则面前，所有的游戏参与者都是完全平等的，这种完全平等会打破固定的特权。

打破固定的特权，会对老人、年轻的父母和孩子产生很大的影响。

老人的长辈特权会在游戏中被打破，年轻的父母在老人面前的主人特权在游戏中会被打破，年轻的父母在孩子面前的长辈特权也会被打破。这样一来，大家会在游戏中同时获得一种新的特权，就是彼此完全平等的特权。

这种影响对家人来说是有益的。大家可以在游戏中做出一些平时不敢做的行为，说出一些平时不方便说的话，这样会使整个家庭氛围变得更开放和民主。

例如，如果老人在游戏中出错了扑克牌，年轻的父母和孩子可以立刻进行纠正并幽默地调侃。同样，如果年轻的父母在游戏中出错了扑克牌，老人和孩子也可以立刻纠正并开开玩笑。

这样的游戏和练习，非常有利于大家转换角色和保持思维的灵活性，可以预防和减少老人的思维固化。如果玩得次数多了，老人在家庭生活中就会变得随和很多，孩子也会变得更有主动性和创造性。

3. 游戏有利于建立新的秩序

跟打破固定的特权一样，我们也可以在游戏中打破生活中的一些老秩序，特别是一些固化的秩序，建立新的、灵活的秩序。

在生活中，我们遵循长辈优先的原则，或者为了照顾弱小，遵循孩子优先的原则。在游戏中，我们可以采用竞赛的方式来决定排序的先后，例如利用石头剪刀布和扔骰子等方式。

这样的游戏和练习，既增加了生活的趣味性，又有利于保持一定的竞争性和适应性。玩得次数多了，不仅有助于老人保持思维的灵活性，延缓衰老和预防老年痴呆，还能给孩子创造更多创新和发挥的空间。

为了帮助大家做好科学、高效的家庭管理，我设计了一套家庭管理游戏，大家可以在游戏中设计自家的家庭教育决策权排序，从根本上避免许多隔代养育的问题。

4. 游戏可以实现角色的互换

年轻的父母可以多跟老人和孩子玩一些角色扮演游戏，每个人在扮演不同的角色时，都会有不同的体验和经历，从而产生顿悟。

这种顿悟不仅能调整游戏参与者看问题的角度，增进游戏参与者对别人的理解，还有助于防止老人的思维固化，减少老人自以为是、固执己见的行为。同时，角色扮演游戏也可以促使孩子脱离以自我为中心的状态，变得更懂事。

5. 游戏有利于情感的沟通交流

游戏是一种轻松的娱乐，也是一种用心的陪伴。经常跟老人、孩子一起玩游戏，不仅有利于相互之间的情感沟通和思想交流，还能跟老人形成合力，给孩子创造和谐、有趣、快乐的成长环境。同时，这也是尽孝的一种好方式。

6. 游戏可以设计并实现结果

用游戏来沟通还有一个优点，就是可以精心地设计一些家庭游戏，通过游戏互动来获得想要的美好结果。

为了便于大家运用，针对隔代养育最主要的、最常见的问题，我专门设计了5种家庭沟通游戏，如表9.1所示。

表9.1　5种有效的家庭沟通游戏的功能列举和对比

	维护尊严	打破特权	建立秩序	角色互换	情感沟通
家庭感恩游戏	★★★★★	★★★	★★★	★	★★★★★
家庭娱乐游戏	★★★	★★★★★	★★★	★	★★★★★
家庭模仿秀游戏	★★★	★★★★★	★★★★	★★★★★	★★★★★
家庭管理游戏	★★★★	★★★★★	★★★★★	★★	★★★
八面达人秀游戏	★★★★★	★★★	★★★	★	★★★★★

说明：表中的★越多，表示游戏包含的相应功能越强。

如果想一步一步地帮助老人从陈旧的、固化的思维模式中走出来，同时逐步提升与老人的沟通能力，可以通过以下5个步骤来完成。

- 第1步：家庭感恩游戏主要是做好对老人的充分认可和情感沟通，这样会让老人获得足够的尊严感和安全感。
- 第2步：在情感沟通的基础上，让老人在家庭娱乐游戏中，放下长辈的身份和过强的自我意识，变得谦虚、随和一些。
- 第3步：通过家庭模仿秀游戏，巧妙地让老人得到一些真实的反馈，促进他们的自我反思。
- 第4步：有了前3步的铺垫，通过家庭管理游戏，逐渐建立新的家庭秩序和管理约定。
- 第5步：通过八面达人秀游戏，展示每位游戏参与者最擅长的东西，提升他们的价值感和成就感。

当然，你可以根据自己家庭的实际情况，选择适合的游戏种类，安排游戏的步骤。

第4节

5种有效的家庭沟通游戏

1. 家庭感恩游戏

在所有的家庭沟通游戏中，我们把家庭感恩游戏排在第一位，是因为真诚的感恩能让被感恩人觉得被尊重、被认可和被肯定，获得价值感和安全感。感恩是最容易打开别人心扉的方式，相信你也有很多这样的经历。

我们在前面已经分析过老人的心理特点，针对这些心理特点，我们准备了3种效果极佳的感恩游戏。你可以根据自己家老人的实际情况，选择最适合的游戏种类来玩。

- 点赞游戏。
- 焦点人物感恩游戏。
- 互相感恩游戏。

这3种游戏，我在第6章中详细地介绍过，此处不再重复。

只要你在日常生活中，随时发现老人的优点和令人感动的行为，并及时通过点赞游戏表达出来，或者是在老人生日的时候，用焦点人物感恩游戏的形式表达出来，又或者是在节假日时，用互相感恩游戏的形式表达出来，就一定能打动老人，让老人变得更加慈爱和柔软。

另外，我想特别提醒的是，中国的老人不习惯被别人夸，更不习惯被大家一起夸，所以在游戏中，你们都可能会因为感动而哭得稀里哗啦。我辅导过的很多家庭都是这样，到时候可别因为不好意思就不敢往下进行了哦。

2. 家庭娱乐游戏

在家庭的八大功能中，其中有一项是娱乐功能，因为娱乐是一种非常高效的陪伴和沟通方式。如果我们经常跟老人一起玩娱乐游戏，就会跟老人建立亲密的关系。

不仅如此，游戏中的一些规则和互动还会对老人有潜移默化的影响（如表9.1所示）。当他们跟着游戏的要求转变角色或做出反应时，他们的思维方式也会跟着改变。

以下是3种效果比较好的家庭娱乐游戏，你可以根据自己家庭的实际情况，选择适合的游戏种类。

棋牌类游戏

这类游戏大家都比较熟悉，我只讲大家在玩这类游戏时需要把握的一个要点。这个要点就是不能总是陪老人玩那些他们特别擅长的游戏，因为这样只会让他们的思维越来越固化。

一般来说，儿女在工作中的卓越表现老人是看不见的，在他们的脑海里印象最深的还是儿女小时候的那些场景。如果子女总跟老人玩他们擅长的游戏，一旦子女玩得不如他们好，他们就会想起子女小时候种种"不靠谱"的行为，觉得子女的能力还不行，自然就想多"嘱咐"和"指点指点"了。

所以，比较好的做法是多玩那些老人比较喜欢，并且子女玩得更好的游戏。在玩的过程中，子女可以故意多输几次，但是当真正想赢的时候，又可以很轻松地赢回来。

这样的技巧也可以用在陪客户上，因为每个人都会发自内心地尊重那些实力比自己强很多的人。这种实力不只表现在工作上，也表现在各个方面。只要你有一两项碾压对方的技能，并且可以让对方真真切切地感受到，对方就会很佩服你。

另外，时不时地带老人玩一些新的游戏是很有益处的。因为老人学习新知识、新技巧的能力肯定要比年轻人差很多，这样就会迫使他们降低自我意识，从而改变自以为是、固执己见和墨守成规的旧观念。

我就经常给家里老人换新电脑、新手机，装新的社交软件，鼓励他们玩新的电子游戏。这样做的结果就是老人心态变得年轻了，思维灵活，谦卑低调，对晚辈也充满了信任和希望。所以，我家的老人从不干涉我和妻子教育孩子的事情。

家庭出游游戏

多带老人一起去旅游是一种很好的娱乐方式，也是一种很好的影响和改变老人的方式。

一方面，现代社会已趋于高科技化和网络化，这让老人感到很焦虑。可以肯定地说，带老人去旅游的次数多了，他们就会发现自己落后了，自我意识也就会弱化很多。只要自我意识弱化了，他们就会变得谦虚和低调，数落子女的次数也就会随之减少。

另一方面，在旅游的过程中，老人心情好的时候，子女还可以像扑克牌大小王（小丑）和扑克牌2那样，多和他们开开玩笑，这样很多不愉快的事可能就消散了。同时，在老人觉得赶不上时代变化、有些失落的时候，可以多给他们一些安慰和开导，增加老人对子女的信任和尊重。

我几乎每年都要带父母或岳父母出去游玩，在其中会穿插很多家庭互动的小游戏，如对歌、讲故事、猜谜语、说笑话、创意合影等。他们都玩得很开心，六七十岁的人拍合影时都要一起跳起来抓拍，那场面真是满满的青春味道。

家庭聚会游戏

我在前面的内容中讲过，老人一般都看不见子女在工作中的卓越表现，但是在一种情况下是可以看到的，那就是家庭聚会。

你可以邀请一些工作和事业发展得不错的朋友到家里做客，也可以一家人到朋友家里去做客。在聊天过程中，朋友肯定会在父母面前对你的各种能力夸奖一番，或者讲一些你帮助他们的感人故事。老人都希望子女有出息，这样的聊天有利于老人获得尊重感和成就感，也会增加老人对子女的信任和尊重。

3. 家庭模仿秀游戏

家庭模仿秀游戏是一个可以培养观察能力、模仿能力、表演能力的趣味游戏，参与者可以用它来“照镜子”，看到平时看不到的自己。

我在家庭辅导中验证过很多次，对于那些性格比较开明、活泼的老人，是可以直接玩这个游戏的。对于那些性格比较固执、爱指责子女的老人来说，多玩过几次家庭感恩游戏和家庭娱乐游戏后，他们也能接受并参与这个游戏，并自发地从游戏中发现自己的某些不当言行，很快地做出调整和改变。

为了便于你和家人使用，我专门设计了一套游戏扑克牌。

这个游戏里的角色共有11个。其中一个角色是主持人；还有爷爷或姥爷、奶奶或姥姥、爸爸、妈妈、哥哥、姐姐、弟弟和妹妹8个最常见的角色；同时，还有一个角色是孩子最喜欢模仿的老师；最后一个角色随机，它可以用来代替任何一个想模仿的人。

我专门设计了简单实用的游戏简介卡和游戏流程卡，并给每个角色配制了相应的技能卡，如图9.1至图9.3所示。你可以和孩子一起，参照这些图片，用彩笔和纸板制作一套游戏牌。

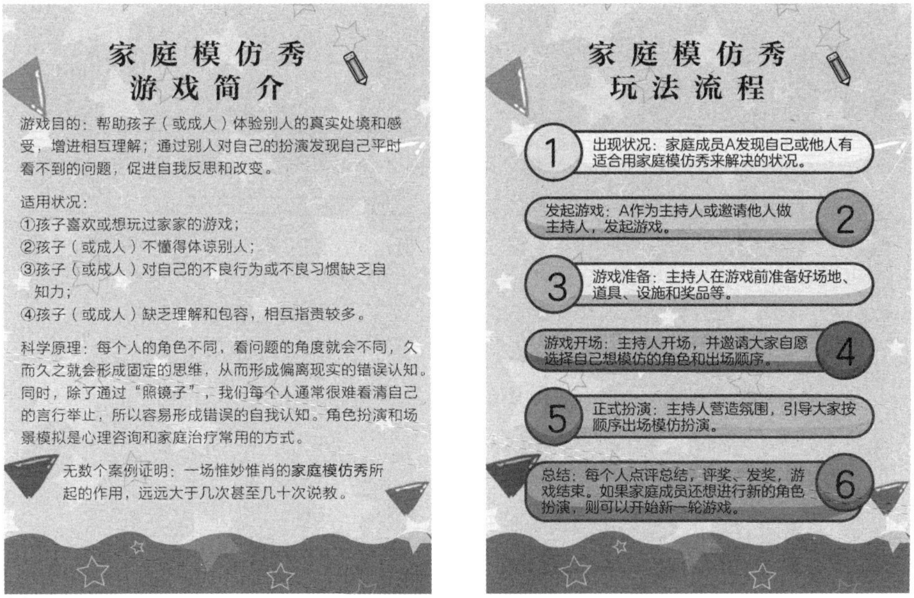

图9.1　家庭模仿秀游戏简介和玩法流程

图9.2　家庭模仿秀主持人角色牌和技能卡

图9.3　家庭模仿秀主持人以外的角色牌和技能卡

我们接着来看雪琴的案例。

雪琴的爸爸妈妈在同事的推荐下，带着雪琴跟奶奶玩家庭感恩游戏，用假装教雪琴如何夸奖奶奶的方式来夸奖奶奶。

例如，雪琴的妈妈指着雪琴的衣服说："你的衣服干不干净呀？"雪琴说："干净！"

接着，雪琴的妈妈问："奶奶好不好呀？"雪琴说："好！"

雪琴的妈妈问："那你应该跟奶奶说什么呀?"雪琴说："应该说谢谢奶奶！"

雪琴的妈妈问："为什么要谢谢奶奶呀？"雪琴说："因为奶奶帮我洗了衣服。"

雪琴的妈妈问："那连起来应该怎么说呀？"雪琴说："谢谢奶奶帮我洗衣服！"

雪琴的妈妈说："那你就赶紧去跟奶奶说吧！"雪琴说："好的！"

于是雪琴跑去跟奶奶说。奶奶听了很高兴，抱着孙女又亲又夸。

后来正好赶上中秋节，雪琴的妈妈也快休产假了，她邀请了两个家在外地的女同事来家里一起过节。她们玩了焦点人物感恩游戏，大家一起真诚地把雪琴的奶奶夸奖了一遍。

雪琴的奶奶从来没有经历过这样的场面，她刚开始觉得很不好意思，后来听了大家的夸奖，她内心的委屈和希望得到儿子、儿媳认可的情绪被触动了。她感动得老泪纵横，一直说自己没什么本事，做得也不好，脾气还大，还说儿子和儿媳对她很好，等等。

雪琴妈妈的委屈也释放了，眼泪稀里哗啦地流，她第一次拥抱了婆婆，在一旁的雪琴爸爸也赶紧上去和她俩抱在了一起，雪琴也跑过去抱住了奶奶的腿。在场的两个女同事感动得直抹眼泪儿，游戏的氛围瞬间推上了高潮。

那天以后，雪琴的奶奶发生了变化，人变得柔和了很多，在家里帮忙做事情也更加主动和细致了。尤其在遇到不清楚的事情时，雪琴奶奶会主动询问儿子和儿媳。

有一天，雪琴嚷着要妈妈陪她玩过家家的游戏，雪琴的妈妈就顺势邀请奶奶一起来参加。她们让奶奶扮演雪琴不听话时候的样子，雪琴扮演妈妈，妈妈扮演在那个场景中的奶奶。

孩子的观察能力和模仿能力很强，雪琴扮演的妈妈非常像，把大家逗得哈哈大笑。雪琴的妈妈也大胆地学着奶奶的样子，有时候学得不像，雪琴还会亲自示范奶奶训斥爸爸妈妈的样子，又把大家逗得哈哈大笑。雪琴的奶奶见状又生气又好笑，有些不好意思地问雪琴："奶奶真是你表现的那样吗？你也太夸张了吧！"

雪琴特别认真地说："您就是这样的呀！"

奶奶有些不好意思了。雪琴的妈妈赶紧说："妈，这是玩游戏，您可别当真呀。"

这时候，雪琴却拉着奶奶说："奶奶，是真的，我还要玩！还要玩！"

于是大家又哈哈大笑起来……

第二天，吃晚饭的时候，雪琴的奶奶主动跟儿子和儿媳说自己文化水平低、性子急，如果有哪些做得不对的地方，希望他们不要忍着，直接跟她说就行。

雪琴的爸爸妈妈听了特别感动，不知道说什么才好……

在家庭辅导和家庭治疗中，像家庭模仿秀这样的角色扮演游戏被用得比较多。因为家庭生活中的很多矛盾，并不是对方故意造成的，而是因为看问题的角度不同导致的。

角色扮演游戏可以重现当时的情境，让每个人都可以从旁观者的角度看到自己的言行，从而发现自己的认知盲区，消除误会或偏见，所以效果非常好。

对于老人来说，他们的人生经历更丰富，也自认为明白很多道理，所以用这种不需要讲道理的方式来与老人沟通，效果很好。

4. 家庭管理游戏

如果你和老人已经玩过前面说到的一些游戏了，那么我们就可以再深入一步，玩一些家庭管理游戏，从根本上消除很多隔代养育的弊端。

我精选了4种家庭管理游戏，你可以根据自家的实际情况，选择适合的游戏种类。

分歧管理游戏

分歧管理游戏是用游戏的方式帮助家庭建立一套处理分歧的原则、排序和方法，并对经常产生的冲突场景进行模拟和演练。

游戏的形式：角色扮演。

游戏的人数：全部家庭成员（年龄在4岁以上的孩子可以参与）。

游戏的道具：家庭教育分歧管理卡（如图9.4所示）、家庭教育决策权排序卡（如图9.5所示）和家庭模仿秀游戏卡（如图9.1至图9.3所示）。

游戏的规则和流程：

1. 暖场。可以跟老人一起指导孩子，让孩子给家庭成员按年龄、身高、幽默感、厨艺、才艺等进行排序。

2. 针对家庭教育分歧管理卡，进行全家讨论。讨论的风格可以夸张、幽默和风趣一些。最后选择出最喜欢的排序风格，排出自己家庭成员的顺序。

家庭教育分歧管理（模板）

家庭教育分歧处理原则

规则1：教育孩子时，所有大人应该保持一致，不能各做一套或当着孩子的面争吵。

规则2：如果大人之间产生了分歧，应坦诚沟通，或一起请教专家来指导，直至达成共识。

规则3：如果经过努力，仍不能达成共识，则按家庭教育决策权排序处理分歧。

家庭教育决策权排序原则

原则1：排名在后的服从排名在前的。

原则2：父母优于祖辈，祖辈优于不满18周岁的子女（源自《家庭教育促进法》）。

原则3：平辈之间共同协商排序，如果不能达成共识，则与孩子相处时间多的人优先。

图9.4　家庭教育分歧管理卡

家庭教育决策权排序（模板）

（可以任选一种风格排序）

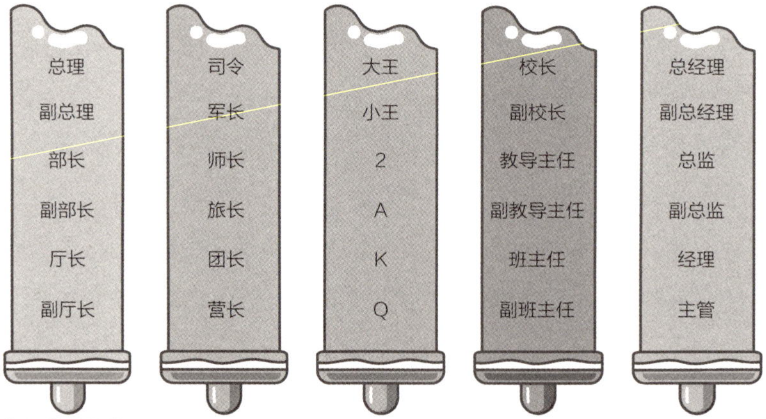

图9.5　家庭教育决策权排序卡

3. 大家一起模拟几个最容易产生分歧的生活场景，用家庭模仿秀游戏进行角色扮演，并练习用家庭教育分歧管理和家庭教育决策权排序来进行协调和解决。

4. 对模拟水平高、模拟得像、解决分歧好的扮演者，可以评奖和发奖。

我们继续来看雪琴的例子。

上次在雪琴的奶奶主动要求给她提意见的时候，雪琴的爸爸妈妈觉得如果直接跟老人说，让她不要干涉自己管教孩子，可能会太直接。所以他们决定找个机会跟老人一起玩分歧管理游戏，用游戏来彻底解决这个棘手的问题。

有一天吃晚饭的时候，雪琴的爸爸妈妈发现奶奶的心情很好，就又顺势夸奖和感谢了奶奶一番，奶奶变得更高兴了。

雪琴的爸爸跟奶奶商量："雪琴已经4岁多了，为了帮助她顺利地度过执拗期，养成好习惯，晚饭后想邀请您一起和雪琴玩一个关于家庭分歧管理的游戏。"奶奶听后开心地答应了。

他们的暖场游戏是让雪琴按身高给大家排序。大家都站起来听从雪琴的调遣，雪琴可高兴了，像个小老师一样指挥大家，很快顺序就排出来了，最后雪琴还特别自觉地站到了最后，生怕把顺序搞乱了。雪琴的认真劲儿把大家都逗乐了。

奶奶又让雪琴按年龄的大小给大家排序，她也很快就排出来了。

这时候，妈妈问雪琴："在我们家里，如果有人做错了事情，是不是就要排一个家庭管理的顺序呀？"

雪琴点点头说："要！"

于是雪琴的爸爸赶紧配合，拿出了家庭教育分歧管理卡来给大家朗读，还给雪琴解释了5种不同的排序风格，让她选择。

雪琴毕竟才4岁多，她对其他的排序风格都不太明白，相对来说，对校长、主任有所了解，所以选择了学校风格来做家庭排序。

雪琴的爸爸觉得雪琴妈妈看的育儿书多，又是陪雪琴最多的人，就主动把妈妈排在第一位做校长。奶奶一看就明白了，主动说姥姥姥爷帮忙带雪琴的时间比自己多多了，自己应该排在他们后面。

于是他们很快就做出了家庭教育决策权排序，如图9.6所示。

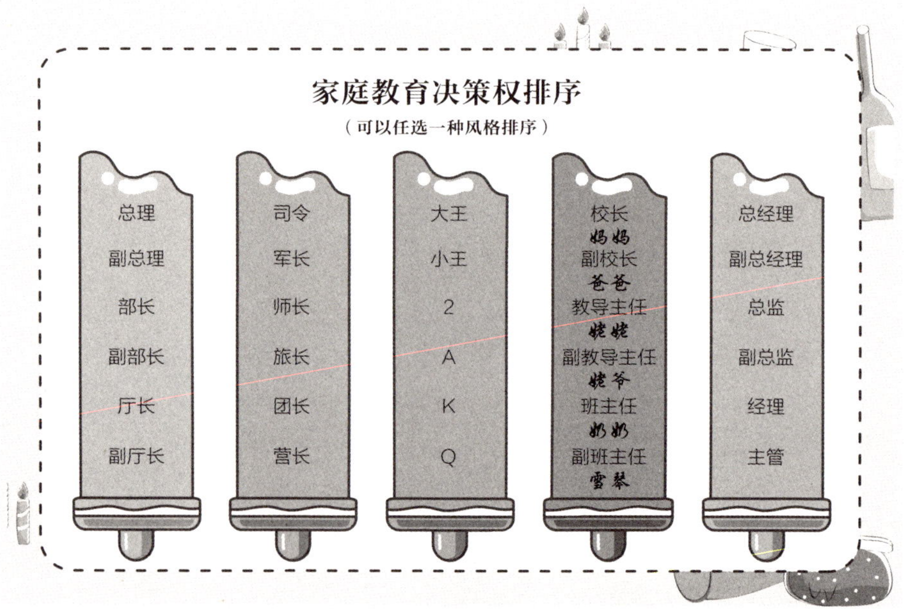

图9.6　家庭教育决策权排序（以雪琴家为例）

排序完成后，他们跟上次玩家庭模仿秀游戏一样，模拟几个与雪琴闹别扭的场景，只不过这一次，增加了如何按照决策权来协调和处理的方法。

刚模拟了两次，雪琴立刻就总结出来了，她说："我犯错误的时候，如果奶奶跟爸爸争吵了，奶奶要听爸爸的；如果爸爸跟妈妈争吵了，爸爸要听妈妈的。"

没等雪琴的爸爸妈妈说话，奶奶就说："对对对，我的孙女真聪明，来，奶奶抱抱。”

雪琴的爸爸妈妈一听，各自心领神会，赶紧去给奶奶端茶倒水。

后来，雪琴的妈妈和奶奶相处得越来越好，等雪琴奶奶要回家的时候，妈妈还舍不得奶奶走呢。

在最近几年的家庭辅导实践中，我发现家庭分歧管理和家庭教育决策权排序很重要，很多隔代教育的问题都是因为秩序混乱导致的。雪琴家刚开始也是这样。

《中华人民共和国民法典》第二十七条规定：父母是未成年子女的监护人。未成年人的监护权排序是父母、祖父母、外祖父母、兄、姐。新颁布的《家庭教育促进法》第十七条中的第一个要求就是：亲自养育，加强亲子陪伴。

在孩子的养育方面，父母是第一责任人，也是第一决策人。只要父母合法地教育子女，孩子的爷爷、奶奶、姥姥、姥爷就不应该过多地干涉和阻挠。同时，只要把这个孩子养育的顺序理清楚了、说明白了，很多隔代养育的问题自然也就化解了。

其实，分歧管理还对夫妻关系有很大的保护和促进作用。家庭教育决策权排序，会让夫妻双方在家庭中始终拥有安全感和必要的尊严，夫妻之间的尊重和信任也不会因为长辈的到来而发生偏转。

相反，很多夫妻就是因为把跟父母的关系或把跟孩子的关系看得比夫妻关系还重要，导致配偶感觉不到温暖，从而导致夫妻关系疏远，甚至最终走向离婚。

在我咨询的案例中，有好几对夫妻都是因为丈夫老是偏向他的父母，并屡次瞒着妻子给他们寄钱、买房，导致妻子感觉被忽视，没有安全感，而最终离婚收场。

除了分歧管理游戏，还有家庭愿景游戏、家庭守则游戏和家庭合约游戏，这3种游戏在第5章中详细介绍过，这里就不再重复了。

如果你之前已经跟孩子一起玩过这些游戏，再玩游戏时，就把老人当成新的家庭成员，让老人进行审议，或者跟大家一起重新讨论、优化或补充，直至形成新的家庭愿景、家庭守则和家庭合约。

如果你之前还没有玩过这些游戏，那就正好跟老人和孩子一起，以给孩子创造一个良好的家庭环境为理由，好好地玩一下这3个游戏，并做出一套家庭愿景、家庭守则和家庭合约，你的家庭也就成为有愿景、有规划、有管理的三好家庭了。

5. 八面达人秀游戏

八面达人秀游戏可以让每位家庭成员充分展示各自的优势和特长，彼此欣赏、彼此认可，并形成优势互补的家庭关系。

用这个游戏来跟老人进行沟通，主要有两个优点：一是可以让老人经常欣赏孩子的才艺和特长，增加成就感和愉悦感；二是诚恳地邀请老人参加，可以让他们通过才艺表演、讲笑话、讲故事、讲道理、提建议等形式，来表达想法，提升存在感、归属感和价值感，心态轻松了，内心包容了，自然就很少批评子女的言行了。

八面达人秀游戏的具体玩法请参见第7章的内容。

[后 记]

AFTERWORD

感谢孩子让我们再次成长

菲利帕·佩里在《真希望我父母读过这本书》一书中提到，模式通常是这样的，当你对孩子发飙或者表现出过于激动的情绪时，是因为你必须用那种方式来保护自己，以免你感觉到你在孩子的那个年纪所经历的感受。你没有意识到，孩子的行为可能触发你过去的绝望、渴望、孤独、嫉妒，或者不自信的感觉。所以在不知不觉中，你挑了一个简单的做法，那就是你不去试图理解孩子的感受，而是直接发飙，或陷入沮丧或开始恐慌。

我相信很多家长都能感受到菲利帕·佩里说的这种模式，就是每个人内心都有一个受伤的小孩，这个受伤的小孩会在我们跟孩子发生冲突时真切地表现出来。

所以，我特别感谢我的儿子和那些接受我的辅导并喜欢我的孩子们。

因为在跟孩子的沟通和相处中，不仅孩子在成长，我们做父母的也在一直被疗愈和成长。

我在书里提到的这些亲子管教游戏可以让我们一起尝试、一起犯错、一起创造、一起总结、一起改进、一起疗愈。

而且，在这些亲子管教游戏中，孩子不会嘲笑我们缺少管教经验，我们也不会嘲讽孩子犯的很多错误，大家是平等的。

有很多次，我和儿子一起在外面用餐，旁边的人惊讶地问我：“你们是父子吗？”我点点头说：“是！”对方会特别羡慕地说：“哇！你们太融洽了！太羡慕你们啦！”

说实话，每当这时候，我都会从对方的眼神里收获一拨儿属于我们的成就感。

我在另一本书《发现心智模式》里讲述过，在我小的时候，我的父亲在外地工作，每年回家探亲一次，在家里住上十几天就走了。现在回想起来，那时候，母亲陪我们玩扑克牌，父母给我们放烟花，陪我们踢足球，这些让我印象很深刻。

不过，说实话，我觉得自己小时候玩游戏玩得太少了。虽然我曾经在事业上小有成功，但是我一直是一个不太受他人喜欢的人，因为我输不起、太好面子、太要强。

有人说，贫穷会限制我们的想象力。我却想说，限制我们想象力的不是贫穷，而是缺乏游戏。

一旦缺乏游戏，我们的很多能力就没有机会锻炼，像小孩学走路一样，就无法从平躺期、爬坐期或蹒跚期上升到跑跳期或舞蹈期，因为在现实生活中，我们会怕露怯、怕失败、怕丢脸、怕被人看不起，而且越穷就越会这样。

其实，游戏根本不需要太多的成本，就像电影《长江七号》中的父亲在破烂不堪的厨房里陪儿子玩打蟑螂的游戏一样。它可能会带给我们很多美好的感觉和体验。

不仅如此，游戏还可以给我们创造巨大的精神财富和物质财富。很多科学家的成就都得益于玩游戏，例如，荷兰的显微镜学家、微生物学的开拓者安东尼·列文虎克都喜欢玩游戏。

全球畅销书《游戏力》的作者劳伦斯·科恩也得益于跟孩子玩游戏。我现在能写这本书，也得益于跟孩子玩游戏，游戏里的奥妙真是太多了。

现在，我的儿子已经上高中二年级了，我们一家三口依然坚持每天玩半小时游戏。其实，只要方法用得得当，父母是可以跟青春期的孩子轻松、和睦相处的。

感谢孩子陪我一起玩亲子游戏，让我在游戏中看见并疗愈了心中那个受伤的孩子。

感谢孩子陪我一起玩亲子游戏，让我的管教能力突飞猛进。

感谢孩子陪我一起玩亲子游戏，让我收获了满满的价值感和成就感。

感谢孩子陪我一起玩亲子游戏，让我收获了许多经验，收集了很多案例，才有了你手中的这本《游戏养育力》。

家庭小游戏，未来大规则

我特别喜欢东方卫视的《这就是中国》栏目，主讲嘉宾是复旦大学中国研究院的张维为教授。张维为教授走访过100多个国家，经验丰富、知识渊博、智慧儒雅。

在节目中他告诉我们，在当今社会，我们不能一味地遵循西方一些少数国家制定的游戏规则。中国是一个大型的、文明型的国家，我们要学会在国际社会中重新制定游戏规则。

所以，随着我国实力的增强和国际影响力的提升，我们迫切地需要善于理解国际规则和善于制定新的国际规则的新型人才。

每当看到这些信息的时候，我都会有一种极强的使命感。我觉得张维为教授说得很对，他指出了我国现代家庭教育的一个弊端，就是父母从小对孩子的掌控太多，缺乏可以共同制定规则的亲子游戏。

《游戏养育力》推崇的不仅是亲子游戏本身，还是一种新的思维方式和养育机制，是让孩子从小就理解游戏规则，并主动参与制定游戏的规则。

为此，本书中专门把中国的国宝——大熊猫设计成了游戏的卡通人物和灵魂人物，并始终贯穿于书中所有的游戏中。就是希望孩子们长大后，能在各项国际事务中，制定出让中国人民和世界人民都受益的国际规则。

孔子说："少成若天性，习惯如自然"。

一个能在亲子游戏里不卑不亢的孩子，才可能在与父母的交往中不卑不亢；一个能在父母面前不卑不亢的孩子，将来才可能在领导和权威面前不卑不亢；一个能在国内不卑不亢的孩子，将来才可能在国际上不卑不亢。

如果我们的孩子从小就掌握了这些思维方式和管理机制，将来自然就能顺应时代的潮流，成为新规则的创造者和制定者。

亲爱的家长朋友，你觉得呢？

一个美好的梦想

在我的辅导班和亲子营中，有很多孩子都当着爸爸妈妈的面说："我喜欢张老师，我觉得张老师对我比你们对我好！"

坦率地说，每当听到孩子说这些话的时候，我既开心又痛心。

开心的是，我能获得这些陌生孩子的喜爱和认可，完全得益于游戏养育力。

痛心的是，尽管每一位家长都尽全力对孩子好，每一个孩子也都尽全力做好，可是结果并不美好。这跟他们生长环境中的游戏养育力不强有很大的关系。

因为在亲子关系中，一旦缺少了亲子游戏，特别是亲子管教游戏，彼此的评价就会变得严肃而认真，彼此的关系也会变得紧绷和苦涩。

所以，这些年我一直有一个梦想，就是希望将来有一天，在每一个社区，甚至每一栋住宅楼里、每个家庭里都拥有游戏养育力，不仅他们过得幸福和睦，还能给他人提供一些家庭养育方面的支持和帮助。同时，让那些需要亲子游戏滋养的孩子和父母得到一份阳光和雨露。

所以，我想通过这本书，把这个梦想分享出去，让它也成为大家的梦想，让我们一起为此努力和奋斗。

如果你已经买了这本书，但是觉得自己学不会或用不好，请你在微信中搜索“青少年科学教育研究中心”，关注我们的微信公众号。我们会给你更多的指导和帮助。

如果你已经买了这本书，自己学得好或用得很好，请你把这本书的内容和你的学习经验分享给你的朋友，并请你联系我们，给我们分享你的学习经验和喜悦。

如果你已经买了这本书，自己学得好或用得很好，想在社区里为大家提供一些帮助和支持，请你联系我们，我们会给你额外的支持和帮助。

如果你是家庭教育的从业者，或者是学校的教师，很想做一些合作和推广，请你联系我们，我们会尽快跟你联系。

由于我的写作水平有限，这本书只是一个引子和启发，相信在大家的共同参与、共同创造和共同推动下，游戏养育力会成为中国家庭教育的一面旗帜，为亿万个家庭送去喜悦、幸福和成功。

游戏养育力很有趣、很美妙。它是我们跟孩子永远保持亲密互动的桥梁，即使当我们老去时，它都会带给孩子最美好、最珍贵的记忆。

致谢

在我撰写这本书的过程中，得到了许多领导、专家、老师、同学、朋友和家人的指导、帮助和支持，真诚地感谢大家！

感谢中国家庭教育学会的指导，让我有幸参与了学会家庭教育重点课题的研究，帮助我提升了家庭教育的专业水平，拓宽了我的写作格局。

感谢中国科学院心理研究所的培养和栽培，感谢25位教授讲授的26门课程让我受益匪浅，很大程度地提升了我的理论水平和实践能力，为我的写作奠定了坚实的专业基础。这25位教授分别是佟乐泉、沈政、高云鹏、冯柏麟、林春、李新影、宋振韶、施建农、唐卫海、李雪冰、李甦、雷秀雅、陆小英、王明姬、关梅林、孙大强、陈桄、房山海、戴莉、尹文刚、郭俊彬、邓之君、吴卫国、洪炜和曹慧。

感谢樊登读书和樊登老师，自2018年以来，我听了樊登老师读的每一本书，这些书给了我很多的启迪，对我的写作产生了很大的帮助。

感谢北京市海淀区教育改革发展研究会的领导和青少年科学教育研究中心的同事们的指导和帮助，其中吴佳冰、李翔和李得鹏给我的书稿提供了很多修改建议，丰建东最辛苦，帮助我设计和制作了所有的图片。

感谢新家长学院全国网上家长学校的刘芳老师和王洪微老师，给本书的创作和写作提供了许多的支持和帮助。

感谢李俊逸先生、李晶女士、张若石女士和冷海龙先生作为最早合作的亲密伙伴，为游戏养育力的产品设计和实际应用做出的很大贡献，没有他们的支持，就没有现在的游戏养育力。

感谢绘本画师杨琳女士为书中的游戏牌设计了生动活泼的卡通人物形象，使游戏养育力从此有了灵魂人物。

感谢好朋友中国科学出版社南京分社社长胡凯先生，在每次写作和出书的时候，都给了我很好的指导和建议。

感谢《认知觉醒》和《认知驱动》的作者周岭先生，给我的写作和书籍印刷形式提供了很多宝贵的建议，使我更加坚定了以读者价值为核心的写作信念。

感谢好朋友长松咨询的总经理付春雨先生，在我写作的过程中给我推荐了3本好书，拓展了我的思维。

感谢我的同学张若谷、熊晨、佘玺、金茜、赵攀超、邓义勤、连桂菊、郭莹、李佳洋、梁佳蔚、白超辉、刘彬彬、张秀丽、丁兆君等在写作过程中给我的建议和帮助。

感谢拜耳作物科学培训部的宫艳卿总监、张金平老师、王靖老师、张渌老师、董文雅老师等，在这本书的写作期间，我在这里担任培训顾问，宫总监和大家给了我很多的帮助和支持，非常感谢！

感谢我的父母和家人，特别是我的妻子李莉女士和我的儿子，在我加班加点写作的过程中，给了我很多照顾和包容，还给我提供了一些有价值的建议，让我心中充满了力量。

感谢所有参加过游戏养育力辅导、训练的孩子们和家长们，感谢所有的游戏组织者和场地提供者，你们是游戏养育力产生的源泉。

我要特别感谢电子工业出版社综合出版分社的潘炜社长、周林主任和于兰老师。潘社长是我人生中难得的贵人和知己，给了我很多的指导、帮助和鼓励。这本书的调整大、图片多、表格多、改动多，编辑和制作的难度非常大，我对周主任和于老师的辛苦真诚地表示感谢！

最后，我要感谢每一位读者，谢谢你的阅读和实践，希望我们能有机会互相学习和交流，一起为孩子们创造更好的成长环境！